Ayla Satilmis und Telse Jacobs (Hg.)

Feministischer Eigensinn

Kompaß für Politik und ihre Wissenschaft

Dokumentation des
Ersten Feministischen Politikwissenschaftlerinnentages
in Marburg an der Lahn im Mai 2000

Argument Sonderband Neue Folge AS 283
Argument Verlag

Die Deutsche Bibliothek – CIP-Einheitsaufnahme

Ein Titeldatensatz für diese Publikation ist bei
Der Deutschen Bibliothek erhältlich

Eppendorfer Weg 95a, 20259 Hamburg
Tel. 040/4018000 · Fax 040/40180020
www.argument.de
Layout durch die Herausgeberinnen
Druck: Alfa Druck, Göttingen
Gedruckt auf säure- und chlorfreiem Papier
Erste Auflage 2001
ISBN 3-88619-283-0

Inhalt

Frauenbewegung – quo vadis? Eine Kursbestimmung

Zur Einstimmung

Vorbemerkungen

Ein mutwillig heruntergerissenes Plakat feministischen Inhalts am Marburger Institut für Politikwissenschaft war Auslöser für Überlegungen, einen „Feministischen Politikwissenschaftlerinnentag" ins Leben zu rufen. Etwa zeitgleich waren am selbigen Institut zähe Verhandlungen um die Ausschreibung einer Professur für „Politik und Geschlechterverhältnis" in Gang, die unmißverständlich verdeutlichten, welcher Stellenwert geschlechterpolitischen, vor allem aber *feministischen* Forschungs-, Lehr- und Studieninhalten beigemessen wird. In den institutsinternen Diskussionen wurde wiederholt argumentiert, daß es keine feministisch interessierte, studentische Basis gäbe und deswegen – so wurde geschlußfolgert – auch keinen dringenden Bedarf, einen inhaltlichen Schwerpunkt auf die Betrachtung der Geschlechterverhältnisse in der Politikwissenschaft etwa durch die Ausschreibung einer entsprechenden Professur zu institutionalisieren. Gäbe es bereits Gleise, würde *mann*, um dem eigenen emanzipierten Selbstverständnis gerecht zu werden, »... auf den fahrenden Zug aufspringen« (O-Ton eines Marburger Professors) und sich mit den feministisch Interessierten solidarisieren, d.h. sich für geschlechterkritische Lehrinhalte einsetzen. Die traditionelle Männerdominanz im Wissenschafts- und Forschungsbereich sowie die Tatsache, daß Frauen- und Geschlechterstudien an bundesdeutschen Hochschulen noch immer ein Nischendasein führen, ist offensichtlich kein hinlänglicher Beweggrund dafür, wird dies doch im main- und malestream nicht als ein eklatantes Demokratisierungsdefizit interpretiert.

Diese in der Hochschullandschaft immer wieder anzutreffenden Umstände führten einmal mehr die Dringlichkeit vor Augen, im Rahmen des absehbaren Generationenwechsels an den Hochschulen einen Paradigmenwechsel bezüglich des Geschlechterverhältnisses zu fordern und einzuleiten. Mit der Gründung des „Feministischen Politikwissenschaftlerinnentages" und der Veröffentlichung der daraus hervorgegangenen Beiträge in diesem Sammelband soll dem Erfordernis Nachdruck verliehen werden, einen hochschulpolitischen Strukturwandel im Zusammenhang mit der Demokratisierung des Geschlechterverhältnisses zu sehen.

Der „Erste Feministische Politikwissenschaftlerinnentag“ hat vom 12.-14. Mai 2000 in Marburg stattgefunden und wurde von insgesamt 20 Studentinnen/Doktorandinnen inhaltlich und organisatorisch vorbereitet. Ziel war es einerseits, einen konstruktiven Weg zur Auseinandersetzung mit explizit und subtil antifeministischem Verhalten zu beschreiten. Zum anderen bezweckten wir, Interessierten überregional ein Forum zum Kennenlernen und Austauschen zu bieten, neue thematische Gebiete zu erschließen, Themen zu vertiefen und mit Gleichgesinnten ein Netzwerk aufzubauen. Schließlich eröffnet der Blick über den eigenen – uni-internen – Tellerrand Perspektiven und Handlungsmöglichkeiten, die im geschlechtshierarchisch strukturierten Alltag allzuoft aus dem Sichtfeld geraten.

Um möglichst viele Frauen zu erreichen, wurde im Vorfeld der Tagung beschlossen, ein breit gefächertes Tagungsprogramm anzubieten, das Einstieg und Vertiefung in die feministisch-kritische Auseinandersetzung mit der Politik und ihrer Wissenschaft ermöglicht und dabei aus verschiedenen Perspektiven bestehende androzentrische Macht- und Herrschaftsstrukturen thematisiert – ohne die Anbindung an die politische Praxis zu verlieren; immerhin bestimmt der gesellschaftliche Bezug den Begriff des Politischen, und der Prüfstein jeder Theorie ist die politische und gesellschaftliche Realität.

Die hier zusammengestellten Beiträge geben aktuelle und fast in Vergessenheit geratene Auseinandersetzungen wieder, beziehen Stellung und greifen in diese insofern ein, als sie die Spielregeln des politischen Tagesgeschehens offenlegen, kritisieren und als gestaltbar erkennen lassen. Die Autorinnen zeigen Notwendigkeiten und Möglichkeiten der politischen Intervention gegenüber der neoliberal-androzentrischen Phalanx auf und verdeutlichen, was feministische Bemühungen und Initiativen bisher gebracht haben. Sie stellen dar, in welchen Bereichen Handlungsbedarf besteht und wo aktive Einmischung auf Grenzen stößt – ohne dabei zu entmutigen und zu resignieren, sondern bestehende Kräfteverhältnisse klar zu umreißen und Aussichten zu beleuchten.

Weil gesellschaftliche Verhältnisse oftmals versteinert erscheinen, ist es ein zentrales Anliegen politikwissenschaftlicher Frauen- und Geschlechterforschung, vermeintlich selbstverständliche oder auch undurchsichtige Zusammenhänge zu entwirren und damit verfestigte Strukturen, Denk- und Handlungsweisen aufzubrechen. »Geschlechterkritischer Eigensinn in der Politikwissenschaft ist das Bemühen darum, das verneinte Geschlecht von Politik, die Prämissen, Prozeduren und Folgen geschlechtlicher Kodierung von Politik sinnlich und sinnhaft zu machen«*, schreiben Eva Kreisky und

Birgit Sauer, wobei sie Eigensinn auffassen als »Subjektivität und Rebellion gegen vorgegebene Muster, gegen eingepaßte Verhaltensweisen, gegen institutionalisierte Handlungszwänge und politisch vorgegebene Lebensformen« (ebd.).

Die vielmals postulierte Abstraktion von der Subjektivität in der Wissenschaftspraxis führt dazu, gesellschaftliche Beziehungen, genau genommen sogar deren implizite Voraussetzungen zu unterschlagen und mögliche Analyse- und Handlungsperspektiven zu versperren. Indes unterliegen Wissenschaft und damit subjektives Erkenntnis- und Handlungsvermögen gesellschaftspolitischen Entwicklungen und sind nicht vom Prozeß ihrer sozialen Konstituierung zu trennen.

Nicht zuletzt deswegen bedürfen gesellschaftspolitische Veränderungen im allgemeinen und die Umbruchphase an den Hochschulen im besonderen feministischer Widerspenstigkeit in der politischen Praxis und Theorie, um die allgegenwärtig noch immer geschlechtshierarchischen Verhältnisse zu durchbrechen. Ein auf feministischen Eigensinn geeichter Kompaß könnte Orientierungsmöglichkeiten im Sinne einer emanzipatorischen und herrschaftskritischen Kursbestimmung für (Hochschul-)Politik und Wissenschaft anbieten, indem er androzentrisch verzerrte Wahrnehmungen, Deutungen und Handlungen aufspürt und den Weg für eigene, eigen*sinnige* Erklärungs- und Handlungsansätze weist.

Danksagungen

Abschließend sei an dieser Stelle all denjenigen herzlich gedankt, die durch Ideen, kontinuierliches Engagement, Organisationstalent und Diskussionsbereitschaft Denkprozesse eingeleitet und zum Gelingen der Tagung beigetragen haben (*insbesondere Ivon Fischer, Amy Holmes, Esther Marian, Susanne Rhiel, Tanja Scheiterbauer, Anett Schenk, Heidi Spinner, Cornelia Tüxsen, Anja Willmann und den Referentinnen der Tagung*). Ohne die Menschen und Institutionen, die durch finanzielle Beihilfe, technische Unterstützung und ideelle Aufmunterung unsere Vorhaben unterstützt haben (*v.a. Sören Bartol, Anna Britschock, Sabine Klomfaß, Marcus Meier, Thomas Meyer, Kai Radzinowski, Anika Röling, Dorothea Wildenburg,*

Feministisches Archiv Marburg, verschiedene AStA-Referate und die Frauenbeauftragten der Universität Marburg, Amt der Kommunalen Frauenbeauftragten Marburg, Hans-Böckler-Stiftung), wäre es nicht möglich gewesen, den „Ersten Feministischen Politikwissenschaftlerinnentag“ auf die Beine zu stellen und diesen Sammelband vorzulegen — auch hier ein herzliches Dankeschön!

Ayla Satilmis und Telse Jacobs,
Marburg im Mai 2001

* Kreisky, Eva; Sauer, Birgit (Hg.) (1998): Geschlecht und Eigensinn. Feministische Recherchen in der Politikwissenschaft. Wien/Köln/Weimar. S. 9.

Ayla Satilmis

Jenseits rhetorischer Gleichstellungsriten

Feministische Politik/Wissenschaft in der Hochschulstrukturreform

Es ist keineswegs neu, aber noch immer en vogue, den Tod des Subjekts, den Exitus der Moderne, die Auflösung der Weltordnung, das Ende der Geschichte, der Politik und der Arbeit zu beschwören sowie wiederholt und unüberhörbar – da unter bemerkenswerter medialer Handreichung – die Endrunde der Frauenbewegung und des Feminismus einzuläuten. Auf theoretischer Ebene werden solche Losungen flankiert von verschiedenen Anti-, Post- oder auch Neo-Diskursen, die zumindest im Hinblick auf die „Geschlechterfrage" unermüdlich der vermeintlich absehbaren Auflösung des Geschlechterarrangements das Wort reden und damit den nach wie vor dringenden gesellschaftlichen Handlungsbedarf in Frage stellen.

Der polyphone Abgesang auf frauenbewegte Zeiten, feministische Ideen und Forderungen stützt sich in erster Linie auf das vielbeschworene Desinteresse der jüngeren Generation an Feminismus und allem was dazu gehört. Eine vermeintlich »verquaste Vorstellung hat die Frauenbewegung an den völlig falschen Fronten kämpfen lassen« (Bruns 2000: 669) – so wird dieser Tage gerne bilanziert und versucht, durch eine (Re-)Konstruktion der Vergangenheit Konsistenz in die Gegenwart zu bringen. Die Tatsache, daß mit der (beruflichen) Gleichstellungspolitik bisher nicht erreicht worden ist, was als realistisch betrachtet möglich galt, führte hier und da in der Tat zu einer resignativen Pause, bewirkte vordergründig einen Bedeutungsverlust entsprechender Bemühungen und paralysierte ein Stück weit auf der theoretischen Ebene. Forciert durch die Verschärfung gesellschaftlicher Konfliktlagen werden alte, lange Zeit unhinterfragte Selbstverständnisse brüchig, und neue Scheidelinien entlang sozio-ökonomischer, kultureller und anderer Faktoren treten in den Vordergrund. »Die zunehmende soziale Ungleichheit untergräbt [...] nicht nur die Relevanz der sogenannten Frauenfrage und das Solidaritätspotential der Frauenbewegung, sondern sie setzt diese auch einer durchaus aggressiven Gegenbewegung aus« diagnostiziert Ingrid Kurz-Scherf die derzeitige Lage (2000: 84). Indem bislang vertraute Differenzierungs- und Politisierungsraster sich zunehmend verflüssigen, wird „Geschlecht“ als zentrale Instanz und Kategorie der Frauen- und Geschlechterforschung und ihrer politischen Praxis relativiert.[1] Aus diesem Umstand einen Bedeutungsverlust der „Geschlechterfrage“ zu statuieren und die Rechtschaffenheit gleichstellungspolitischer Vorstöße anzuzweifeln bzw. die Berechtigung abzusprechen ist indes burlesk, steht dem doch die gesellschaftspolitische Bedeutsamkeit wie auch die Tragweite geschlechterdemokratischer Forderungen gegenüber.

Über Irr- und Auswege

»Beinahe von Anfang an wurde die neue Frauenbewegung in der BRD mit Prophezeiungen über ihr nahes Ende konfrontiert, die teilweise auf fromme Wünsche und konzeptionelles Unverständnis zurückzuführen waren [...], teilweise aber auch das diffuse Erscheinungsbild und die politische Defensivität der neuen Frauenbewegung seit dem Ende der 80er Jahre wiederspiegeln« (Kontos 1995: 29). Insofern überrascht dieses erneute Aufflammen der in den 90er Jahren breit geführten backlash-Debatte nicht, wenngleich sie heute unter neuen Vorzeichen steht und andere Implikationen beinhaltet. Zwar läßt sich nicht leugnen, daß ein Rückgang feministischer Initiativen und Aktivitäten allenthalben zu verzeichnen ist; allerdings greift es zu kurz, der Frauenbewegung dies vorzuhalten mit der Begründung, sie habe »selbst zahlreiche Irrwege eingeschlagen, falsche Entscheidungen getroffen und Denkverbote erzwungen« (Weingarten/Wellershoff 1999: 11). Unverkennbar ist schließlich auch, daß ehemals umstrittene Ideen und Forderungen der Frauenbewegung heutzutage kaum mehr Konflikte hervorrufen und (zumindest zum Teil) nicht mehr in Frage gestellt werden, sondern fast selbstverständlich erscheinen. Offensichtlich haben wir »es heute mit einem höchst widersprüchlichen In- und Nebeneinander von Momenten des Wandels und Momenten der Kontinuität in Geschlechterverhältnis und -beziehungen zu tun«, das die »Identifizierung von Zielen, Ansatzpunkten und Pfaden feministischer Politik und Partizipation nicht eben einfach« macht, konstatiert Ursula Hornung (2000a: 690).

Der „Durchhänger“ feministischer Politik und Partizipation hat viele Ursachen und weitreichende Auswirkungen, ist jedoch nicht unabwendbar. Gesamtgesellschaftlich betrachtet ist trotz zahlreicher Fortschritte im Geschlechterarrangement die hierarchische Grundstruktur des Geschlechterverhältnisses unangetastet. Spielregeln im politischen Tagesgeschäft wurden verändert, die sich in der Gesamtschau bestehender sozioökonomischer Rahmenbedingungen nicht selten als Marginalien erweisen. Emanzipation, Feminismus und das damit Assoziierte sind zur Zeit nicht populär – der Abbau dieser Themenfelder in Zeitschriften und Zeitungen, Rundfunk, etc. bezeugen dies. Gleichzeitig ist aber auf anderen Ebenen eine klare Spezialisierung, Professionalisierung und Etablierung erkennbar: So werden nach langwierigen Auseinandersetzungen Lehrstühle für Frauen- und Geschlechterforschung eingerichtet, die curriculare Verankerung entsprechender Themen ist keine Seltenheit mehr (vgl. u.a. Kahlert 2000; Heimberg 1999), und auch Verlage zeigen verstärktes Interesse an wissenschaftlichen Publikationen aus diesem Bereich.

Vor diesem verworrenen Hintergrund möchte ich im folgenden die gesellschaftliche Relevanz feministischer Denkbewegungen und ihrer politischen Praxis am Beispiel der beruflichen Gleichstellungspolitik beleuchten. Dafür werde ich zunächst kurz auf die Debatte um die Kategorie „Geschlecht“ eingehen und die Schwierigkeiten bei der Übertragung theoretischer Entwürfe in die politische Praxis skizzieren. Wie sehr im Bereich der beruflichen Gleichstellungspolitik Theorie und Praxis auseinander klaffen, läßt sich anhand aktueller gleichstellungspolitischer Strategien aufzeigen. Diesbezüglich diskutiere ich die Implikationen und Gefahren von Konzepten des „human-ressource-managements“, die gegenwärtig nicht nur in öffentlichen Verwaltungen und der freien Wirtschaft großen Anklang finden, sondern auch im Reorganisationsprozeß der Hochschulen. Anschließend werden die sich abzeichnenden Veränderungen im Zuge der Hochschulstrukturreform dargelegt. Auf der Grundlage dieser (negativen) Folie schließen sich Überlegungen für (hochschul-)politische Interventionsmöglichkeiten in einer geschlechterdemokratischen Perspektive an, die im neoliberalen Dickicht der Standortdebatten, Effizienzdiktate und Leistungsideologie vielfach unterzugehen drohen.

Zwischen theoretischen Höhenflügen und Niederungen des politischen Alltags: Geschlecht auf dem Prüfstand

Ursula Hornung fragt einleitend in ihrem Aufsatz, inwiefern Frauenförderung ein in Theorie zu Praxis widerlegter Ansatz sei in Anbetracht der Tatsache, daß berufliche Gleichstellungspolitik »in naiv ontologisierender

Weise die bipolaren und heterosexuellen (Zwangs-?)Vorstellungen einer ‚natürlichen' Zweigeschlechtlichkeit« transportiere (Hornung 2000b: 96). Frauenförderung, aber auch Frauenpolitik insgesamt müsse sich – so führt sie fort – »angesichts dessen die Frage gefallen lassen, ob sie sich am Ende nur für die Herstellung einer beruflichen Gleichstellung derjenigen stark macht, welche der ‚richtigen' Klasse und Ethnie angehören, sondern darüber hinaus noch über die ‚richtige' Geschlechtsorientierung verfügen« (a.a.O.: 97). Diese Ausführungen sind im Kontext der aktuellen feministischen Theoriedebatte um die dekonstruktivistische Perspektive zu sehen, die im letzten Jahrzehnt blinde Flecken innerhalb der deutschsprachigen Frauen- und Geschlechterforschung aufgedeckt und als Axiome geltende Prämissen kritisch hinterfragt hat. Grundannahmen wie „die Frau" oder „das spezifisch Weibliche" wurden in ihrer scheinbaren Allgemeingültigkeit dekonstruiert, starre, binäre Codierungen in Zweifel gezogen und einer enthierarchisierten Vielfalt der Weg geebnet.

Inzwischen ist die Problematik von essentialistischen, ontologisierenden und totalisierenden Argumentationen hinlänglich bekannt; die Anerkennung der Differenzen im Alltag ohne Hierarchisierung und Exklusion ist unter umsichtigen ZeitgenossInnen zur conditio sine qua non geworden (vgl. exemplarisch Appelt 2000).[2] Trotzdem hat sich eine spürbare Verunsicherung sowohl auf theoretischer, aber vor allem auch auf praktischer Ebene breitgemacht, durch die der Blick für bestehende Handlungspotentiale und Alternativen verstellt wird. Eine Ursache hierfür liegt m.E. darin, daß es in Zeiten feministischer Diversität beschwerlich ist, nicht in Verdacht zu geraten, hegemoniale Konstrukte zu reproduzieren und „andere" vereinnahmend zu bevormunden. Nicht zuletzt um diese Klippe zu umschiffen, bleiben theoretische Reflexionen im Rahmen der Frauen- und Geschlechterforschung oftmals auf hohem Abstraktionsniveau hängen. Die Ausmaße herrschaftlicher Diskriminierungen, Ausgrenzungen und Benachteiligungen werden nur vereinzelt, vielmals unzureichend zu sozio-ökonomischen Verhältnissen und ihrer Transformation in Beziehung gesetzt, infolgedessen die gesellschaftskritische Zielrichtung feministischer Theorien vielfach verlorengeht. Dies wiederum ist, wie Cornelia Klinger plausibel darlegt, auf eine unzulängliche *theoretische* Differenzierung in der feministischen Debatte zurückzuführen, auf »die unreflektierte und ungerechtfertigte Gleichsetzung von Essentialismus und Universalismus« (1999: 103): Während ersterer einen naturalisierenden und determinierenden Impetus enthält, versucht letzterer verallgemeinerbare und allgemeingültige Aussagen und Normen herauszufiltern und zu postulieren. Um den männlichen Universalitätsanspruch in seiner Partikularität aufzudecken und gleichzeitig »die Kalamitäten der essentialistischen Identitätspolitik [zu] überwinden« (a.a.O: 109), ist die feministische Politikpraxis und Theorie gezwungen, auf universale Prinzipien und Kategorien zu rekurrieren.

Bei aller Anerkennung feministischer Selbstkritik und -reflexion hinsichtlich der eigenen Vorannahmen, Methoden und Interessen muß vergegenwärtigt werden, daß wir »uns *nicht* in post-patriarchalen Zeiten (befinden), wenn damit gemeint ist, daß Ungleichheit qua Geschlecht zunehmend unbedeutend oder von anderen Differenzen ‚abgelöst' wird«, wie Birgit Sauer betont (2000: 36; Hervorh. i. Orig.). Herrschaft reproduziert sich nicht nur, aber auch in den Geschlechterverhältnissen, in den bestehenden Geschlechterhierarchien, die durch die Desavouierung ihrer Universalität ihre politische Ausrichtung preisgeben. Feministische Politik und ihre Wissenschaft brauchen nicht nur universale Kategorien, sondern auch politische Kollektivsubjekte, auf die sie sich beziehen können; würden sich alle als einzelne begreifen und im sozialen Kräftefeld jeweils unterschiedlich positionieren, fielen Geschlechterkonflikte, aber auch andere Kontroversen relativierendem Partikularismus anheim und würden entpolitisiert, ihr sozialer Sprengstoff in Teilstücke zerlegt, entschärft oder gar erstickt. Birgit Sauer mahnt an, daß die »postmoderne Dekonstruktion der Frauenpolitik dazu (verführt), die neoliberale Auflösung des Politischen durch eine Diversifizierung frauenbewegter Politik zu unterstützen, anstatt hier der Entmachtung des Politischen durch seine Ökonomisierung entgegenzutreten« (a.a.O.: 39). Die Auseinandersetzungen in der feministischen Theoriedebatte bergen bezüglich der politischen Praxis(-relevanz) und im Hinblick auf strategische Überlegungen die Gefahr, durch die eigenen theoretischen und auch methodischen Überforderungen Handlungs- und Analysepotentiale lahmzulegen.[3] Die Diskussionen um die Kategorie „Geschlecht" sind vor allem dann weiterführend, wenn sie – statt den Blick für politische Konzepte und Perspektiven zu verstellen – alternative, praxisbezogene Überlegungen einbeziehen, Fragen nach Bündnissen, nach Formen kooperativen Handelns diskutieren, neue Optionen und Weichenstellungen anbieten.

Um nun nicht einem unbekümmert-beschwingten Pragmatismus das Wort zu reden, möchte ich noch einmal auf Birgit Sauer zurückgreifen, die in ihren Ausführungen zur feministischen Geschlechtertheorie der Politik aufzeigt, inwiefern es »‚vergeschlechtlichter' Antworten« bedarf zur »Politisierung und Mobilisierung von ‚Geschlecht' für mehr Gleichheit und Gerechtigkeit zwischen Frauen und Männern« (2000: 36). Sie plädiert für einen »politikfähigen« Geschlechterbegriff, »der die *wechselseitige* Produktion von Geschlecht und Politik in den Blick zu nehmen vermag« (ebd.; Hervorh. i. Orig.). Das von Gabriele Sturm (1994) vorgeschlagene methodologische Trivium – Induktion, Deduktion und Abduktion[4] – wegweist eine Möglichkeit, dichotome Denk- und Sichtweisen aufzubrechen und zu erweitern und gleichzeitig die Bedeutungen von Geschlechtlichkeit in einen historischen und gesellschaftlichen Kontext zu stellen, nach Ort und Zeit zu bestimmen und mit strukturellen Analysen der politischen Ökonomie zusammenzufügen. Die oft zu stark auf die (vorausgesetzte) Geschlechterdualität gerichtete Kritik der Frauen- und Geschlechterforschung kann so ausgedehnt werden um den Aspekt der historisch, kulturell und sozial unterschiedlich ausgeprägten Geschlechterhierarchien, um den der Geschlechter*herr*schaft und somit um den der Herrschaft insgesamt, die schließlich eine universale, politische Dimension darstellt (vgl. dazu Kurz-Scherf in diesem Band). Die wissenschaftliche Erschließung gesellschaftlicher Konfliktlagen – mitunter von politischen FunktionsträgerInnen als Rechtfertigungswissen genutzt – muß nicht zwangsläufig praxisfern und abstrakt sein; Anliegen kritischer Wissenschaft war und ist schließlich Transparenz und emanzipatorische Gestaltbarkeit *durch* die Bestimmung kritischer Standpunkte und Perspektiven.

Gleichstellungspolitik zwischen „Total E-Quality" und „Gendermainstreaming"?

Die Kluft zwischen feministischer Theorie und Praxis ist im Bereich der Gleichstellungspolitik besonders augenfällig und eklatant. Enttäuscht beschreibt Barbara Holland-Cunz den Zustand dieses traditionell bedeutsamen Feldes des (frauen-)politischen Engagements: »Die nach eigenlogischen akademischen Moden abwechselnden hegemonialen wissenschaftlichen Diskurse [...] kümmern sich nicht um die Niederungen des gleichstellungspolitischen Alltags, bieten keine Anhaltspunkte und Orientierungen für die tägliche Arbeit« (2001: 50).[5] Mechthild Jansen geht noch einen Schritt weiter, indem sie der Gleichstellungspolitik „Beziehungslosigkeit" vorwirft und ihre Auflösung vorhersagt, »weil ihr Ausgangspunkt ebenso schwindet wie ihr Bezugspunkt« (2001: 29). Im Zuge schleichender Anpassungsentwicklungen an herrschende Machtverhältnisse würden ihre (radikalen) Inhalte verlorengehen – so ihr desillusioniertes Fazit.

Tatsächlich entfaltet sich die institutionalisierte Frauenförderung als schwieriges, widerspruchsgeladenes Arbeitsfeld in Theorie und Praxis. Die

Diskriminierung von Frauen in der Arbeitswelt läßt sich heutzutage nicht mehr durch die meritokratische Ideologie, die Qualifikation und Aufstieg verbindet, legitimieren. Gesamtgesellschaftlich ist eine gewisse Sensibilisierung für geschlechtsspezifische Benachteiligungen fühlbar. Dennoch sind – das zeigt ein flüchtiger Blick in aktuelle Statistiken zu Arbeitslosigkeit und Lohngefällen – die faktischen Erfolge der herkömmlichen Frauenfördermaßnahmen eher bescheiden. Zudem perpetuieren sie tendenziell Geschlechterstereotypen, indem Benachteiligungen, die Frauen aus den ihnen gesellschaftlich zugewiesenen Rollen erwachsen, konzeptionell nicht in Frage gestellt werden. Von daher überrascht es nicht, daß die Frauenförderung auf weiten Strecken in Verruf geraten ist. Erstaunlich ist nur, daß binäre Geschlechterlogiken genausowenig zur Auflösung der tradierten Geschlechterrollen und zur Beseitigung der Geschlechterhierarchien im Berufsleben beigetragen haben wie das andere Extrem, die A-Sexualisierung.[6]

Während sich die feministische Theorie weiterhin den Kopf darüber zerbricht, wie feministische Politik im allgemeinen jenseits von Hierarchie und Exklusion gestaltet werden kann, erfreuen sich in der gleichstellungspolitischen Praxis explizit differenztheoretische Ansätze[7] auf der Grundlage der Erkenntnisse des „human-ressource-managements" größter Beliebtheit. Die den Frauen zugeschriebenen Fähigkeiten und Kompetenzen („soft skills") werden in verschiedenen empirischen Studien zur betrieblichen Gleichstellung herausgestellt und den ArbeitgeberInnen als ein wichtiger ökonomischer Faktor angepriesen (vgl. Osterloh/Wübker 1999; Knapp 1996). So wird empfohlen, »weibliches Wissens- und Humanpotential auch und gerade in einem sich dynamisch ändernden Wettbewerbsumfeld zu aktivieren« (Hansen/Dolff 2000: 151, mit Nachweisen). Demnach soll Frauenförderung in erster Linie Wettbewerbsvorteile bringen und der Profilierung von Unternehmen in der Öffentlichkeit dienen. Vor diesem Hintergrund verwundert es nicht, daß das aus unternehmerischer Perspektive noch „unzureichend erschlossene weibliche Leistungspotential", die „Ressource Frau" auf relativ großes Interesse bei privatwirtschaftlichen Unternehmen und öffentlichen Organisationen stößt.

An verschiedenen, als zukunftsweisend titulierten Konzepten läßt sich das veranschaulichen: So wird derzeit das Motto »Diversity als neue Unternehmensphilosophie« (Schmitz 1998: 59) feilgebotenen. „Diversity" bezieht sich in diesem Kontext auf die Vielfalt der „Wissens- und Humanpotentiale" entlang verschiedener Merkmale, wie z.B. Alter, Geschlechtszugehörigkeit und kultureller Hintergrund. Die Intention dieses Personalmanagement-Konzepts besteht allerdings nicht etwa darin, Benachteiligungen bestimmter

Gesellschaftsgruppen zu berücksichtigen und auszugleichen; vielmehr sollen die spezifischen Kenntnisse und Fähigkeiten, die „Humanressourcen" den Unternehmen zugeführt und optimal verwertet werden. Folglich wird die »Wertschätzung der Organisationsmitglieder als strategisch wichtige Ressource im Wettbewerb« und als »Vermögensanlage« (Hansen/ Dolff 2000: 158) eingestuft. Betont wird von AnhängerInnen dieses Konzepts, daß »Effizienz- und Qualitätssteigerung [...] die zentralen Ziele« (Oppen 1998: 167) sind. Außerdem sei es als »‚gender-blind' zu betrachten, als es gegenüber geschlechtshierarchischen Aspekten von Beschäftigung insensitiv ist« (a.a.O.: 181, mit Nachweis). Weil dieses Konzept a-sexuell angelegt ist, wird mit Nachdruck darauf hingewiesen, daß »Diversity von Frauen nicht als Forderung *mißbraucht* werden (darf), sondern den Unternehmen als Chance vermittelt werden (soll), effektiver zu arbeiten und schneller am Markt zu reagieren« (Schmitz 1998: 61; Hervorh. A.S.) – als wäre es unlauter, auf die Beseitigung männlicher Privilegierungen zu beharren und einen Anspruch auf gleichberechtigte Teilhabe zu erheben. Indem dieses mit neoliberalen Ideologiefragmenten besetzte Konzept geschlechtshierarchische Gegebenheiten in Arbeitsverhältnissen ausblendet, reproduziert es bereits geschlechtsspezifische Benachteiligungen und Diskriminierungen in der Arbeitswelt und zementiert androzentrische Normen.

Eng mit dieser Personalmanagementstrategie verwoben ist das Total E-Quality Konzept:

> *»Der* Total E-Quality *Philosophie liegt eine enge Verzahnung von Equality (Chancengleichheit) und Quality (Qualität) zugrunde. Die Zielsetzung ist, vorhandene Potentiale besser zu nutzen, den Personaleinsatz effizienter zu gestalten und damit zur Chancengleichheit von Frau und Mann im Berufsleben beitragen zu können. Hierfür sind neue Human-Resource-Ansätze innerhalb betrieblicher Personalpolitik [...] Voraussetzung, mit denen die Wettbewerbsfähigkeit der Unternehmen gefördert und zugleich zur Chancengleichheit im Betrieb beigetragen wird. Es geht also nicht nur um die Rechtfertigung des Grundsatzes der Chancengleichheit, sondern vor allem auch um die Frage, inwieweit durch eine stärkere Integration weiblicher Beschäftigter die Unternehmensziele [...] besser erreicht werden können.« (Engelbrech 1998: 29)*

Dieses Mitte der 90er Jahre auf Wirtschaftsinitiative in Zusammenarbeit mit verschiedenen Bundesministerien institutionalisierte Modell zielt in erster Linie darauf ab, durch optimale Ausnutzung vorhandener sogenannter „Humankapitalressourcen" Unternehmensziele zu erreichen, das Firmenimage zu verbessern und somit im Standortwettbewerb besser abzuschneiden. Frauenfördermaßnahmen werden nicht als demokratische

Notwendigkeit betrachtet, deswegen geht es bei Total E-Quality auch nicht darum, eine geschlechtergerechte Organisationsstruktur/-kultur herbeizuführen – im Idealfall ist sie Nebenprodukt wirtschaftlicher Kalkulationen.

1997 wurde erstmals ein Unternehmen mit dem *Prädikat für eine an Chancengleichheit orientierte Personalpolitik* ausgezeichnet, das sich nach Ansicht des Vereins *Total E-Quality Deutschland e.V.* für die Schaffung gleicher beruflicher Möglichkeiten für Frauen und Männer durch innovative Personalführung eingesetzt haben soll. Die Idee, Unternehmen für ihren Einsatz im Bereich der Chancengleichheit mit einem solchen Prädikat auszuzeichnen, stößt weithin auf positive Resonanz. Das zeigt auch die Zusammensetzung des Vereins: Ihm gehören Großunternehmen, ArbeitgeberInnenverbände, Gewerkschaften und das Bundesministerium für Familie, Senioren, Frauen und Jugend an. Aus einem frauenpolitischen Blickwinkel wird damit die Hoffnung verbunden, die renitent der Geschlechtergleichstellung entsagenden Unternehmen dazu zu bringen, endlich den verfassungsrechtlichen Gleichberechtigungsauftrag ernst zu nehmen. Weil es bislang kein wirksames Anti-Diskriminierungsgesetz gibt und es in absehbarer Zukunft wohl auch kein Gleichberechtigungsgesetz für die Privatwirtschaft geben wird, stellt die Idee von Total E-Quality einen (letzten) Hoffnungsschimmer dar, zumindest über die Schiene der öffentlichen Reputation Unternehmen zu einer geschlechteregalitären Personalpolitik zu bewegen. Den ArbeitgeberInnenverbänden bietet dieses Konzept indessen eine willkommene Gelegenheit, sich ein gleichberechtigendes Antlitz zu geben: Sie berufen sich oft und gerne auf das Total E-Quality Konzept, um einer gesetzlichen Verpflichtung der Privatwirtschaft zur Herstellung der Gleichberechtigung zuvorzukommen. Die ehemals mit akribischer Finesse und definitorischem Aufwand betriebene Huldigung des Marktprinzips scheint insofern keiner Rechtfertigung zu bedürfen, als staatliche Instanzen zunehmend auf *politische* Regulierungen verzichten und die alten, Fragen der Verteilungsgerechtigkeit aufwerfenden Dämonen exorziert scheinen. Sowohl Fragen nach gerechter Verteilung und Teilhabe, als auch das Anrecht auf Chancengleichheit müssen sich entsprechend dem herrschenden Politikverständnis und den gängigen gleichstellungspolitischen Konzeptionen am ökonomischen Kalkül messen lassen und sich so verantworten.

Die im Zuge der Standortdebatten anhaltende Diskussion um „Humankapitalressourcen“ ist für die feministische Politikpraxis widersprüchlich: Aus gleichstellungspolitischer Perspektive markiert sie eine inzwischen ritualisierte Gratwanderung zwischen Anerkennungssehnsüchten und dem Verlangen nach Erfolgserlebnissen einerseits sowie Preisgabe radikaler geschlechterdemokratischer Forderungen durch die Hinnahme von neoliberalen Grundannahmen andererseits.[8] Statt dieses Dilemma offen zu diskutieren und zu überlegen, wie damit umgegangen werden kann, werden bei der neuen Kursbestimmung „ökonomische Sachzwanglogiken" oft auch von gleichstellungspolitisch Engagierten übernommen und perpetuiert. Im gleichstellungspolitischen Alltag versiegen so sukzessive längerfristigere Perspektiven, allerdings nicht – wie die neoliberale Indienstnahme der Geschlechtergleichstellung Glauben machen will – durch die Aussöhnung und Auflösung einander diametral gegenüberstehender Standpunkte und Zielsetzungen, sondern durch die Usurpierung derselben.

In Windeseile hat auch ein anderes Konzept zur beruflichen Gleichstellung die Schlagzeilen erobert: Im Wirtschaftsteil der Frankfurter Rundschau wird beispielsweise berichtet, es gehe nicht mehr »um den großen Weiberaufstand. Das Leitmotiv heißt heute ‚Gender-Mainstreaming'. Der Fachbegriff steht für die möglichst unspektakuläre Gleichbehandlung beider Geschlechter« (Dembowski 2001: 11). Der 1985 auf der 3. Weltfrauenkonferenz in Nairobi erstmals erwähnte, 1995 auf der 4. Weltfrauenkonferenz in Beijing bereits als Strategie zur Realisierung von Chancengleichheit zwischen den Geschlechtern konkretisierte Begriff „gendermainstreaming" ist durch die Politik der Europäischen Union bekanntgeworden.[9]

> *»Gender Mainstreaming besteht in der Reorganisation, Verbesserung, Entwicklung und Evaluation von Entscheidungsprozessen in allen Politikbereichen und Arbeitsbereichen einer Organisation. Das Ziel [...] ist es, in alle Entscheidungsprozesse die Perspektive des Geschlechterverhältnisses einzubeziehen und alle Entscheidungsprozesse für die Gleichstellung der Geschlechter nutzbar zu machen.« (Stiegler 2000: 2)*

Die klassische Frauenförderung soll also integraler Bestandteil aller politischen Aktivitäten werden und so ein geschlechtssensibilisiertes Bewußtsein herbeiführen. Der Gedanke, Frauenförderpolitik als Querschnittsaufgabe zu verankern, ist hierzulande nicht neu. Die Umsetzung dieser vom Anspruch her so vielversprechenden Idee gestaltete sich erfahrungsgemäß als schwer durchsetzbar und ist m.E. bis dato nur bedingt realitätstauglich. Die Ursachen hierfür sind vielfältig: Untersuchungen zur Umsetzung von Gleichstellungsmaßnahmen in Organisationen verweisen mit unterschiedlichen Schwerpunkten auf komplexe Gefüge, die von der konzeptionellen Verengung über personalpolitischen Konservatismus, männerbündische Strukturen und Handlungen bis hin zur Innovationsfeindlichkeit reichen (vgl. u.a. Wiechmann/Kißler 1997, Bednarz-Braun/Bruhns 1997, Höyng/Puchert

1998). Die BefürworterInnen des gendermainstreamings geben sich dennoch zuversichtlich und speisen diesen Optimismus u.a. aus dem Umstand, daß sich durch die Implementierung dieses Prinzips die Zuständigkeit für Gleichstellungsmaßnahmen qua Geschlecht scheinbar auflöst: »Während sich in der Regel bislang insbesondere Frauen um die sogenannten Frauenangelegenheiten gekümmert haben, ist es bei der Anwendung des Gender Mainstreaming Prinzips vollkommen unerheblich, welches Geschlecht die an einer Entscheidung Beteiligten haben«, mutmaßt Barbara Stiegler (2000: 7).

Es scheint fast so, als würde die aufreibende Arbeit im Spannungsfeld zwischen feministischer Theorie und ökonomischer Praxis zu einer Art genügsamen Pragmatismus verleiten. Stark anzuzweifeln ist, daß es belanglos ist, wer Mitspracherechte hat, wer an den Entscheidungsprozessen beteiligt ist und an den entsprechenden Schalthebeln sitzt – die allgegenwärtig männlichen Zeremonienmeister führen dies zur Genüge vor. In praxi leben wir nicht in Zeiten, in denen es keine geschlechtsspezifischen Lebenslagen, Interessen, Konkurrenzen und Vorurteile mehr gibt; sensibilisiertes Wissen um und die Einsicht in Privilegierungen bzw. Benachteiligungen entlang dem gender bias sind eher die Ausnahme. Die Männerdominanz in Gesellschaft, Politik, Justiz und Wirtschaft, die Gewerkschaften inbegriffen, und ihr autokratischer Anspruch auf Expertenstatus in der Wissenschaft ist ungebrochen und allgegenwärtig, schlägt sie sich doch in fast allen sozioökonomisch zentralen und weitreichenden Willensbildungs- und Entscheidungsfindungsprozessen nieder. Exemplarisch wird dies aktuell vor Augen geführt durch das Bündnis für Arbeit, das sich immerhin vorgenommen hat, die soziale Schieflage durch Verringerung der Arbeitslosigkeit geradezubiegen: Die Spitzenpositionen sind hier ausschließlich männlich besetzt und geschlechtssensible Aspekte werden systematisch ausgeblendet (vgl. hierzu ausführlich Kurz-Scherf 1999).

Obwohl die Strategie des gendermainstreamings noch nicht sehr lange auf dem Prüfstand steht, gibt es zahlreiche Exempel, wie die eigentliche Idee entstellt bzw. gegen klassische Frauenfördermaßnahmen ausgespielt werden kann. Derzeit werden beispielsweise auf EU-Ebene spezielle Frauenförderprogramme bzw. Gelder für Frauenprojekte mit der Begründung gekürzt, daß nunmehr alle Bereiche ohnehin dem Prinzip des gendermainstreamings unterworfen seien. Die Abschaffung von Frauen- und Gleichstellungsministerien zementiert in einem weiteren und weitreichenden Schritt den eingeschlagenen Kurs.[10] In Sisyphusarbeit mühsam errungene Verhandlungspositionen und Einflußmöglichkeiten werden gleichsam in einem Handstreich demontiert, zum Teil aber auch von gleichstellungspolitisch Aktiven preisgegeben. Die Legitimation von herkömmlichen Frauenfördermaßnahmen kann und wird durch gendermainstreaming untergraben werden, stellt es vorgeblich doch den zeitgemäßeren und tiefergehenderen Ansatz bei den Bemühungen um den Abbau geschlechtsspezifischer Benachteiligungen dar. Insgesamt bleibt zu befürchten, daß Fragen der Gleichberechtigung mit Hilfe des gendermainstreamings entpolitisiert und bis zur Unkenntlichkeit schöngeredet werden.

Durch die unhinterfragte Dominanz des Marktes und die sankrosankte Hinnahme seiner Prinzipien folgt die in der politischen Verantwortung liegende gesellschaftliche Gestaltung nach Gerechtigkeitsprinzipien offensichtlich *nachsorgend* auf die Ökonomie. Bei den hier vorgestellten Ansätzen im Rahmen der Geschlechtergleichstellung geht es schließlich vor allen Dingen darum, bestmögliche Verwertungskriterien für „Humanressourcen" zu formulieren und diese so in den ökonomischen Kreislauf einzubringen. Die Heilsversprechungen des diversity-Konzepts und der Total E-Quality-Strategie beruhen auf einem neoliberalen geschlechtsblinden Fundament, das demokratische Bestrebungen mit ökonomischen Sachzwängen und Unabwendbarkeiten ins Abseits zu katapultieren versucht. Dagegen ist das gendermainstreaming immerhin nicht per se neoliberal gefärbt und stellt einen systematisierenden Ansatz dar, der als ergänzende Weiterentwicklung herkömmlicher Frauenfördermaßnahmen durchaus vielversprechend sein könnte, wenn nicht traditionelle Frauenfördermaßnahmen dadurch in Frage gestellt würden.

Die entscheidende crux dieser hier vorgestellten Konzepte liegt darin, daß alle diese gleichstellungspolitischen Ideen einem Torso vergleichbar sind: Mit derartigen unternehmerischen Absichtserklärungen, die nicht einmal *selbst*verpflichtenden Charakter haben, ist schließlich noch keine hinreichende Aussage darüber getroffen, was dies *inhaltlich* bedeutet; meßbare Ziele, verpflichtende Größen und wirksame Sanktionen fehlen bei diesen auf Freiwilligkeit beruhenden Konzepten gänzlich. Begrifflichkeiten wie Gleichberechtigung und Gleichstellung sind nicht selbsterklärend und lassen sich deswegen je nach politischer Couleur unterschiedlich füllen. Die Entscheidung über Inhalt und Ziele, somit auch über Wirkungskraft ist und bleibt eine politisch höchst brisante, solange zumindest, wie Forderungen nach Geschlechterdemokratie ernst genommen werden und nicht zur Leerformel verkommen, indem sie zur Balsamierung herrschaftlicher „Kollateralschäden" degenerieren.

In Anbetracht des sich immer klarer abzeichnenden staatlichen Rückzugs aus verschiedenen gesellschaftlichen Bereichen und des daraus folgenden Steuerungs*verzichts* läßt sich freilich nicht leugnen, daß eine ökonomische Motivation seitens der Organisationen und Unternehmen eine bedeutsame und quasi verläßliche Grundlage für die Durchsetzbarkeit und den faktischen Erfolg gleichstellungspolitischer Maßnahmen darstellt. Aus emanzipatorischer Warte gilt es allerdings, diese Tatsache zu politisieren und nicht unkritisch in rhetorische Gleichstellungsriten zu überführen.

Von der Frauenförderung zur gleichstellungsorientierten Strukturpolitik – die Hochschulstrukturreform als geschlechterdemokratisierender Katalysator?

Die rot-grüne Bundesregierung möchte Gleichstellungspolitik zum Bestandteil aller Politikfelder machen und weist darauf hin, Chancengleichheit in allen politischen Entscheidungen und Aktivitäten explizit als Ziel und Methode zu berücksichtigen.[11] Folgerichtig wird das Instrument des gendermainstreamings auch der Wissenschaftspolitik und dem aktuellen Hochschul- und Wissenschaftsprogramm vorgegeben. Nach dem Willen der Bund-Länder-Kommission für Bildungsplanung und Forschungsförderung ist die »Dimension der Chancengleichheit [...] in die Diskussion zur Reform der Hochschulen [...] einzubeziehen und bei allen Planungen, Gesetzesvorhaben und Maßnahmen als durchgängiges Leitprinzip anzuwenden« (BLK 2000: 6). Gleichzeitig wird darin ein »Paradigmenwechsel von der ‚Frauenförderung' zur ‚Chancengleichheit'« gesehen und hervorgehoben, daß dies »ein Beitrag zur Qualitätssicherung, Leistungssteigerung und Stärkung der Wettbewerbsfähigkeit« (a.a. O.: 5) sei.

Diese kurzen Ausführungen illustrieren die sich auch im Hochschulbereich vollziehende Ablösung wohlfahrtsstaatlicher Wertekategorien durch neoliberale. Im Mittelpunkt der hochschul- und wissenschaftspolitischen Programmatik steht nunmehr der Wettbewerbsgedanke, infolgedesssen Hochschulen als „Standortfaktor" gehandelt werden und entsprechend ökonomischen Kriterien unterworfen sind; im Zusammenhang damit wird Frauenförderung auf Chancengleichheit reduziert und sodann den Marktprinzipien untergeordnet.

Hintergrund dieser Entwicklungen ist die seit Anfang der 90er Jahre medienwirksam ins Kreuzfeuer geratene Hochschulausbildung. Auslöser und Aufhänger der hitzig geführten Debatte um eine Hochschulreformierung war die Befürchtung, im internationalen Hochschulvergleich nicht konkurrenzfähig zu sein. Vorgeworfen wurde den bundesdeutschen Hochschulen zudem ein ineffizienter und ineffektiver Umgang mit staatlichen Mitteln. Der Ruf nach Effizienz und Rationalisierung vor den Toren der Hochschulen wurde so immer lauter. Dabei rückte die Selbststeuerungsfähigkeit der Hochschulen in das Zentrum der Auseinandersetzungen, ihre Politikfähigkeit blieb außen vor (vgl. ausführlich Giebhardt 1998: 39 ff).

Auf eher leisen Sohlen wird schon seit Jahren ein durch veränderte staatliche Steuerung herbeigeführter Strukturwandel eingeleitet und vollzogen. Im Zuge dessen werden ministerialbürokratische Haushaltspolitiken zurückgedreht und Globalhaushalte eingeführt, die dazu führen, daß die Hochschulen bei ihren Finanzentscheidungen relativ freie Hand haben. Begleitet werden diese Maßnahmen von Sparzwängen, der Einführung der Mittelvergabe für Forschung und Lehre nach Erfolgskriterien und Rechenschaftspflichten hinsichtlich der Aufgabenerfüllung durch Evaluierungsmaßnahmen. Losungen wie Qualitätssicherung bzw. -verbesserung dominieren die öffentlichen und internen Debatten um die Hochschulreform, und den Forderungen nach Transparenz und Mitbestimmung stehen „Management" und hausgemachter „Professionalisierungsdruck" gegenüber. Durch die 1998 erfolgte Novellierung des Hochschulrahmengesetzes (HRG) und der daran anschließenden Landeshochschulgesetze wurde eine erste Umsetzungsetappe in diesem Umstrukturierungsprozeß erreicht. Bislang ist jedoch nicht klar, wie die Hochschulen ihre neuen Aufgaben wahrnehmen werden, die sich aus dem Autonomiezuwachs ergeben. Auch die Konsequenzen der Aufgabenübertragung von staatlichen Instanzen auf die Hochschulen sind noch nicht abzusehen. Dies vor allem auch deswegen, weil die normative Grundlegung nur schemenhaft konturiert ist; Ute Giebhardt spricht in diesem Zusammenhang von einer »normativen Unterprogrammierung von Hochschulpolitik« (1998: 42 ff).

Auf Druck der Bundeskonferenz der Frauen- und Gleichstellungsbeauftragten an Hochschulen konnte mit der Überarbeitung der §§ 5 und 6 HRG und deren Umsetzung in den Landeshochschulgesetzen durchgesetzt werden, daß sowohl im Rahmen der staatlichen Finanzierung der Hochschulen als auch bei der Bewertung von Forschung und Lehre »Fortschritte bei der Erfüllung des Gleichstellungsauftrages zu berücksichtigen sind« (§ 5 Abs. 2 HRG). Insofern wurde dem Reformdruck hinsichtlich der allgegenwärtigen Geschlechterasymmetrie an Hochschulen nochmals Nachdruck verliehen. Gleichzeitig hat damit das Prinzip des gendermainstreamings –

zumindest formal – Eingang in die Hochschulen gefunden (ausführlich Bosse 2000).

Erwiesenermaßen haben die Hochschulen bislang kein gesteigertes Eigeninteresse an Geschlechterparität hervorgebracht. Im Gegenteil: Es ist geradezu charakteristisch für den hochschulpolitischen Alltag, daß gleichstellungspolitische Aktivitäten, Bemühungen zur Institutionalisierung von Frauen- und Geschlechterstudien in Forschung und Lehre, Einrichtung entsprechender Professuren, Quotierung von wissenschaftlichen Stellen u.ä. nach Möglichkeit ausgesessen, filibustert oder ausmanövriert werden. Auch die Schaffung rechtlicher Grundlagen führte oftmals zu einer Pseudoinstitutionalisierung: Gesetzliche Regelungen beschränkten immer wieder die wenigen vorhandenen Handlungsspielräume, auch weil Forderungen auf Gleichberechtigung vereinzelt geäußert und dadurch isoliert wurden (vgl. Färber 1994: 120; Degen 2001: 78 f). Vor diesem Hintergrund verblüfft die auf verschiedenen Stufen unterschiedlich ausgeprägte, aber verhältnismäßig deutlich zuungunsten der Frauen ausfallende, pyramidenförmige Geschlechterarchitektur im Hochschulbereich nicht[12], figuriert sie doch nur das eklatant vorherrschende institutionelle und individuelle »Demokratisierungs- und Modernisierungsdefizit« (Färber 1998: 171). Allerdings gilt es zu bedenken, so führt Ursula Müller aus, daß diese »massiven Abwehrreaktionen auf der *Erfahrungsebene* [...] mehr als nur ein ‚Backlash' (sind): Sie sind auf der *Strukturebene* bereits Teil des Innovationsprozesses, den Frauenforschung und Frauenförderung in Gang gesetzt haben« (2000: 142; Hervorh. i. Orig.).

Gleichstellungspolitische Anknüpfungspunkte und Wirkungsmöglichkeiten im Umstrukturierungsprozeß der Hochschulen

Um die Hochschulen zu motivieren, eine an Chancengleichheit orientierte Personalpolitik zu verfolgen, hat das Bundesministerium für Bildung und Forschung Ende 1999 das Projekt *Total E-Quality Science Award* gestartet. Als ein in der Wirtschaft erfolgreich eingesetztes Prädikat wird es den Hochschulen und Forschungseinrichtungen angepriesen. Diese Auszeichnung erhalten Institutionen, »die als Instrument zur Sicherung der Wettbewerbsfähigkeit, der Qualitätssicherung sowie der Erhöhung der Innovationsfähigkeit eine an Chancengleichheit orientierte Personalpolitik verfolgen« (BLK 2000: 20). Ich möchte hier nicht wieder die Frage nach Zweck und Mittel aufwerfen, staune allerdings darüber, daß diese neoliberal durchtränkte Titulatur auf kritiklose Zustimmung auch bei gleichstellungspolitisch Engagierten stößt. Begründet wird die Akzeptanz damit, daß »(g)rundlegend für eine Erhöhung der Wettbewerbsfähigkeit [...] der Wechsel von herkömmlicher Personalverwaltung und innovativer Personalpolitik« sei (Goldmann, u.a. 2000: 119). Im neoliberalen Jargon werden sodann die Vorteile, die die Frauenförderung *den Unternehmen* bringt, en detail aufgelistet; u.a. werden aufgeführt: »Erzielen von Wettbewerbsvorteilen, Standortbestimmung durch Benchmarking, Einsatz als Marketinginstrument, [...] als Marketingstrategie im zunehmend schärfer werdenden Wettbewerb der Hochschulen und Forschungseinrichtungen« (a.a.O.: 122). Welche AkteurInnen mit welchen Interessen und Absichten die Ökonomisierung von Hochschulen vorantreiben, bleibt hier vollkommen ausgeblendet. Übersehen wird damit auch, daß eine solche ökonomisierte Argumentationslogik grundsätzlich der Delegitimierung gleichstellungspolitischer Forderungen Vorschub leistet. Durch die Anpassung an vorherrschende, neoliberale Leitmotive werden Gleichstellungsbestrebungen und die dahinter stehenden radikal-demokratischen Ideen sinnentstellt, zweckentfremdet und leichtfertig über Bord geworfen.

Dabei kommt den bundesdeutschen Hochschulen eine bedeutende Rolle zu für die gesellschaftliche Geschlechterdemokratisierung: »Als staatlich geförderte Orte der Wissenschaftsproduktion und -vermittlung prägen sie in modernen Wissen(schaft)sgesellschaften das Denken sowie die sozialen Konstruktionen und Strukturierungen der Wirklichkeit entscheidend«, wie Heike Kahlert schreibt (2000: 6). Versinnbildlicht wird die historische Verwobenheit von Frauenbewegung und Hochschulreform durch die sich als »akademischer Arm« (ebd.) der deutschen Frauenbewegung entwickelte Frauen- und Geschlechterforschung. Die mit den Schlagworten von Effizienz- und Leistungssteigerung vorangetriebene Aushöhlung der im Grunde noch vorhandenen demokratischen Prinzipien der Universität verführt leicht dazu, in Larmoyanz zu verfallen bzw. vermeintlich erfolgsversprechende wettbewerbsförmige Konzepte und deren ideologische Textur unkritisch zu übernehmen.

Dagegen möchte ich im folgenden darlegen, wie durch die Reformulierung aktueller hochschulpolitischer Zielsetzungen und Leitbilder bestimmte Aspekte der Hochschulstrukturreform gleichstellungspolitisch nutzbar gemacht werden können, um eine Kursneubestimmung in der gegenwärtigen, verfahrenen Lage vorzunehmen, ohne die Vorherrschaft der Marktprinzipien zu besiegeln. Einer solchen Indienstnahme einzelner Elemente wohnen freilich Risiken inne; dessen eingedenk müssen vorhandene Mitsprache- und Gestaltungsmöglichkeiten genutzt werden, um der androzentrischen Definitions- und Umsetzungshoheit entgegentreten zu können.

Geprägt ist die Umbruchphase an den Hochschulen durch Neustrukturierungen der gesamten Organisation und durch die Einführung von Steuerungsprinzipien und -instrumenten, die in erster Linie auf die Verschlankung und die Entflechtung ministerialbürokratischer Aufgaben und Kompetenzen abzielen. In der Diskussion und z.T. in Erprobung sind derzeit folgende staatliche Steuerungsinstrumente: a) globale Finanzzuschüsse, durch die die Kosten- und Leistungsverantwortung auf untergeordnete Ebenen verlagert wird, b) Zielvereinbarungen zwischen Hochschule und Staat über das Leistungsspektrum, um sicherzustellen, daß die neuen unternehmerischen Freiheiten der Hochschulen konform mit staatlichen Zielvorstellungen gehen sowie c) die Bemessung der Mittelzuweisungen nach leistungsunabhängigen und mit leistungsbezogenen Indikatoren. So soll einerseits eine unabhängige Grundausstattung gewährleistet werden, andererseits ein Anreiz zu Leistungserfüllung bzw. Effizienzsteigerung mit Hilfe der indikatorenabhängigen Mittelvergabe gegeben sein. Inhalt, Sinn und Zweck der Kostensenkungen und Effizienzsteigerungen werden allerdings kaum thematisiert und die Modalitäten der Mittelvergabe sind nur rudimentär festgelegt.[13]

Der sukzessive Rückzug des Staates bedeutet grundsätzlich eine Einschränkung demokratischer Willensbildung und Einflußmöglichkeiten. Statt die Autonomie der Gruppenhochschule zu stärken, transformiert die Einführung betriebswirtschaftlicher Steuerungsinstrumente und Leitungsstrukturen das Gremiensystem der akademischen Selbstverwaltung in unternehmensähnliche Managementstrukturen. Die Handlungskompetenzen der Hochschulleitung und der Dekanate werden zulasten der Gremien aufgestockt, infolgedessen partizipative Elemente kaum mehr zur Geltung kommen. In der Praxis ist der hochschulinterne Verteilungskampf zudem stark geprägt von professoralem Besitzstandsdenken.

Unter diesen denkbar ungünstigen Rahmenbedingungen scheint wenig Gestaltungsraum zu bleiben für frauenpolitische und geschlechterdemokratische Absichten. Dennoch geben sich gleichstellungspolitisch Engagierte zuversichtlich: Indem Fragen der Verteilung und Allokation von gesellschaftlichen Ressourcen in diesem Umstrukturierungsprozeß angesprochen werden, könnte Frauenförderpolitik, die »als Klientelpolitik begonnen (hat), [...] zur Struktur- und Steuerungspolitik« werden, meint beispielsweise Ursula Müller (2000: 141). Optimistischen Einschätzungen zufolge »sind die Bedingungen für eine konsequentere Umsetzung der Gleichstellungspolitik so günstig wie nie zuvor«, dadurch daß die »Funktionalität und Legitimität der überkommenen Verfahren und Handlungsorientierungen [...] sehr grundlegend in Zweifel gezogen werden« (Oppen 1998: 167). Voraussetzung für einen solchen Neuanfang ist allerdings eine klare politische Entscheidung zu Inhalt, Bedeutung und Ausgestaltung der neuen Steuerungsmodelle.

Bisherige gleichstellungspolitische Aktivitäten im Rahmen der Wissenschaftspolitik umfassen gesetzliche Regelungen, Frauenförderpläne und Sonderprogramme zur Frauenförderung. Zur Zeit stehen an bundesdeutschen Hochschulen zwischen 1% und 10% der Mittel für Forschung und Lehre für Vorhaben im Bereich der Geschlechtergleichstellung zur Verfügung. Es handelt sich dabei nur um einen relativ kleinen Teil der gesamten Hochschulressourcen, nämlich zwischen 15% und 20%. Die allgemeine Einführung von Steuerungsmodellen über die Mittelverteilung hat die Frauen- und Gleichstellungsbeauftragten bundesdeutscher Hochschulen aufhorchen lassen und zu Überlegungen geführt, ob Frauenfördermaßnahmen durch die neuen Steuerungsinstrumente erfolgreicher implementiert werden können. Aufgrund der bislang vielversprechenden Aussichten setzen die gegenwärtig in der Diskussion um die Weiterentwicklung von Gleichstellungsmaßnahmen befindlichen Strategien bei der Ausgestaltung der Steuerungsformen an. Angepeilt werden indikatorgesteuerte Anreizsysteme, um auf der Grundlage entsprechender normativer Vorgaben den Weg zu einer (geschlechter-)strategischen Entwicklungsplanung mit strukturellen Neuerungen zu ebnen. So wird darauf insistiert, Frauenförderung gemäß §§ 5 und 6 HRG verstärkt als Bewertungskriterium bei der hochschulinternen Mittelvergabe einzubeziehen. Die Berücksichtigung gleichstellungspolitischer Maßnahmen im Finanzverteilungssystem wird als eine notwendige, sicherlich nicht hinreichende Bedingung angesehen, um langfristig eine gleichberechtigte Teilhabe von Frauen an den Hochschulen zu erwirken. Die Option, die Anreizsysteme durch Mittelverteilung, Zielvereinbarungen und ggfs. Sanktionen eröffnen, wenn sie systematisch und strukturell mit geschlechterparitätischen Parametern verflochten werden, sollten in der Tat im Sinne geschlechterdemokratischer Intervention genutzt werden – ohne dabei die Kehrseiten derartiger Strukturen aus dem Blick zu verlieren (vgl. dazu Keller 2000: 347 ff).

Es ist abzusehen, daß hinsichtlich der „Geschlechterfrage" die universitären Mühlen langsam mahlen werden. In Anbetracht der bisher eindeutig männlich dominierten Besetzung von einschlägigen Entscheidungsgremien ist zunächst nicht davon auszugehen, daß die Länder und die Hochschulen die vorhandenen Spielräume zugunsten der Herstellung von Geschlechterparität nutzen werden. So orakelt der Wissenschaftsrat, »daß das normative und politisch-praktische Problem der Chancengleichheit der Geschlechter im gesellschaftlichen Teilbereich Wissenschaft in der derzeitigen Diskussion über Strukturreformen unter den Rahmenbedingungen restriktiver finanzieller Spielräume nur noch eine randständige Rolle spielen könnte« (1998: 60). Zu befürchten bleibt deswegen, daß ohne Einmischung Frauenförderung »mit Hinweis auf das Primat einer ‚geschlechtsneutralen' Ökonomisierung als nicht effizienzrelevant aus der Liste der Leistungs- und Evaluationskriterien gestrichen wird« (GEW 1998: 60). Angesichts dessen macht die anstehende Koordinatenneubestimmung an den Hochschulen gesellschaftskritische Bündnisse notwendig und auch denkbar; denn Ökonomisierungstendenzen betreffen nicht „nur" Frauen nachteilig, sondern stellen insgesamt demokratische Grundpfeiler der Gesellschaft empfindlich in Frage.

Frauenförderung und gleichstellungsorientierte Strukturpolitik durch indikatorengesteuerte Mittelvergabe

Die Legitimationskrise der Hochschulen führt allerorten zu hochschulinternen Strategie- und Profildiskussionen. Trotz und wegen allgegenwärtiger Sparzwänge drehen sich diese um die (inhaltlich wenig konkreten) staatlichen Vorgaben wie Kostensenkung und Leistungssteigerung durch mehr Effizienz. Wesentlich in dieser Umbruchphase ist die Frage, nach welchem System die Verteilung der Finanzmittel zukünftig vorgenommen wird und welche Qualitätskriterien bei der Beurteilung der Hochschulen zugrundegelegt werden (sollen). Aus feministisch-politikwissenschaftlicher Perspektive muß gefragt werden, wie sich der hochschulpolitische Diskurs um gesellschaftlich-normative Aspekte ausdehnen läßt, wie die Politik- *und* Steuerungsfähigkeit der Hochschulen gesteigert werden kann (vgl. dazu Giebhardt 1998) und schließlich, wie sich gleichstellungsorientierte Gesichtspunkte in den Reorganisationsprozeß systematisch einbauen lassen, ohne traditionelle Frauenfördermaßnahmen aufzugeben und bisherige Errungenschaften abzutreten.

Nachdem auf Bundesebene mit der Novellierung des HRG 1998 die Weichen für eine Einführung von leistungsorientierter Mittelvergabe über eine Indikatorsteuerung in den Bereichen Lehre und Forschung gestellt wurden[14], sind nunmehr die Bundesländer in Zugzwang. Das Funktionsprinzip der Indikatorsteuerung ist zunächst ganz einfach: Zielkonformes Verhalten bringt finanzielle Vorteile, dagegen führt unerwünschtes Verhalten bzw. die Nicht-Einhaltung von politischen Zielvorgaben zu finanziellen Nachteilen. Die auf Basis politischer Setzungen vorgegebene Direktrix kann von den Hochschulen eigenverantwortlich und autonom in ihre Mittelvergabemodelle eingelassen werden; Gestaltung und Umsetzung unterliegen hochschulinternen Aushandlungsprozessen.

Die derzeit in der öffentlichen Diskussion kursierenden, in ihrer Zielsetzung jedoch nicht immer offengelegten Indikatoren drehen sich um die Begriffe Effizienz, Leistung und Qualität. Allein die Frage, was als Leistung anzusehen ist und was nicht, würde eine Bibliotheken füllende Auseinandersetzung erfordern; Analoges gilt für die Begriffe Qualität und Effizienz.[15] Der *politische* Charakter dieser Kriterien macht es unmittelbar einleuchtend, daß bei ihrer Konkretisierung politische Willens- und Entscheidungsprozesse aktiviert werden und gruppenmitbestimmte, geschlechterparitätisch besetzte Gremien an Hochschulen daran mitarbeiten müssen.[16] Aber auch die Tatsache, daß nur durch eine breit getragene Akzeptanz nachhaltige Ergebnisse bei der Indikatorensteuerung zu erzielen sind, unterstreicht, daß die Indikatorenwahl transparent und unter Einbeziehung möglichst vieler Betroffener zu gestalten ist (vgl. Körber-Weik 1998: 164). Andreas Keller betont in diesem Zusammenhang, daß die Scheidelinie zwischen emanzipatorischer und neoliberaler Hochschulpolitik nicht durch die Gegenüberstellung von Ver- und Entstaatlichung markiert wird, sondern durch den Gegensatz »zwischen politisch bestimmten, demokratisch verfaßten Steuerungsverfahren auf der einen Seite und ökonomisch bestimmten Steuerungssystemen auf der anderen« (2000: 486).

Obwohl bisher betriebswirtschaftlich orientierte Kriterien im Rahmen der Steuerung angestrebt werden, wird in gleichstellungspolitisch aktiven Kreisen – nicht nur im Umfeld der Hochschule[17] – zunehmend auf derartige Indikatorensteuerungen gesetzt, um entsprechenden Maßnahmen Nachdruck zu verleihen bzw. dem gender gap systematisch entgegenzuwirken (vgl. Färber 2000: 58 ff).[18] Ausgangspunkt ist dabei ein Effizienz- und Leistungsverständnis, das sich nicht ausschließlich auf die Gewinn- und Prestigemaximierung der Hochschulen bezieht, sondern die Fähigkeiten, Bedürfnisse und Interessen *aller* Betroffenen beachtet und entsprechend bemißt. So definiert wäre der im Hochschulbetrieb gängige Verzicht auf das Potential von Wissenschaftler*innen* und die Ignoranz gegenüber den Inhalten und Methoden der Frauen- und Geschlechterforschung als bedeutsamer Effizienzverlust einzustufen und entsprechend anzuprangern.

Die sich bietenden Möglichkeiten zur Integration der Frauenfördermaßnahmen in solche Anreizsysteme erstrecken sich von der formelgebundenen, d.h. auf Basis festgelegter Formeln gewichteten und berechneten bis hin zur diskretionären[19], im Sinne einer aus speziellen Frauenförderpools auf Antrag unterstützten, einzelfallbezogenen Mittelvergabe.[20] Beide Methoden haben ihre Vor- und Nachteile, so daß eine Kombination beider Ansätze sinnvoll erscheint, auch um die jeweiligen Vorzüge synchron nutzbar zu machen (vgl. Ziegele 1998: 37 ff). Unabhängig davon, welches Modell präferiert wird, könnten die Förderung von Frauen im Studium, bei der wissenschaftlichen Qualifikation und bei Berufungen, aber auch Lehrangebote im Themenfeld der Frauen- und Geschlechterforschung Indikatoren sein, die der Mittelverteilung zugrunde gelegt werden, um Impulse zur Implementierung der Geschlechtergleichstellung zu geben.[21]

Solche Indikatoren können allesamt durch das Verhalten der Hochschulen bzw. deren funktionstragenden Mitgliedern beeinflußt werden, insofern sind sie Anreiz für zielkonforme Handhabung und aktivieren deren Eigeninteresse. Im Falle der Nichterfüllung vereinbarter bzw. staatlich vorgegebener Zielvorgaben wäre es denkbar, Mittel zu sperren; diese gesperrten Mittel könnten innerhalb der Hochschule wiederum für Frauenfördermaßnahmen und Projekte in diesem Bereich eingesetzt werden. Gleichstellungspolitik wäre somit nicht Partikularinteresse einer Personengruppe, nämlich der Frauen, sondern Gemeinschaftsaufgabe und als solche die gesamte Organisationsentwicklung erfassende Strukturpolitik (vgl. Färber 2000: 262).

Einblicke in die hochschulpolitische Praxis

Zur Zeit gibt es konkrete Ansätze zur Koppelung solcher Anreizsysteme mit Gleichstellungskriterien erst in wenigen Bundesländern (Niedersachsen, Bayern und Baden-Württemberg). Dagegen haben verschiedene Universitäten diese Ideen aufgegriffen und erprobt bzw. sind in Verhandlungen[22]; die Ansätze der einzelnen Hochschulen unterscheiden sich im Aufbau z.T. zwar erheblich, weisen jedoch insbesondere hinsichtlich ihrer konkreten Zielsetzungen und Indikatoren deutliche Gemeinsamkeiten auf.[23] Bemerkenswert ist, daß die Humboldt-Universität zu Berlin als einzige Hochschule ein Anreiz- und *Sanktions*modell eingeführt hat. Das bedeutet, daß bei Unterschreitung festgelegter Zielgrößen Sachmittel einbehalten und innerhalb der Fachbereiche für konkrete Frauenfördermaßnahmen eingesetzt werden. Infolgedessen können es sich die einzelnen Institute weniger „leisten", Mindestvorgaben zu ignorieren. Allgemein hat ein indikatorengesteuertes Mittelvergabeverfahren, das Frauenförderung als Kriterium berücksichtigt, den positiven Nebeneffekt, daß regelmäßige Kontrollen über Fortschritt, Stagnation oder auch Rückschritt im Bereich der Geschlechtergleichstellung erfolgen. Darüber hinaus zeigen bisherige Erfahrungen, daß durch die Verankerung von Anreizsystemen und die daraus folgende (finanzielle) Betroffenheit der einzelnen Institute bzw. Fachbereiche eine verstärkte Bereitschaft vorhanden ist, sich eingehend mit dieser Thematik auseinanderzusetzen. Insofern trägt ein Anreizsystem nach Frauenförderkriterien zu einer gleichstellungspolitischen Sensibilisierung und Bewußtseinsbildung bei.

Wegbereiterin für Modelle zur Integration von Frauenförderung in die interne indikatorengesteuerte Hochschulfinanzierung in der Bundesrepublik Deutschland ist die Freie Universität Berlin.[24] Auf der Suche nach neuen, wirkungsvollen Anreiz- und Sanktionsinstrumentarien auf dem Gebiet der Frauenförderung entstand bei der Erarbeitung der Frauenförderrichtlinien die Idee, im Rahmen der neu eingeführten Steuerungsinstrumente Bemühungen im Bereich der Gleichstellung finanziell durch ein indikatorengestütztes *Anreiz*system zu belohnen – statt wie bisher mit Strafen zu drohen. Obwohl hier seit Anfang der 90er Jahre ein System leistungsabhängiger Mittelvergabe nach Indikatoren in Lehre, Forschung und Nachwuchsförderung besteht, scheiterten wiederholt Forderungen zur Integration des Kriteriums „Frauenförderung" in dieses System. Losgelöst davon konnte jedoch 1995 auf der Grundlage eines breiten inneruniversitären Konsenses ein analog funktionierendes System nach Gleichstellungsindikatoren eingeführt werden. Die Kriterien dafür wurden dahingehend ausgesucht, daß sie kompatibel waren mit dem früher eingeführten Regelwerk leistungsbezogener Mittelvergabe und gleichzeitig abgestimmt mit den Frauenförderrichtlinien. Demnach werden seither 1%[25] der verteilten Mittel für Lehre und Forschung nach Leistungskennzahlen im Bereich der Gleichstellung vergeben. Keine Sonder- oder Zusatzmittel also, sondern ein fester Prozentsatz der zur Verfügung stehenden Gelder werden hochschulintern umverteilt, so daß dieses System unabhängig ist von der Höhe der Haushaltsmittel. Fachbereiche bekommen entsprechend ihren Ergebnissen in der Frauenförderung beim Studium, bei der wissenschaftlichen Qualifizierung und bei Berufungen Gelder zugeteilt, gemessen wird jeweils an der vorausgehenden Qualifikationsstufe. Das bedeutet: Die Studentinnenquote der letzten drei Jahre wird der Absolventinnenquote zugrundegelegt, die Absolventinnenquote der drei davor liegenden Jahre der Doktorandinnenquote, auf der Grundlage der Promotionsquote von Frauen innerhalb der letzten drei Jahre werden die Habilitationen von Frauen bemessen, und die Berufungsquote von Frauen wird anhand der Gesamtzahl der Neuberufungen in den letzten vier Jahren ermittelt. Dabei werden die einzelnen Kriterien unterschiedlich gewichtet, abhängig von ihrer Bedeutung für die Frauenförderung.

Die Bilanz dieser Maßnahmen kann sich sehen lassen: So hat sich beispielsweise die Repräsentanz von Frauen bei den Professuren unverkennbar verbessert – auf jede dritte Professur wurde eine Frau berufen, was im bundesdeutschen Raum ihresgleichen sucht, liegt der Bundesdurchschnitt doch nur bei 17,5%.[26] Auch der Mittelbau weist eine geschlechtergerechte Struktur auf, bei einem Frauenanteil von 47% Doktorandinnenstellen.[27] Bei anderen Posten (Drittmittelstellen, Lehraufträge, Gastprofessuren und studentische Tutorienstellen) sieht es nicht so positiv aus. Dies unterstreicht, daß Gleichstellungs- und Frauenbeauftragte sowie das Aufstellen von Frauenförderplänen u.ä. bei einer Indikatorensteuerung nicht hinfällig werden. Im Gegenteil: Das Anreizsystem muß integriert werden in eine Palette verschiedener Frauenfördermaßnahmen. Insbesondere die Frauen- und Gleichstellungsbeauftragten sind einzubeziehen bei der Mittelberechnung und -verteilung. »Im Vergleich zu anderen Konzepten und auf dem Prüfstand theoretischer Analysen hält das FU-Modell stand«, urteilt Christine Färber nach eingehender Auseinandersetzung mit dieser Thematik (2000: 257). Gleichzeitig weist sie darauf hin, daß dieses Konzept kein allgemeingültiges Patentrezept sein kann.

Diese Ausführungen zum Berliner Modell machen deutlich, daß auch mit relativ geringem Mitteleinsatz klare Anreizwirkungen zugunsten der Geschlechtergleichstellung erzielt werden können. Auch die Befürchtungen hinsichtlich der möglichen Unverhältnismäßigkeit von Aufwand und Wirkung, und die Besorgnis, ein zu kompliziertes Formelwerk würde die Beteiligten bzw. die Betroffenen außen vor lassen, scheinen unbegründet. Insgesamt kann die Vergabe der Mittel an Hochschulen über Indikatorsteuerung transparenter gestaltet werden; undurchsichtige Verhandlungsprozesse, männerbündische Seilschaften und reaktionäres Verharren und Verweigern werden so ein Stück weit pariert. Eine emanzipatorische Instrumentalisierung ist allerdings nur unter der Voraussetzung möglich, daß die Indikatoren unter gruppenmitbestimmten Willensbildungs- und Entscheidungsverfahren konzeptualisiert werden. Gleichstellungspolitik über Indikatorsteuerung bleibt insofern ein Drahtseilakt, als sie keine grundsätzliche Alternative zu traditionellen Frauenförderinstrumenten bietet, aber in einem längst eingeleiteten Prozeß der Etablierung leistungsgesteuerter Kriterien Aspekte der Geschlechterdemokratisierung systematisch einbringen kann. Wenn als Maßstab von Qualität, Leistung und Effizienz – diese Begrifflichkeiten wähle ich hier bewußt und in kritischer Distanz zum hegemonialen Verständnis – die Fortschritte der Hochschule in der Geschlechtergleichstellung, die paritätische Besetzung von Stellen, die Förderung von Studentinnen und Frauen im wissenschaftlichen Nachwuchs u.ä. anerkannt würden, wäre dies m.E. ein gewaltiger Schritt gen Geschlechterdemokratie. Denn Fragen der Gleichheit und Verteilungsgerechtigkeit dürfen unter keinen Umständen dem Wettbewerbsimperativ bzw. dem Diktat der leeren Kassen untergeordnet werden!

Aus gleichstellungspolitischer Sicht ist die Hochschulreform ein spannender, ambivalenter Prozeß, dem weitreichende Chancen, aber auch unwägbare Risiken innewohnen. Die Gefahr, feministische Reformpotentiale durch die Anpassung an androzentrische Strukturen und Institutionen zu verlieren, ist eine von vielen, der durch intensiven Austausch, einer möglichst breit getragenen gleichstellungspolitischen Lobbyarbeit und dem Aufbau von Netzwerken Einhalt geboten werden kann.[28] In diesem Reorganisationsprozeß der Hochschulen, die sich als »Ort der Legitimierung und diskursiven Veränderung der wissenschaftlichen Grundlagen der Gesellschaft« (Roloff 1998: 24) auffassen lassen, öffnen sich lukenartig Chancen für neue Definitionen und Steuerungsmodelle und verflüchtigen sich unversehens, wenn sie nicht am Schopfe gepackt werden. Es führt kein Weg daran vorbei, in die aktuelle Debatte zur Hochschulreform einzugreifen, bestehende Handlungsspielräume zugunsten einer gleichstellungsorientierten Strukturreform auszuloten und darauf zu insistieren, daß Fragen der Steuerungsfähigkeit des Wissenschaftssystems mit der Perspektive der Geschlechtergleichstellung bzw. Emanzipation verbunden werden. Die Erfahrungen Anfang der 90er Jahre führten vor, daß sich Umstrukturierungsprozesse auch an den Hochschulen nicht geschlechtsneutral vollziehen – damals hatten Frauen aus den neuen Bundesländern das Nachsehen gegenüber Männern aus den alten Bundesländern (vgl. Färber 1998: 188 f).

Um so wichtiger ist es, die neuen Handlungsebenen durch Re-Formulierungen von vorherrschenden Leitbildern mitzugestalten, die vermeintlich zwangsläufig, sachlogisch und geschlechtsneutral sind. Der Reorganisationsprozeß erfordert – dem läßt sich in Anbetracht der erdrückenden Sachlage schwerlich etwas entgegenhalten – auch eine (ergänzende) Neubestimmung gleichstellungspolitischer Konzepte und Steuerungsinstrumente, um nicht bei den weitreichenden Weichenneustellungen außen vor zu bleiben. Normative Festschreibung von Verpflichtungen wie auch ökonomische Steuerungsmittel, die wiederum auf politischen Vorgaben basieren, sind in Kombination mit beherztem Engagement und einer Prise Beharrlichkeit unabdingbar[29], um verkrustete Strukturen aufzubrechen – schließlich ist es noch nicht ausgemacht, inwiefern die Hochschulstrukturreform als *geschlechterdemokratisierender* Katalysator wirkt.

Feminismus – Politik – Wissenschaft Eine eigensinnige Triade

Ausgehend von einem politischen Grundverständnis von Feminismus, das oppositionelles, konfrontierendes und intervenierendes Handeln meint, obliegt es feministischer Forschungspraxis, Theorie und Praxis emanzipativer Politik zusammenzuführen. Entsprechend einer feministischen Auffassung von Politik geht es um die Entgrenzung des Politischen und um eine Re-Politisierung von ökonomisierten Umständen. Gradmesser für die gesellschaftliche Bedeutsamkeit feministischer Denkbewegungen und ihrer Politik ist die Frage, inwiefern es gelingt, a) zentrale gesellschaftliche Themen der Frauen- und Geschlechterforschung auf die politische Agenda zu bringen, b) durch feministische Sicht- und Interpretationsweisen Einfluß auf die hegemonialen, öffentlichen Debatten zu erlangen und gestalterisch, oder gar richtungsweisend mitzuwirken und c) den Anschluß an die Basis nicht zu verlieren.

Auch wenn das Selbstverständnis der sich als feministisch Verstehenden mitnichten homogen ist, läßt sich doch ein gemeinsamer Nenner in ihren Bemühungen und Zielsetzungen ausfindig machen: Die Thematisierung und Auflösung von Herrschaft, die Aufhebung bestehender Ungleichheiten, die sich in diversen hierarchischen Verhältnissen reproduzieren und – wenngleich nicht ausschließlich – auch entlang dem gender bias verlaufen (vgl. auch Ausführungen von Kurz-Scherf, Sauer und Sturm in diesem Band). Schließlich ist feministische Wissenschaft immer auch politische Wissenschaft und ihr Anliegen ist Demokratisierung in einem radikalen Sinn.

Bei dem in Gang befindlichen Reorganisationsprozeß der Hochschulen haben bekanntlich nicht alle die Möglichkeit mitzureden bzw. werden nicht alle gleichermaßen gehört. Flankiert werden solche Ausschlüsse aber oftmals von vornehmer Zurückhaltung, resignativer Enthaltsamkeit und keinem Zutrauen in eigene Kompetenzen sowie der Besorgnis darüber, sich

„die Hände schmutzig" zu machen. Infolgedessen liegen auf untergeordneten Ebenen – namentlich im wissenschaftlichen Mittelbau und in der studentischen Basis – in ihrer Gestaltungskraft und Reichweite oft unterschätzte Partizipations- und Einflußmöglichkeiten brach.[30] Angesichts der gesellschaftlichen Verantwortung der Hochschulen als Sozialisationsinstanz und Ort für kritische Bewußtseinsbildung gibt es keine Alternative zur Verantwortungsübernahme und Partizipationsbereitschaft, um der sukzessiven Ökonomisierung des Hochschulsystems eine (Re-)Politisierung entgegenzusetzen. Es geht »sowohl um gleichstellungspolitische Reformprojekte als auch um wissenschaftspolitische Diskussionen und wissenschaftsorganisatorische Entscheidungen, die weitreichende Auswirkungen auf Beteiligungschancen insgesamt haben« schreibt Christine Roloff (1998: 25). Die Beiträge in dem von ihr herausgegebenen Band belegen, daß sich Handlungsfelder eröffnen, in denen »nicht allein Professorinnen, Frauen in Leitungspositionen und Frauenbeauftragte, sondern alle Frauen Beteiligte sind und diese Beteiligung auch *einfordern* müssen« (a.a.O.: 29; Hervorh. A.S.).

Im Zuge des absehbaren Generationenwechsels an den Hochschulen ist es unabdingbar, einen Paradigmenwechsel bezüglich der Geschlechterverhältnisse einzuleiten, neoliberale Umstrukturierungsmaßnahmen zu destillieren, alternative Reformvorschläge zu konzipieren und dabei die eigenen Themen ernst zu nehmen und zumindest zu versuchen, sich Gehör zu verschaffen. Im universitären Rahmen gibt es in aller Regel den Raum für die Beschreitung konstruktiver Wege und gestalterische Auseinandersetzungen, wobei unterstützende Allianzen eingefordert werden müssen. Wenngleich die vielfach hervorgebrachte Kritik gegenüber institutioneller Politik ihre Berechtigung hat, darf die positive Bezugnahme auf Institutionen und deren personelle Bemanntheit nicht – wie vielfach unterstellt – mit ihrer kritiklosen Hinnahme gleichgesetzt werden. Nach Frigga Haug ist »institutionalisierte Frauenförderung nicht selbst ein Ziel, sondern der Vorraum, den wir brauchen, um eine andere gerechte Gesellschaft zu erfinden und ihre Durchsetzung zu beginnen« (2001: 25). Das Austarieren von Grenzen und Interventions- bzw. Bündnismöglichkeiten ist – Ingrid Kurz-Scherf führt dies in ihrem Beitrag in diesem Band eindringlich aus – Bestandteil feministischer Politikpraxis in einem spannungsgeladenen Balanceakt zwischen Autonomie und Anerkennung. Die historische Verwobenheit von gesellschaftlichem Wandel und Hochschulreform machen Hochschulen zu einem zentralen gesellschaftlichen Ort für feministische Interventionen (vgl. Kahlert 2000: 7).

Allen Unkenrufen zum Trotz: Feministische Interventionen aus der Basis

Ein vorläufiges (Zwischen-)Ergebnis feministischer Einmischung sind die im deutschen Hochschulbereich beobachtbaren Reform*anstrengungen*, Lehre und Studium geschlechtergerechter zu gestalten, die ihren Ausdruck u.a. in der curricularen Berücksichtigung von Themen der Frauen- und Geschlechterforschung finden. Die an der Marburger Universität durchgeführte Untersuchung zur Bedeutung von feministischen Wissenschaftsinhalten und Studienangeboten zeigt auf, daß Studierende – zwar geschlechtsspezifisch unterschiedlich ausgeprägt, aber immerhin durch alle Disziplinen hindurch – die im universitären Rahmen gebotenen Auseinandersetzungsmöglichkeiten mit Fragen des Geschlechterverhältnisses als unzulänglich betrachten (Kurz-Scherf, u.a. 1998).

Der »blockierte Dialog« (Braunmühl 1999) mit geschlechterdemokratischen Perspektiven im mainstream ist ein strukturelles Problem, das mit personellem Mangel, Unvermögen, androzentrischer Ignoranz und Resistenz einhergeht (ausführlich dazu Sauer in diesem Band). Um diesen in der Hochschullandschaft immer wieder anzutreffenden Umständen entgegenzutreten sowie die Themen und Anliegen der Frauen- und Geschlechterforschung einen weiteren Schritt aus dem (noch) marginalisierten Dasein heraus zu katapultieren, organisierten Marburger Studentinnen und Doktorandinnen eine *feministische* Tagung, auf dessen Fundament dieser Sammelband steht. Mit den hier vorliegenden Beiträgen soll Interessierten ein Praxis und Theorie verbindender, problemorientierter Einstieg zum Verhältnis von Geschlecht und Politik-/Wissenschaft sowie eine feministisch-kritische Beschäftigung mit *herr*schenden Lehrmeinungen und Leerstellen ermöglicht werden.

Mit der Initiierung des *Feministischen Politikwissenschaftlerinnentages* sollte ein Denkprozeß in Gang gesetzt werden, ein Ermutigungsprozeß, der programmatisch-alternative, feministische Politik-/Wissenschaft ins (studentische) Bewußtsein holt. Zentrales Anliegen war es, das Unbehagen im Hinblick auf die Praxisrelevanz feministischer Denkbewegungen aufzugreifen und Anbindungsmöglichkeiten feministischer Forschung an die politische Strategie aufzuzeigen. Es ging den Organisatorinnen dieser erstmalig in Marburg stattgefundenen Tagung also nicht um eine theoretische Spezifizierung, auch nicht um die methodische Inprobenahme, sondern vielmehr um grundlegende Überlegungen und Themen, um die Fragen, die die studentische Basis beschäftigen. Damit eng verknüpft war die Hoffnung, Problembewußtsein zu schaffen sowie Ansporn und Lust auf die vertiefende Lektüre und Auseinandersetzung mit Themen aus dem feministischen Bereich zu erwecken. Die hier versammelten Beiträge sind ein kleiner Aus- und Querschnitt aus der inzwischen facettenreichen feministischen Politikwissenschaft und geben einen zwangsläufig unvollständigen Ein- und Überblick über politische Auseinandersetzungen und wissenschaftliche Kontroversen.

Die im ersten Teil zusammengeführten Betrachtungen aus der alma mater zeigen Erkenntnisinteressen und Inhalte feministischer Forschung im allgemeinen auf, im besonderen akzentuieren sie feministische Wissenschaftskritik, beschäftigen sich mit Ursachen und Folgen der Rezeptions- und Kommunikationssperren zwischen dem politikwissenschaftlichen main-/malestream und Frauen-/Geschlechterforschung, aber auch innerhalb der feministischen Wissenschaft. *Ingrid Kurz-Scherfs* Ausführungen kreisen um die Frage, wo sich feministische Politikwissenschaft in der spannungsgeladenen Triade von Politischer Wissenschaft, feministischer Wissenschaft und feministischer Politik verorten läßt. Indem sie auf die ursprünglich fundamental herrschaftskritische Ausrichtung der Frauenbewegung verweist und die Dialektik von Autonomie und Anerkennung feministischer Forschung konturiert, kritisiert sie den gängigen, für den feministischen Diskurs kaum anschlußfähigen Politikbegriff. Die zentrale Herausforderung feministisch-politischer Wissenschaft sieht sie in der Verknüpfung von Geschlecht, Herrschaft und Emanzipation. In dieselbe Richtung zielen die Ausführungen von *Birgit Sauer,* die in ihrem Artikel die systematische, »dreifaltige« Geschlechtsblindheit innerhalb der Politiktheorie und -praxis offenlegt und damit einhergehend die Marginalisierung der Geschlechterforschung. Als das zentrale Muster, das hinter der Eingeschlechtlichkeit wirkt, schält sie die Einengung des Politischen und die Entsubjektivierung von Politik heraus, um auf der Folie einer Ursachenanalyse Erfolgschancen und Perspektiven feministischer Politikwissenschaft auszuloten. Daran anknüpfend stellt *Gabriele Sturm* vor dem Hintergrund der aktuellen feministischen Theoriedebatte um Konzepte und Methoden erkenntnistheoretische Grundsatzüberlegungen im Sinne einer feministischen Wissenschaftskritik an, indem sie zentrale Konstruktionen okzidentaler Wissenschaften im Kontext der Entstehung von Naturvorstellungen und Identitätslogiken nachzeichnet und erläutert, inwiefern das antike Zwei-Welten-Universum in neuzeitlichen Wissenschaften durch Dualisierungen und Trennungen reifiziert wurde bzw. wird. Rücksichtlich der Auswirkungen expliziter und impliziter Dichotomisierungen und Hierarchisierungen auf die Geschlechter- und Naturkonstruktionen stellt die Autorin vorherrschende Rationalitäts- bzw. Vernunftkriterien in ihrer Beschränktheit bloß.

Im zweiten Teil des Buches geht es um die Beständigkeit geschlechtshierarchischer Politikpraxis und um mögliche Auswege. Das sich seit den 80er Jahren zunehmend als Sackgasse entwickelnde bundesdeutsche Gleichstellungsrecht wird von *Sabine Berghahn* beleuchtet. Arbeits- und sozialpolitische Prozesse, ihre Logik und Ergebnisse werden thematisiert, formalrechtliche Fortschritte praktisch gegenläufigen Tendenzen gegenübergestellt. In Anbetracht der beschränkten Wirkung und der begrenzten Perspektive gleichstellungsrechtlicher Bemühungen im Zuge der sich zuspitzenden sozialen Frage plädiert die Verfasserin für eine Reformstrategie auf der Organisations- und Managementebene, um so integrative Partizipationsansprüche formulieren zu können. Rechtliche Gleichstellung ist auch das von *Christina Schenk* behandelte Thema, allerdings aus einem anderen Blickwinkel: In ihren Ausführungen zur »Lebensweisenpolitik« kritisiert sie das (Ehe-)»Recht als Korsett« sowie die Privilegierung des Instituts der Ehe gegenüber anderen Lebensweisen und weist auf den dringenden politischen Reformbedarf in diesem Bereich hin. Eine Alternative sieht sie in der rechtlichen Anerkennung und Gleichstellung der Vielfalt von Lebensformen durch individuelle gestaltbare Verrechtlichungsmöglichkeiten, die im Gegensatz zu Eingetragenen Lebenspartnerschaften Selbstbestimmungsrechte und gesellschaftliche Verantwortlichkeiten unterstreichen.

Damit wird in den dritten Teil „Frauenbewegung – quo vadis“ übergeleitet, der einen Einblick in die von der traditionellen Geschichtsschreibung und Realitätswahrnehmung oft und gerne verdrängten Auseinandersetzungen wiedergibt. *Ingrid Langer* rekonstruiert die Jahrhundert-Reformgeschichte des § 218 StGB, das Verhältnis von Kirche und Staat sowie den Stellenwert der Selbstbestimmungsrechte von Frauen in der bundesrepublikanischen Gesellschaft. Dabei werden die Mobilisierungskräfte der Frauenbewegung Anfang der 70er Jahre, die fraktionsübergreifenden (Frauen-)Bündnisse wider die patriarchale Ignoranz und die immer wiederkehrende Suprematie päpstlicher Diktate offengelegt. Die Jahrhunderte andauernde und interkulturell vergleichbare strukturelle und auch individuelle Gewalt im Geschlechterverhältnis thematisiert *Barbara Kavemann*. In ihrem Beitrag stellt sie anhand einiger Modelle für koordinierte und inter-institutionell kooperierende Intervention neue Strategien und Instrumente gegen „häusliche Gewalt“ vor. Die Bereitschaft zu interdisziplinärem Lernen ist, wie die Autorin aufzeigt, eine wichtige Voraussetzung für konstruktive und vertrauensvolle Zusammenarbeit in Interventionsprojekten, die Prävention und koordinierte Intervention miteinander verbinden können. *Heidi Wedel* behandelt auch Gewalt- und Herrschaftsverhältnisse, allerdings in der Türkei: Sie beschreibt, wie die nationale, ökonomische – und im Falle der Kurdinnen zusätzlich ethnopolitische – Unterdrückung die geschlechtsspezifische verstärkt und mit sexualisierter Gewalt einhergeht. Ihr Augenmerk gilt den mit neuem politischen Selbstbewußtsein erstarkten Frauen(bewegungen) im Bezugsfeld des politischen Islam und den geschlechtsspezifischen Aspekten von Identitätspolitiken. Die Autorin geht davon aus, daß die in diesem Kontext entstandenen Identitätsbewegungen Frauen neue Handlungsspielräume eröffnen und Forderungen nach einer selbstbestimmten Identität in diesem Rahmen Nachdruck verliehen werden kann.

Die Beiträge dieses Bandes nähern sich ihrem Thema aus verschiedenen Perspektiven, haben unterschiedliche theoretische und methodische Ansätze, Schwerpunkte und z.T. auch Folgerungen, sie sind trotzdem und deswegen allesamt feministisch-politikwissenschaftlich. In den Analysen werden politische Institutionen und AkteurInnen, deren Willensbildungs- und Entscheidungsfindungsprozesse, zugrundeliegende Normen und Wertvorstellungen, flankierende Diskurse im Zusammenhang mit der symbolischen Dimension und (De-)Konstruktion von Geschlechtlichkeit in den Blick genommen; die Kritik an der gängigen Auffassung des Politischen, an der zunehmenden Ökonomisierung der Politik, an den politischen FunktionsträgerInnen und Einrichtungen u.a. geht einher mit Wissenschaftskritik. Gemeinsamer Fokus ist das Interesse daran, wie Politik und Wissenschaft konzeptionell, begrifflich, theoretisch und methodisch geschlechtsspezifische Disparitäten (re-)produzieren, wie sich diese sozio-ökonomisch manifestieren und welche Auswege es daraus gibt. Dreh- und Angelpunkt der Überlegungen ist die Frage, was die sich ihrem Selbstverständnis nach der Demokratisierung verschriebene Politikwissenschaft für die Geschlechterdemokratisierung beitragen kann. Daß sie in geschlechterdemokratischer Perspektive mitwirken *muß*, ist in Anbetracht des status quo unbestreitbar. Schließlich ist auch ein halbes Jahrhundert nach der verfassungsrechtlichen Verankerung der Gleichberechtigung von Frauen und Männern zu konstatieren, daß die Verbürgung der Gleichberechtigung im Grundgesetz nicht nur einen Fortschritt bedeutet hat, sondern auch eine Möglichkeit, den Anschein zu erwecken, als sei sie bereits Realität – wohingegen mit der Realisierung zwar nicht mehr begonnen, ganz gewiß jedoch zielstrebig weitergemacht werden muß.

Anmerkungen

1 Vgl. zur aktuellen Diskussion im politikwissenschaftlichen Bereich die Beiträge im Sammelband Bauhardt/v. Wahl 1999.

2 Wenngleich kritisch anzumerken ist, daß die Anerkennung von Heterogenität in der Forschungspraxis der bundesdeutschen Frauen- und Geschlechterforschung oftmals nur ein Lippenbekenntnis bleibt und keine Entsprechung in Form einer analytischen Integration findet, wie Sedef Gümen (1998) veranschaulicht.

3 Aus der Einsicht in den Verlust politischer Gewißheiten folgert beispielsweise Birgit Wartenpfuhl »sich *nicht* zusammenzuschließen« (1999: 80, Hervorh. i. Orig.) – wohin das führen soll, bleibt nebulös und ist wenig hilfreich in Theorie und Praxis.

4 Beim ersten, induktiven Schritt geht es um die Entwicklung allgemeiner Aussagen, im zweiten, deduktiven Schritt sollen die vorgenommenen Setzungen überprüft und gesichert werden, und schließlich im letzten, abduktiven Schritt werden die den Erscheinungsformen zugrundeliegenden Strukturen rekonstruiert und dechiffriert.

5 Eine wohltuende Ausnahme im deutschsprachigen Raum ist die Arbeit von Angelika v. Wahl, die den längst überfälligen Brückenschlag zwischen der Praxis der Frauenförderung im Erwerbsleben und der feministischen Theoriebildung in „Gleichstellungsregime" (1999) vollzieht.

6 Während in der binären Geschlechterlogik zwischen „männlich" und „weiblich" differenziert und in aller Regel alles weiblich Konnotierte negativ bewertet wird, geht ein vorgeblich neutrales, a-sexualisiertes Verständnis menschlicher Arbeitskraft auch zu Lasten von Frauen, wie Ursula Hornung (2000b) auf der Grundlage empirischer Befunde im mittelständischen Dienstleistungsgewerbe ausführt.

7 Klassische Frauenförderung entspringt auch dem differenztheoretischen Ansatz, da entsprechende Maßnahmen der Genusgruppe „Frau" gelten, allerdings unabhängig von ihren „besonderen", geschlechtsspezifischen Kenntnissen und Fähigkeiten. Im Unterschied hierzu sehe ich die – von mir nun „explizit" differenztheoretisch genannten – Ansätze, die abhängig vom biologischen Geschlecht „wesensgemäße" Eigenschaften und besondere Kompetenzen ableiten wollen.

8 Darin reiht sich auch die Öffnung der Bundeswehr für Frauen durch das Urteil des Europäischen Gerichtshofes vom 11. Januar 2000 ein, die in der feministischen Öffentlichkeit bemerkenswert wenig diskutiert und kommentiert wurde.

9 Erwähnt wurde „gendermainstreaming" in der Europäischen Union erstmalig im mittelfristigen Aktionsprogramm zur Chancengleichheit von Frauen und Männern von 1991-1995. In den darauffolgenden Jahren bzw. den anschließenden Aktionsprogrammen avancierte diese Bezeichnung zu einem Schlüsselbegriff in der Gleichstellungspolitik der EU.

10 Vgl. exemplarisch TAZ vom 27.10. 1999.

11 So auf verschiedenen websites der Bundesregierung zu lesen zum Stichwort Chancengleichheit.

12 Ausführlich dazu mit aktuellen Daten Färber 2000.

13 Ute Giebhardt zeigt auf, daß es an einer Verständigung über Fragen der gesellschaftlichen Verantwortung von Lehre und Bildung sowie Grenzen der fiskalischen Verschlankung in der hochschulpolitischen Diskussion mangelt, weil gegenüber früheren Auseinandersetzungen »insbesondere alle mit einem emanzipatorischen Gehalt von Hochschulbildung und -ausbildung verbundenen Positionen stark in den Hintergrund getreten« sind (1998: 44).

[14] Bereits 1993 wurde die »Mittelzuweisung nach erfolgs- und qualitätsorientierten Kriterien« in der Lehre in einem ‚Eckwertepapier' von Bund und Ländern gefordert (vgl. Bund-Länder-Arbeitsgruppe 1993: 8). Im Hochschul- und Wissenschaftsprogramm vom 16. Dezember 1999 wird schließlich in Art. 4 festgelegt, daß mit »dem Ziel, die mit der Novelle des Hochschulrahmengesetzes von 1998 angestrebten strukturellen Reformen des Hochschulwesens zu unterstützen« (Abs.1), u.a. Maßnahmen gefördert werden, die »die Entwicklung und Erprobung von Controlling-, Führungs- und Informationssystemen (z.B. dezentrale Verwaltungssysteme, Kosten- und Leistungsrechnung, Belastungs- und Leistungskriterien-gesteuerte Mittelverteilung)« (Abs. 2 a) bezwecken.

[15] Zur Begriffswirrnis der »vermarkteten Universität« vgl. Hoffacker 2000: 1366 ff.

[16] Dabei ist mir durchaus bewußt, daß allein mit der Festlegung der Geschlechterparität noch keine Aussage darüber getroffen ist, inwiefern gleichstellungspolitische Anliegen oder gar feministische Positionen in diesen Prozessen vertreten werden. Dennoch gebietet es das demokratische Recht auf gleiche Teilhabe und Mitgestaltung, geschlechterparitätische Verhältnisse einzufordern, unabhängig von politischen Präferenzen und Interessen oder der Frage, inwiefern Frauen „besser" mit Macht, Ressourcen u.a. umgehen und hierarchische Strukturen in Frage stellen.

[17] Einen ersten Einblick zu den auf Landesebene bestehenden Anreizsystemen bei der Vergabe öffentlicher Aufträge in der Privatwirtschaft gibt das Handbuch zur Frauenerwerbstätigkeit, hgg. von Bertelsmann u.a. (1996; Stand 2000) unter Punkt T 9.

[18] Beispielsweise schlägt die GEW in ihrem Positionspapier zur „Globalisierung der Hochschulhaushalte" von 1997 vor, bei einer leistungsorientierten Mittelvergabe u.a. die Kriterien »Frauenförderung« und »demokratische Einübung in ziviles Engagement durch gleichberechtigte Beteiligung an der Selbstverwaltung der Hochschulen« zu berücksichtigen (vgl. Keller 2000: 338 f mit Nachweis der Fundstelle).

[19] Dieser Begriff ist im Deutschen unglücklich konnotiert, insofern als damit Unaufdringlichkeit und Verschwiegenheit assoziiert wird. Im Zusammenhang mit der Mittelvergabe leitet es sich aus dem Englischen „discretionary funding" her und bedeutet, daß der Mittelvergabe staatliche bzw. universitäre Einzelfallentscheidungen und Ermessensspielräume zugrundeliegen.

[20] Einen systematisierenden, graphisch dargestellten Überblick gibt Ziegele 1998: 29.

[21] Auch die Berücksichtigung des Kriteriums Prüfungsbelastung und Betreuungsaufwand von WissenschaftlerInnen und last but not least die Übernahme von Verantwortlichkeit in der universitären Selbstverwaltung sind aus einer geschlechterdemokratischen Perspektive wichtig, um die Anerkennung des gesellschaftlichen und politischen Stellenwerts von (hochschul-)politischem Engagement insgesamt zum Ausdruck zu bringen.

[22] Einen aktuellen Überblick gibt Färber 2000: 251 ff. Daniela Grunow (2000: 129 ff) zeigt in einer kurzen Synopse auf, wie weit die Umsetzung gesetzlicher Vorgaben an den Hochschulen fortgeschritten ist, und welche Modelle zur Integration von Frauenförderung in die hochschulinterne Mittelverteilung bislang entwickelt wurden.

[23] Vgl. dazu Körber-Weik 1998: 170, die für eine flexible indikatorgesteuerte Frauenförderung einen Gleichstellungs-Leistungsfaktor als Prototyp vorschlägt, der sowohl auf Landesebene als auch auf der Hochschulebene nutzbar gemacht werden kann (171 ff). Christine Färber weist darauf hin, daß es inneruniversitär Prämien- und Sanktionsmodelle, isolierte oder in eine allgemeine Budgetierung integrierte Indikatorenmodelle u.a. gibt (vgl. 2000: 251 ff).

[24] Ausführlich dazu Färber 2000: 199 ff; die Eckdaten sind auch abrufbar im Internet unter „http://www.fu-berlin.de/frauenbeauftragte".

[25] Das entspricht jährlich zwischen 140.000 und 170.000 DM.

[26] Wobei anzumerken ist, daß die Frauenquote in den höheren Besoldungsgruppen deutlich absinkt (die Angaben beziehen sich auf das Jahr 1998, vgl. BLK 1998, Tabelle 5, mit Quellennachweis).

[27] Ausführlichere Informationen zu den Kriterien und der Berechnungsmethode gibt es unter „Frauenförderung ist Strukturpolitik" und „Anreizsystem Frauenförderung der Freien Universität Berlin" auf den websites der Berliner FU (vgl. Fußnote 24) und in Färber 2000.

[28] Es haben sich in den letzten zehn Jahren verschiedene Wissenschaftlerinnen und Frauenbeauftragte hochschulübergreifend in Netzwerken und über Konferenzen organisiert, um gemeinsam für Gleichstellungsmaßnahmen einzutreten (vgl. Roloff 1998: 23 mit Nachweisen).

[29] Wie wichtig in der internen Mikropolitik Kommunikation, Aushandlungs- und Kompromißbildungsprozesse sind, zeigt eindrücklich Birgit Riegrafs (1996) Untersuchung zur betrieblichen Gleichstellung.

[30] Nach meinen hochschulpolitischen Erfahrungen scheitert der Versuch, diverse verfaßte Selbstverwaltungs- und Mitbestimmungsinstitutionen, Gremien und Kommissionen mit eineR VertreterIn des wissenschaftlichen Mittelbaus und aus studentischen Kreisen zu besetzen nicht selten daran, daß sich keine Freiwilligen finden. Zahlreiche hochschulpolitische Bereiche in der akademischen Selbstverwaltung, in denen weitreichende Entscheidungen bezüglich Instituts-, Fachbereichs- oder anderer (Struktur-) Fragen getroffen werden, bleiben oftmals ausschließlich männlich besetzt, weil sich keine Frauen zur Mitarbeit bereit erklären.

Literatur

Appelt, Erna (2000): Identität, Diversität und Demokratie. Überlegungen zu einer feministischen Demokratiepolitik. In: Wolfgruber, Elisabeth; Grabner, Petra (Hg.): Politik und Geschlecht. Innsbruck, u.a. S. 11-28.

Bauhardt, Christine; Wahl, Angelika von (Hg.) (1999): Gender and politics. „Geschlecht" in der feministischen Politikwissenschaft. Opladen.

Bednarz-Braun, Iris; Bruhns, Kirsten (1997): Personalpolitik und Frauenförderung. Gleichberechtigungsgesetze zwischen Anspruch und Wirklichkeit. München.

Bertelsmann, Klaus; Colneric, Ninon; Pfarr, Heide M.; Rust, Ursula (1996): Handbuch zur Frauenerwerbstätigkeit. Losebl. 3 Bände. Stand 2000. Neuwied.

Bosse, Ulla (2000): Gender Mainstreaming – Grenzen und Möglichkeiten der Gewährleistung von Chancengleichheit durch die Hochschulleitung. In: Wesely, Sabine (Hg.): Gender Studies in den Sozial- und Kulturwissenschaften. Einführung in neuere Erkenntnisse aus Forschung und Praxis. Bielefeld. S. 422-430.

Braunmühl, Claudia von (Hg.) (1999): Der blockierte Dialog. Zur Rezeption feministischer Theorie-Impulse im Wissenschaftsbetrieb. Berlin.

Bruns, Gabriele (2000): Was will der Feminismus heute? In: Gewerkschaftliche Monatshefte zum Thema: Hat die Emanzipation ausgedient? Heft 12. S. 669-677.

BLK (1998): Bericht der Bund-Länder-Kommission für Bildungsplanung und Forschungsförderung vom 07. Juni zum Thema: Frauen in Führungspositionen. Dritte Ergänzung zum BLK-Bericht „Förderung von Frauen im Bereich der Wissenschaft".

BLK (2000): Bericht der Bund-Länder-Kommission für Bildungsplanung und Forschungsförderung vom 30. Oktober zum Thema: Frauen in der Wirtschaft – Entwicklung und Perspektiven auf dem Weg zur Chancengleichheit. Heft 87.

Degen, Barbara (2001): Perspektiven der Hochschulfrauenförderung unter dem Aspekt ihrer rechtlichen Verankerung. In: Batisweiler, Claudia; Lembeck, Elisabeth; Jansen, Mechtild (Hg.): Geschlechterpolitik an Hochschulen: Perspektivenwechsel. Opladen. S. 77-86.

Dembowski, Hans (2001): Warum Frauenförderung auf Männer baut. Mittelstand braucht künftig mehr weibliche Fachkräfte (...). In: Frankfurter Rundschau vom 17. Februar. S. 11.

Engelbrech, Gerhard (1998): TOTAL E-Quality Management Projekt: Ein Konzept für Wirtschaft, Politik und öffentliche Verwaltung. In: Frauen in Führungspositionen. Hgg. v. der Konrad-Adenauer-Stiftung. Aktuelle Fragen der Politik. Heft 52. S. 29-40.

Färber, Christine (1994): Gleichstellungspolitik an der Hochschule. Zwischen gesetzlichen Regelungen, Institutionen und dem Anspruch auf Veränderung. In: Biester, Elke, u.a. (Hg.): Gleichstellungspolitik – Totem und Tabus. Eine feministische Revision. Frankfurt a.M./ New York. S. 114-121.

Dies. (1998): Frauenpolitik als Hochschulreform. Von der Frauenbewegung zur Frauenförderung. In: Färber, Christine; Hülsbergen, Henrike (Hg.): Selbstbewußt und frei. 50 Jahre Frauen an der Freien Universität Berlin. S. 169-195.

Dies. (2000): Frauenförderung an Hochschulen. Neue Steuerungsinstrumente zur Gleichstellung. Frankfurt a.M/ New York.

GEW (1998): Hochschulreform durch Gleichstellungspolitik. GEW-Positionen zu Frauen in Hochschule und Forschung. Frankfurt a.M.

Giebhardt, Ute (1998): Macht Hochschulpolitik einen Unterschied? In: Roloff; Christine (Hg.): Reformpotential an Hochschulen. Frauen als Akteurinnen in Hochschulreformprozessen. Berlin. S. 39-61.

Goldmann, Monika; Krischer, Barbara; Wulf, Marion (2000): TOTAL E-QUALITY Science Award: Ein Prädikat für Hochschulen und Forschungseinrichtungen. In: femina politica. Zeitschrift für feministische Politik-Wissenschaft. Heft 2. S. 119-123.

Grunow, Daniela (2000): Kurzvorstellung von Hochschulmodellen (bundesweit). In: Löther, Andrea; Plöger, Lydia (Hg.): Mittelvergabe und Gleichstellungspolitik an Hochschulen. Bielefeld.

Gümen, Sedef (1998): Das Soziale des Geschlechts. Frauenforschung und Ethnizität. In: Das Argument. Zeitschrift für Philosophie und Sozialwissenschaft. Heft 1-2. S. 187-202.

Hansen, Katrin; Goos, Gisela (1997): Frauenorientiertes Personalmarketing: Chancen – Wege – Perspektiven. Sternenfels/ Berlin.

Hansen, Katrin; Dolff, Margarete (2000): Von der Frauenförderung zum Management der Diversity. In: Cottmann, Angelika; Kortendiek, Beate; Schildmann, Ulrike (Hg.): Das undisziplinierte Geschlecht. Frauen- und Geschlechterforschung – Ein- und Ausblick. Opladen. S. 151-173.

Haug, Frigga (2001): Der Traum von Gleichheit – Fragen von Virginia Woolf. In: Batisweiler, Claudia; Lembeck, Elisabeth; Jansen, Mechtild (Hg). Geschlechterpolitik an Hochschulen: Perspektivenwechsel. S. 15-25.

Heimberg, Anke (1999): TimeLag – Zur Institutionalisierung von Frauen- und Geschlechterforschung in der Lehre an deutschen Hochschulen. In: femina politica. Zeitschrift für feministische Politik-Wissenschaft. Heft 1. S. 48-60.

Höyng, Stephan; Puchert, Ralf (1998): Die Verhinderung der beruflichen Gleichstellung: männliche Verhaltensweisen und männerbündische Kultur. Bielefeld.

Hoffacker, Werner (2000): Die vermarktete Universität. In: Blätter für deutsche und internationale Politik. S. 1365-1374.

Holland-Cunz, Barbara (2001): Probleme des Erfolgs – Überlegungen zu den ambivalenten Anforderungen institutioneller feministischer Theorie und Politik. In: Batisweiler, Claudia; Lembeck, Elisabeth; Jansen, Mechtild (Hg.): Geschlechterpolitik an Hochschulen: Perspektivwechsel. Opladen. S. 45-55.

Hornung, Ursula (2000a): Geschlechterdemokratie in neoliberaler Zeit. Feministische Politik- und Partizipationskonzepte und sozio-ökonomischer Wandel – ein Anachronismus? In: Gewerkschaftliche Monatshefte. Heft 12. S. 689-697.

Dies. (2000b): Let´s do „Gender". And don´t forget „Sex"!? Reflexionen über berufliche Gleichstellung, A-Sexualisierung und Frauenförderung am Beispiel mittlerer Dienstleister. In: Lenz, Ilse; u.a. (Hg.): Geschlecht – Arbeit – Zukunft. Münster. S. 96-125.

Jansen, Mechtild (2001): Dilemmata und Spannungsfelder feministischer Theorien und Politiken. In: Batisweiler, Claudia; Lembeck, Elisabeth; Jansen, Mechtild (Hg.): Geschlechterpolitik an Hochschulen: Perspektivwechsel. Opladen. S. 27-44.

Kahlert, Heike (2000): (Aus-)Bildung durch Wissenschaft: Frauen- und Geschlechterstudien als Beiträge zur Hochschulreform. In: Zeitschrift für Frauenforschung und Geschlechterstudien. Heft 1+2. S. 5-21.

Keller, Andreas (2000): Hochschulreform und Hochschulrevolte. Selbstverwaltung und Mitbestimmung in der Ordinarienuniversität der Gruppenhochschule des 21. Jahrhunderts. Marburg.

Klinger, Cornelia (1999): Essentialismus, Universalismus und feministische Politik. In: Lutter, Christina; Menasse-Wiesbauer, Elisabeth (Hg.): Frauenforschung, feministische Forschung, Gender Studies: Entwicklungen und Perspektiven. Wien. S. 95-115.

Kontos, Silvia (1995): Jenseits des hydraulischen Bewegungsmodells: Einwände gegen das backlash-Konzept. In: Jansen, Mechthild; u.a. (Hg.): Frauen in der Defensive?: Zur backlash-Debatte in Deutschland. Münster. S. 29-57.

Körber-Weik, Margot (1998): Indikatorensteuerungen. Durch neue Finanzierungsformen zu besseren Hochschulen und wirksamerer Frauenförderung. In: Roloff, Christine (Hg.): Reformpotential an Hochschulen. Frauen als Akteurinnen in Hochschulreformprozessen. Berlin. S. 153-177.

Knapp, Ulla (1996): Ökonomische Aspekte betrieblicher Frauenförderung oder: Lohnt sich Frauendiskriminierung. In: WSI Mitteilungen. Heft 6. S. 350-359.

Kurz-Scherf, Ingrid; Scheele, Alexandra; Weerts, Maike; Heimberg, Anke (1998): Interdisziplinäre Frauen- und Geschlechterstudien an der Philipps-Universität Marburg. Dokumentation. Konzeption – Theorie – Empirie – Praxis. Hgg. von der Hans-Böckler-Stiftung: Manuskripte 252. Düsseldorf.

Kurz-Scherf, Ingrid (1999): Männerbündischer Traditionalismus. Die Zukunft ist weiblich. In: Arlt, Hans-Jürgen; Nehls, Sabine (Hg.): Bündnis für Arbeit. Konstruktion – Kritik – Karriere. Opladen, u.a. S. 135-145.

Dies. (2000): Gleichberechtigung in Zeiten zunehmender sozialer Ungleichheit. In: femina politica. Zeitschrift für feministische Politik-Wissenschaft. Heft 2. S. 82-89.

Müller, Ursula (2000): Asymmetrische Geschlechterkultur in Organisationen und Frauenförderung als Prozeß – mit Beispielen aus Betrieben und der Universität. In: Lenz, Ilse; u.a. (Hg.): Geschlecht – Arbeit – Zukunft. Münster. S. 127-149.

Oppen, Maria (1998): Die Neuverteilung von Ungleichheit im öffentlichen Sektor. Von der Personalverwaltung zum FeMale Resource Management? In: Regenhard, Ulla (Hg.): Die männliche Wirtschaft. Geschlechtertrennung und Konzepte zur Frauenintegration. Berlin. S. 165-191.

Osterloh, Margit; Wübker, Sigrid (1999): Wettbewerbsfähiger durch Prozeß- und Wissensmanagement. Wiesbaden.

Riegraf, Birgit (1996): Geschlecht und Mikropolitik. Das Beispiel betrieblicher Gleichstellung. Opladen.

Roloff, Christine (1998): Hochschulen in Veränderung. Wo stehen die Frauen in der gegenwärtigen Umbruchphase. In: Dies. (Hg.): Reformpotential an Hochschulen. Frauen als Akteurinnen in Hochschulreformprozessen. Berlin. S. 11-36.

Sauer, Birgit (2000): Das langsame Jahrhundert. Zur Theorie des Geschlechterpolitik an der Milleniumswende. In: Wolfgruber, Elisabeth; Grabner, Petra (Hg.): Politik und Geschlecht. Innsbruck, u.a. S. 29-46.

Schmitz, Claudia (1998): Diversity – Vielfalt als Unternehmensprinzip. In: Frauen in Führungspositionen. Hgg. von der Konrad-Adenauer-Stiftung. Aktuelle Fragen der Politik. Heft 52. S. 59-61.

Stiegler, Barbara (2000): Wie Gender in den Mainstream kommt. Konzepte, Argumente und Praxisbeispiele zur EU-Strategie des Gender Mainstreaming. Hgg. vom Wirtschafts- und Sozialpolitischen Forschungs- und Beratungszentrum der Friedrich-Ebert-Stiftung, Abteilung Arbeit und Sozialpolitik. Bonn.

Sturm, Gabriele (1994): Wie forschen Frauen? Überlegungen zur Entscheidung für qualitatives oder quantifizierendes Vorgehen. In: Diezinger, Angelika, u.a. (Hg.): Erfahrung mit Methode. Freiburg i. Br. S. 85-104.

Wahl, Angelika von (1999): Gleichstellungsregime. Berufliche Gleichstellung von Frauen in den USA und in der Bundesrepublik Deutschland. Opladen.

Wartenpfuhl, Birgit (1999): Dekonstruktivistische Bestimmungen von Geschlecht – Identität – Differenz jenseits metaphysischer Gewißheiten. In: Bauhardt, Christine; Wahl, Angelika von (Hg.): Gender and politics. „Geschlecht" in der feministischen Politikwissenschaft. Opladen. S. 65-82.

Weingarten, Susanne; Wellershoff, Marianne (1999): Die widerspenstigen Töchter. Für eine neue Frauenbewegung. Köln.

Wiechmann, Elke; Kißler, Leo (1997): Frauenförderung zwischen Integration und Isolation. Gleichstellungspolitik im kommunalen Modernisierungsprozeß. Modernisierung des öffentlichen Sektors. Bd 11. Berlin.

Wissenschaftsrat 1998: Empfehlungen zur Chancengleichheit von Frauen in Wissenschaft und Forschung. Köln.

Ziegele, Frank (1999): Frauenförderung und Mittelvergabe an Hochschulen. Gutachten hgg. v. Ministerium für Frauen, Jugend, Familie und Gesundheit in NRW. Düsseldorf.

Feministische Betrachtungen

aus der alma mater

Ingrid Kurz-Scherf

Was heißt und zu welchem Behufe studieren und betreiben wir feministische Politik(wissenschaft)?

1. Das „magische Dreieck" feministischer Politikwissenschaft

Die Leitfrage meines Beitrages zur Eröffnung des Ersten Feministischen Politikwissenschaftlerinnentages vom 12. bis 14. Mai 2000 in Marburg ist ein abgewandeltes Zitat des Titels einer Jubiläumsveranstaltung der Politischen Wissenschaft an der FU Berlin anläßlich des 40sten Jahrestags der Gründung der Deutschen Hochschule für Politik im Jahre 1949, die zehn Jahre später als „Otto-Suhr-Institut" der Freien Universität Berlin angegliedert wurde und sich dann zum größten Fachbereich der Politischen Wissenschaft im deutschen Sprachraum entwickelt hat. »Was heißt und zu welchem Ende betreiben wir Politikwissenschaft?« (Albrecht/Altvater/Krippendorff 1989) – auch dieser Titel war bereits ein abgewandeltes Zitat – nämlich der berühmten Antrittsvorlesung, die der nebenberuflich als Dichter tätige Friedrich Schiller am 24. Mai 1789 an der Universität Jena hielt. »Was ist« – so hatte Schiller darin gefragt – »und zu welchem Ende studieren wir Universalgeschichte?« In seinem Beitrag zu der Jubiläumsveranstaltung in Berlin verwies Johannes Agnoli auf den syntaktischen Fehler im Titel der Schiller-Vorlesung, der auch (und mit ihm das darin enthaltene Problem) im Titel der Jubiläumsveranstaltung der Politischen Wissenschaft und in dem meines Beitrags zu dieser Tagung fortgesetzt wird. Der syntaktische Fehler besteht darin, daß die Universalgeschichte, die Politische Wissenschaft und die feministische Politik(wissenschaft) gleichzeitig als Subjekt (Was ist ...) und als Objekt (zu welchem Ende oder welchem Behufe betreiben oder studieren wir ...) gesetzt werden. Bei Friedrich Schiller unterliegt dem syntaktischen Fehler die Doppelbedeutung von Universalgeschichte – als realer Prozeß einerseits und als dessen wissenschaftliche Reflektion andererseits. Bei der Politischen Wissenschaft steckt in dem syntaktischen Fehler der Streit um das Selbstverständnis der Disziplin: als einer mit „Subjektwürde" (Agnoli) ausgestatteten Form der aktiven Beteiligung an der Politik und der Anleitung zu politischem Handeln einerseits oder – wie es Agnoli formulierte – »lediglich als Gegenstand eines, womöglich gar berufsbezogenen Studiums – ganz gleich, ob in Richtung auf Politik als Beruf oder zeitgemäß in Richtung auf administrative Datenverarbeitung« (Agnoli 1989: 15). Darüber hinaus klingt in der fehlerhaften Syntax der Jubiläumsveranstaltung der Politischen Wissenschaft aber auch die Frage nach der Selbstbezüglichkeit der Disziplin an, also ob, inwieweit und wozu sie sich auch noch mit etwas anderem beschäftigt als letztendlich immer nur mit sich selbst. In der fehlerhaften Syntax der Leitfrage zu diesem Beitrag wird das Problem des Selbstverständnisses feministischer Politikwissenschaft noch durch die Einklammerung der Wissenschaft unterstrichen; mit der Unterscheidung zwischen „studieren" und „betreiben" wird auf mögliche Interessensdivergenzen zwischen Studierenden und Betreiberinnen feministischer Politik(wissenschaft) verwiesen. Vorrangig geht es mir aber im folgenden um die Verortung feministischer Politikwissenschaft in der spannungsgeladenen Dreiecksbeziehung zwischen Politischer Wissenschaft, feministischer Wissenschaft und feministischer Politik. Aus dieser spannungsgeladenen Dreiecksbeziehung, in die die feministische Politikwissenschaft eingespannt ist, bezieht sie – so meine These – ein erhebliches Potential an Frustration und Irritation, aber sie macht sie zugleich zu einem der reizvollsten Projekte der Politischen Wissenschaft ebenso wie der feministischen Wissenschaft und der feministischen Politik.

Ich habe den Titel der schriftlichen Fassung meines Beitrags aber auch deshalb in Anlehnung an den Titel jener Jubiläumsveranstaltung vor mittlerweile über zehn Jahren gewählt, weil diese Veranstaltung einen zwar unbeabsichtigten, aber wichtigen Impuls für das gegeben hat, womit wir uns hier befassen. Laut Untertitel der im Anschluß an die Veranstaltung publizierten Jubiläumsschrift sollte es dabei vor allem um „Kritik und Selbstkritik" gehen. Dazu schreibt Eva Kreisky:

> »Diese vermeintlich kritische Selbstdarstellung weist allerdings schwerwiegende Kritikdefizite auf, gibt sie doch viel eher Einblick in die androzentrische Prägung des Faches. Die ‚weiße OSI-Fibel' (als welche die Jubiläumsschrift am OSI selbst gilt, I.K.-S.) ist ein getreues Abbild des politikwissenschaftlichen Männerbundes – wenn auch in seiner links-kritischen Tradition« (Kreisky 1995: 10).

Die Auseinandersetzung mit diesem Männerbund – nicht nur hinsichtlich seiner personellen Struktur, sondern auch hinsichtlich seiner zwischen Ignoranz und Mißverständnis schwankenden Haltung gegenüber der feministischen Kritik an der Politik ebenso wie an der Politikwissenschaft – mündete Ende der 80er/Anfang der 90er Jahre in die Schaffung eines »politisch-feministisch inspirierten und inspirierenden Arbeitszusammenhangs« (Kreisky) einer Dozentinnengruppe am OSI, der zusammen mit gleichgerichteten Initiativen an anderen Universitäten maßgeblich an dem enormen Aufschwung der feministischen Politikwissenschaft in den letzten zehn Jahren beteiligt war.

Zwar heißt es in der Konzeption des Ersten Feministischen Politikwissenschaftlerinnentags zutreffend: »Frauen- und Geschlechterstudien führen an bundesdeutschen Hochschulen noch ein Nischendasein«. Aber immerhin: Mittlerweile ist die feministische Politikwissenschaft an fast allen Hochschulen doch „irgendwie" präsent – wenn auch immer noch i.d.R. auf höchst unzulängliche Weise. Mit der Gründung des Arbeitskreises „Politik und Geschlecht" in der Deutschen Vereinigung für Politikwissenschaft im Jahre 1991 hat die feministische Politikwissenschaft zumindest als ein eigenständiges Themenfeld der Disziplin eine offizielle, wenn auch immer noch verhaltene „standespolitische" Anerkennung gefunden. Am Institut für Politikwissenschaft der Philipps-Universität Marburg hat das Thema „Politik und Geschlechterverhältnis" – laut *homepage* des Instituts[1] – den Status eines der „Teilgebiete" bzw. sogar „Kernbereiche" des Fachs – etwas abgesetzt von der Politischen Theorie, den Methoden der Politikwissenschaften, dem Systemvergleich und den Internationalen Beziehungen, aber immerhin (fast) auf der gleichen Ebene wie „Politik und Wirtschaft", Politische Kultur und Politische Bildung, was seinen Niederschlag auch in den am Institut geltenden Studien- und Prüfungsordnungen gefunden hat. Der in Marburg erstellte „Literaturführer Politikwissenschaft" (Berg-Schlosser/Quenter 1999) enthält ein eigenes Kapitel „Politik und Geschlechterverhältnis".

Tatsächlich hat mittlerweile auch die deutschsprachige feministische Politikwissenschaft ein beachtliches Schrifttum hervorgebracht, in dem zu nahezu allen Teilgebieten der Disziplin und nahezu allen Fragen, die sie beschäftigen, feministische Positionen entwickelt wurden. Es gab ein Sonderheft der führenden politikwissenschaftlichen Zeitschrift zum Thema „Geschlechterverhältnisse im Kontext politischer Transformation" (Kreisky/Sauer 1998). Zwar fehlen in vielen Einführungen in das Fach immer noch Hinweise auf sein Teilgebiet „Politik und Geschlecht" und die Theorie- und Forschungsansätze der feministischen Politikwissenschaft, aber es gehört doch mittlerweile zum guten Ton der Disziplin, daß beispielsweise in Sammelbänden wenigstens *ein* Beitrag aus feministischer Perspektive enthalten ist. Es gibt die Zeitschrift „Femina Politica. Zeitschrift für feministische Politik-Wissenschaft", der kürzlich sogar der Margherita-von-Brentano-Preis der Freien Universität Berlin verliehen wurde. Wenn auch immer noch nur vereinzelt und zögerlich, so sind doch auch in den *main-* und *malestreams* der Disziplin gewisse Öffnungen gegenüber feministischen Diskursen nicht zu verkennen, und gelegentlich finden Feministinnen sogar an prominenter Stelle Gehör, auf den großen Kongressen der Politikwissenschaft – wie beispielsweise Seyla Benhabib auf dem 20. Wissenschaftlichen Kongreß der Deutschen Vereinigung für Politische Wissenschaft (vgl. Greven 1998). Feministinnen sind immer noch rar im „Lehrkörper" der Politikwissenschaft – aber immerhin ist eine feministische Position mittlerweile kein absolutes Ausschlußkriterium bei der Besetzung von Professuren-, Forschungs- und MitarbeiterInnenstellen und zwar auch dann nicht, wenn es nicht um die Vertretung oder die Bearbeitung des Fach- oder Teilgebiets „Politik und Geschlecht(erverhältnis)" geht.

Gleichwohl: Es gibt immer noch Grund genug für Ärger, Protest und Engagement. In der Konzeption des Ersten Feministischen Politikwissenschaftlerinnentages werden einige kritische Punkte zum Status der feministischen Politikwissenschaft in der Disziplin aufgelistet, die hier im Verlauf der Diskussion sicherlich noch ergänzt und vertieft werden. Ich habe allerdings den Eindruck, daß die feministische Politikwissenschaft unter einer doppelten Randstellung leidet, denn es scheint auch eine gewisse Rezeptions- und Kommunikationssperre zwischen feministischen Politikwissenschaftlerinnen und der feministischen Wissenschaft insgesamt zu geben, die ja zunächst vorrangig in anderen Disziplinen Fuß gefaßt hat und vorangetrieben wurde. Diesen Eindruck habe ich beispielsweise bei der Lektüre der jüngsten Veröffentlichung von Regina Becker-Schmidt und Gudrun-Axeli Knapp gewonnen, denn in ihrer Einführung in „Feministische Theorien" (Becker-Schmidt/Knapp 2000) ignorieren sie zumindest die deutschsprachige feministische Politikwissenschaft fast vollständig.

In der Konzeption des Ersten Feministischen Politikwissenschaftlerinnentags klingt aber durchaus auch Kritik oder ein gewisses Unbehagen an der feministischen Politikwissenschaft selbst an. Auch Alexandra Scheele deutet in ihrem Beitrag zu dem bereits erwähnten „Literaturführer Politikwissenschaft" eine durchaus kritische Haltung gegenüber den jüngsten Entwicklungen in der feministischen Politikwissenschaft an. Sie konstatiert zunächst einmal zustimmend, daß sich »die inhaltliche Auseinandersetzung verschoben (habe) von einer ‚Sichtbarmachung' von Frauen hin zu einer

(Re-)Formulierung politikwissenschaftlicher Kategorien. Dabei ist nicht nur ein wachsendes Selbstbewußtsein bei den Politikwissenschaftlerinnen selbst zu verzeichnen, sondern auch eine immer stärkere Orientierung an den aktuellen Fragestellungen und Diskussionen (Zukunft des Sozialstaates, Globalisierung, Arbeit etc.) des Faches« (Scheele 1999: 245). »Kritisch betrachtet« könne diese Entwicklung allerdings auch als ein Prozeß der »Anpassung an eine fortbestehende androzentrische Hegemonie gedeutet werden«. Dies – so meint sie abschließend dann doch wieder versöhnlich – »sollte aber nicht darüber hinwegtäuschen, welchen Erkenntnisgewinn die feministische Diskussion für die politikwissenschaftlichen Diskurse haben kann« (ebenda).

Ob nun allerdings die in der Disziplin nach wie vor dominanten *main-* und *malestreams* an diesem „Erkenntnisgewinn" auch ein hinlängliches Erkenntnisinteresse haben, erscheint immer noch fraglich. Darüber hinaus stellt sich aber selbstverständlich nicht nur die Frage, welchen Erkenntnisgewinn die feministische Politikwissenschaft für die politikwissenschaftlichen Diskurse hat, sondern auch, was sie zu den feministischen Diskursen, ihrer Theorieentwicklung und ihrem Forschungsstand ebenso wie zu den politisch-praktischen Fragen der Frauenbewegung und Frauenpolitik beizutragen hat und künftig beitragen will. Damit bin ich wieder bei der spannungsgeladenen Dreiecksbeziehung zwischen Politischer Wissenschaft, feministischer Wissenschaft und feministischer Politik, in die die feministische Politikwissenschaft eingespannt ist, in der sie m.E. ein nach drei Seiten eigenständiges und möglichst anerkanntes Profil entwickeln muß. Die Aufgabe wird dadurch nicht leichter zu bewältigen, daß die feministische Politikwissenschaft bei der Suche nach Antworten auf die hier gestellte Leitfrage nicht nur mit erheblichen Spannungen zwischen den drei Polen ihres Profils – feministisch – politisch – wissenschaftlich –, sondern auch noch mit einer Situation konfrontiert ist, in der sowohl über die Krise der Politik und der Politikwissenschaft, wie aber auch über die Krise des Feminismus und die Flaute oder gar den Tod der Frauenbewegung heiß diskutiert wird.

2. Zur Ankunft der „feministischen Herausforderung" in der Politikwissenschaft

Beginnen wir mit der Politikwissenschaft. Die Politikwissenschaft selbst hat auch in ihren *main-* und *malestreams* kein klar konturiertes, gegenüber ihren Nachbardisziplinen qua Gegenstand, Methoden und/oder Erkenntnisinteresse deutlich abgegrenztes, in sich homogenes oder in seinen Kontroversen klar strukturiertes Profil. »Politikwissenschaft« – so heißt es in einer der jüngsten Einführungen in das Fach gleich zu Beginn – »gehört zum Reizvollsten, was die Universitäten zu bieten haben« (König 1999: 7). Zu dieser werbewirksamen Einschätzung seiner Disziplin gelangt Helmut König, obwohl er eine der reizvollsten Neuerungen in diesem Fach, seine Bereicherung um das Teilgebiet „Politik und Geschlechterverhältnis" und die feministische Politikwissenschaft, noch nicht einmal zur Kenntnis genommen hat, wie dies mittlerweile eigentlich zum Standard der Disziplin gehört oder jedenfalls gehören sollte (beispielhaft dazu siehe den bereits zitierten „Literaturführer Politikwissenschaft" oder auch aus dem englischen Sprachraum Finifter 1993 und Goodin/Klingemann 1996). Ohne den Reiz der Politikwissenschaft, in der ich mich ja nun mittlerweile auch niedergelassen habe, hier schmälern zu wollen, muß man aber doch – wie dies Eva Kreisky sehr anschaulich geschildert hat – sehen, daß er für Studierende vor allem auch darin besteht, daß sie sich zunächst die Frage stellen, »zu welchem Zweck studiere ich eigentlich Politikwissenschaft?«, um dann spätestens nach dem Grundstudium zu der Frage überzugehen, »was ist eigentlich Politikwissenschaft?« (Kreisky 1995: 10).

Es beginnt schon damit, daß man unterschiedliche Informationen darüber erhält, seit wann es dieses Unternehmen eigentlich gibt und wie es korrekt zu bezeichnen ist. Zur Wahl stehen Politikwissenschaft und Politikwissenschaften, Politische Wissenschaft und Wissenschaft der Politik, Politologie oder auch „wissenschaftliche Politik"[2]. Was die Tradition des Fachs anbelangt, so gilt sie mal als ein noch sehr junges Fachgebiet der Sozial- und Geisteswissenschaften und mal als eine altehrwürdige Disziplin der abendländischen Geistesgeschichte. Tatsächlich gibt es die Politikwissenschaft, die Politische Wissenschaft oder die Politologie als ein eigenständiges Studienfach bzw. Lehr- und Forschungsgebiet hierzulande erst seit dem Ende des 2. Weltkriegs. Als akademische Disziplin war die Politikwissenschaft eine von oben unter dem Einfluß der US-amerikanischen Besatzungsmacht verfügte, von aus dem Exil oder den Konzentrationslagern heimkehrenden Sozialwissenschaftlern betriebene und vielfach mißtrauisch beäugte Neuerung an deutschen Hochschulen. Dennoch beruft sich die Politikwissenschaft durchaus zurecht auf altehrwürdige Traditionen, die bis zu den politischen Schriften und Diskursen der Antike zurückreichen, die aber insbesondere auch in der Aufklärung und in den wohl bedeutsamsten Traditionslinien politischen Denkens und Handelns in der Moderne, dem Liberalismus und dem Sozialismus, verankert sind. Aber in der Ahnengalerie der Politikwissenschaft finden sich auch Figuren wie Carl Schmitt und die vielen anderen geistigen Väter jenes Autoritarismus und Totalitarismus, die man wohl auch zum geistigen Erbe nicht nur der Moderne, sondern auch der Politikwissenschaft zählen muß. In Deutschland wurde Politik bis zum Ende des 2. Weltkriegs, vor allem aber nicht erst in der Zeit des Nationalsozialismus an den Hochschulen, insbesondere in dieser zuletzt genannten Traditionslinie gelehrt – obwohl es auch schon in der Weimarer Republik eine Reihe von Vertretern jener Lehrgebiete gab, die man heute der Politikwissenschaft zurechnet, die sich nicht einer faschistischen Staatsauffassung oder gar einem faschistischen Konzept des Politischen verschrieben hatten.

Die Gründung der Politikwissenschaft als einer eigenständigen Disziplin nach dem 2. Weltkrieg stand im Zeichen eines eindeutig gegen die autoritär-faschistische Tradition des Politischen in Deutschland gerichteten politischen Auftrags, nämlich an der Entwicklung und Sicherung von Demokratie aktiv mitzuwirken – vorrangig durch eine entsprechende Schulung des Personals der Politischen Bildung und der *Reeducation,* aber selbstverständlich auch durch die Mitwirkung an der Entwicklung der Demokratietheorie und durch die Durchführung demokratieförderlicher Forschung. Der *anti-autoritäre* und *anti-faschistische* Auftrag der Politikwissenschaft war allerdings sowohl bei denjenigen, die ihn erteilten, wie auch bei den meisten derjenigen, die ihm nachkamen, verbunden mit einem manchmal sogar überwiegenden *anti-kommunistischen* Impetus: Dieser ließ schließlich in den Jahrzehnten des Kalten Krieges die Politikwissenschaft in den meisten ihrer tonangebenden „Schulen" und getreu ihrem US-amerikanischen Vorbild, der *political science,* zu einem wissenschaftlichen Arm der Systemkonkurrenz werden (nicht nur in den Hochschulen, sondern auch in der politischen Öffentlichkeit) und damit dann aber auch zur affirmativen Stütze der „westlichen Demokratie" einschließlich ihrer ökonomischen Basis, dem kapitalistischen Wirtschaftssystem.

Zentraler Bestandteil des überwiegend „staatstragenden" Selbstverständnisses der Politikwissenschaft war von Anfang an und unabhängig davon, bis zu welchen Zeiten man ihre Traditionslinien zurückverfolgt, jenes mehr oder minder »geheime Glossar« (Kreisky/Sauer 1997), auf deren Grundlage sie sich selbst als eine „Männerdomäne" konstituierte und mit Hilfe dessen sie auch ihren Gegenstand, die Politik und das Politische, als eine solche konstruierte und legitimierte. Während sich nun aber gegen das affirmative Selbstverständnis der Disziplin und ihre ideologische Ausrichtung schon sehr bald eine kritische Abteilung formierte, die im Verlauf der 70er und 80er Jahre zumindest an einigen Hochschulen immer mehr Gewicht bekam, blieb der *male-bias* der Politikwissenschaft lange Zeit *out of discussion* – zumal er durch die links-liberal oder links-sozialistisch orientierte kritische Politologie nachhaltig bekräftigt wurde. Wenn man neben dem Liberalismus, dem Sozialismus und dem Autoritarismus auch den Feminismus als eine der bedeutsamsten Traditionen politischen Denkens und Handelns – die immerhin auch bis in die Zeiten der Französischen Revolution zurückreicht – gelten lassen will, dann wird man der Politischen Wissenschaft jedenfalls nicht attestieren können, sich um dessen Beförderung große Verdienste erworben zu haben. Eher muß dieser Disziplin in all ihren Schattierungen ein besonders stark ausgeprägter Anti-Feminismus und – was auf das Gleiche hinauskommt – *male*-Chauvinismus bescheinigt werden, der heutzutage – wenngleich hie und da durchaus Besserung in Sicht ist – noch keineswegs überwunden ist (zur gegenteiligen, sich aber m.E. selbst widerlegenden Auffassung vgl. Beyme 1992).

Was allerdings auch auffällt, ist die Tatsache, daß vor allem die deutschsprachige Politikwissenschaft sich nicht nur vergleichsweise lange und erfolgreich gegen die „feministische Herausforderung" immunisiert hat, sondern daß diese sowohl im internationalen Vergleich wie auch im Vergleich mit ihren Nachbardisziplinen erst mit einer erheblichen Verzögerung an sie herangetragen wurde. Birgit Meyer stellte dazu schon vor Jahren die Vermutung auf, daß die Frauenforschung und die Frauenbewegung sich hierzulande vergleichsweise »schwer tut« mit politikwissenschaftlichen Themen im engeren Sinn (Meyer 1992: 3) – möglicherweise auch durchaus im Sinn jener provokativen Frage, die Judith Stacey insbesondere an die Adresse der „konservativen Kampfansage des Pro-Familien-Feminismus" gerichtet hat: »Fürchten sich die Feministinnen von zuhause wegzugehen?« (Stacey 1989). Ich glaube, man sollte diese Vermutung nicht pauschal als „frauenfeindlich" zurückweisen, denn wenn man Feminismus als den nicht zuletzt selbst-reflektiven Teil der Emanzipationsbewegungen von Frauen begreift, dann muß man der Tatsache Rechnung tragen, daß sich diese Emanzipationsbewegungen selbstverständlich nicht nur gegen die Unterdrückung, Ausbeutung, Mißachtung und Bevormundung richten, denen Frauen ausgesetzt sind. Sie richten sich vielmehr gleichzeitig auch gegen die dabei wirksamen Anteile von Mitwirkung oder Nutznießertum an der eigenen Unterwerfung bzw. gegen die Beschädigungen, die Frauen in der Inferiorität und Subalternität davontragen, in denen sie nicht nur gehalten werden, sondern in die sie sich auch hineinbegeben. Wenn wir uns also Gedanken darüber machen, welche Hemmnisse der „feministischen Herausforderung“ in der Politik und in der Politikwissenschaft entgegenstehen, dann müssen wir selbstverständlich auch die Eigenanteile reflektieren, die die Frauen, die Frauenbewegung und die feministische Wissenschaft daran selbst haben.

Auf der anderen Seite kann die vergleichsweise lang anhaltende politikwissenschaftliche Enthaltsamkeit der Frauenbewegung, die u.a. dazu führte, daß politikwissenschaftliche Themen von der feministischen Wissenschaft lange Zeit vorrangig in anderen Disziplinen erörtert wurden, als eine Form der »widerspenstigen Praktiken« (Fraser 1994) von Frauen und der Frauenbewegung (auch in ihren wissenschaftlichen Abteilungen) gedeutet werden. Die besondere Distanz zwischen Politischer und feministischer Wissenschaft seitens der zuletzt genannten wäre dann als ein Reflex auf das überwiegend „staatstragende“ Selbstverständnis der Disziplin und ihre affirmativ-ideologische Ausrichtung jedenfalls in einigen ihrer „Schulen“ und auf ihren für die Frauenbewegung und die feministische Wissenschaft kaum „anschlußfähigen“ Politikbegriff zu sehen. Die Diskrepanz zwischen dem feministischen und dem politikwissenschaftlichen Politikbegriff wird oft und vor allem mit dem auch in der Frauenbewegung verbreiteten Slogan „Das Private (Persönliche) ist politisch!“ illustriert (vgl. z.B. Benhabib/ Nicholson 1987). Sie scheint mir aber darüber hinaus auch noch in einem anderen Umstand verwurzelt zu sein, nämlich in der jedenfalls hierzulande zumindest in ihren Anfängen eher anarchischen, anti-etatistischen, anti-institutionalistischen und fundamental herrschaftskritischen Ausrichtung der Frauenbewegung, die in einem grundsätzlichen Widerspruch zu dem in der Politikwissenschaft dominierenden Politikbegriff im vorrangigen Sinn von Regierungs- und Herrschaftshandeln stand. In diesem Politikbegriff hatten und haben die feministischen Visionen einer (möglichst) herrschaftsfreien Gesellschaft und das feministische Begehren eben gerade nicht nach Teilhabe an der »männlichen Herrschaft« (Bourdieu), sondern nach deren Beseitigung keinen Raum. Insoweit die Frauenbewegung in ihren wissenschaftlichen Ambitionen nicht zunächst ohnehin an außeruniversitären, autonomen Forschungseinrichtungen orientiert war, fand sie eher Anknüpfungspunkte bei der Kritischen Theorie der Frankfurter Schule oder später auch bei den Theorien der Postmoderne, die aber sehr viel weniger in der Politikwissenschaft als in deren Nachbardisziplinen gepflegt wurden – auch wenn die feministische Wissenschaft sich dort mit allerlei Androzentrismen und Patriarchalismen auseinanderzusetzen hatte (vgl. z.B. Fraser 1992).

Die Tatsache, daß die „feministische Herausforderung“ nun aber auch in der Politikwissenschaft angekommen ist, und die feministische Politikwissenschaft in den letzten zehn Jahren einen enormen Aufschwung genommen hat, läßt sich nun vor dem Hintergrund der bis dahin zu konstatierenden wechselseitigen Aversion zwischen Politischer und feministischer Wissenschaft auf sehr unterschiedliche Weise interpretieren. Signalisiert sie ein allmähliches Aufweichen der die Politikwissenschaft so lange und in besonderer Weise prägenden androzentrischen Grundstruktur, oder verdankt sie sich eher dem Prinzip der „repressiven Toleranz“, einer in ihren Grundstrukturen eben gerade nicht angefochtenen Androkratie in der Disziplin, die nur genau das und genau so viel an Feminismus zuläßt, wie ihr nicht wirklich gefährlich wird, und die sich durch „ein bißchen Feminismus“, ein bißchen „Politik und Geschlecht“, Frauenforschung und Geschlechterdemokratie vielleicht sogar noch besser gegen den Kern der „feministischen Herausforderung“ immunisieren kann? Zu berücksichtigen ist dabei auch, daß der ja ohnehin gebremste und noch keineswegs gesicherte „Aufstieg des Feminismus“ in der Politikwissenschaft vor allem in letzter Zeit in einer Situation des Fachs stattfindet, die oft als eine gravierende Krise beschrieben wird. Ein Element dieser Krise ist der (vorläufige?) Wegfall der Systemkonkurrenz, der all diejenigen, die darin das zentrale Anliegen ihrer Disziplin gesehen haben, in Bredouille bringt – sei es, daß sie darin die Partei der „westlichen Demokratie“ oder die des „östlichen Sozialismus“ ergriffen haben. Diese politischen Ereignisse brachten zumindest zunächst auch diejenigen ins Schlingern, die in ihm eine kritische Position nach beiden Seiten hin eingenommen haben, weil sie sich plötzlich mit einem „Paradoxon“ konfrontiert sahen: »Erst in der postmodernen Ära der Transformation, in der die liberale Demokratie konkurrenzlos zurückblieb,« – so beschreibt Klaus von Beyme dieses Paradoxon – »wurde der Vorwurf wahr, den die Linke in den 60er und 70er Jahren gern gegen jede ‚bürgerliche‘ Theoriebemühung schleuderte, daß selbst die normative Theorie nur die phantasiearme Duplizierung einer tristen sozialen und politischen Realität sei« (Beyme 1999: 93).

Die „triste Realität“ der liberalen Demokratie hat nun aber längst auch diejenigen erfaßt, die sich mit ihr auseinandersetzen: Nachdem die Politikwissenschaft ohnehin aus zum Teil nachvollziehbaren, zum Teil fragwürdigen Gründen sich selbst immer mehr von ihrem politischen Auftrag, der politischen Bildung und der „Demokratiewissenschaft“ distanziert bzw. diesem in einem schon fast beliebig anmutenden „Pluralismus“ einen immer geringeren Stellenwert eingeräumt hat, gerät sie nun selbst in den Sog eines zunehmenden Bedeutungsverlustes des Politischen – auch in Form des Entzugs bzw. der Kürzung ihrer Ressourcen. Einerseits ist die Rede von der „Rückkehr der Politik in die Gesellschaft" oder der „Subpolitisierung des Politischen", die zumindest teilweise deutliche Tendenzen der Entpolitisierung der Politik und des Politischen hat. Zum Teil scheint das politische Denken auch immer mehr in die Nachbardisziplinen der Politischen Wissenschaft ab- oder ganz aus der Universität auszuwandern, was die Disziplin ebenfalls auch selbst aktiv unterstützt. Beispielsweise durch ihre Orientierung an Sichtweisen ihres Gegenstands, wie etwa dem Politikverständnis von Max Weber, aber auch von Karl Marx, von Niklas Luhmann oder – in gewisser Hinsicht – auch von Jürgen Habermas und der sog. Postmoderne, die das Politische ohnehin nur als Teilfunktion „der Gesellschaft" betrachten oder sogar die Möglichkeit einer wissenschaftlichen Befassung mit Politik grundsätzlich in Frage stellen. Andererseits sieht die Politikwissenschaft sich mit der Tatsache konfrontiert, daß ihr Gegenstand, also die Politik im vorrangigen Sinn von Regierungshandeln, sich immer mehr einer von der Ökonomie definierten Sachzwanglogik ausliefert. Damit wird dann die Abgrenzung und Eigenständigkeit der Politikwissenschaft gegenüber der Ökonomie brüchig – zumal die Politische Wissenschaft mit dem Bedeutungsgewinn ökonomischer Theorien der Politik *in* der Disziplin sich ohnehin auch selbst immer mehr ökonomisiert und – wie m.E. zurecht eingewandt wird – entpolitisiert.

Die Renaissance der Schriften von Hannah Arendt in der Politischen Theorie hat sicher auch mit dem gelegentlich schon etwas verzweifelt anmutenden Bemühen derselben um den Ausweis ihrer Existenzberechtigung zu tun. Und vielleicht steht auch die Öffnung der Politikwissenschaft für die „feministische Herausforderung" in diesem Zusammenhang. Insgesamt scheint die Disziplin sich vor dem Hintergrund der Krise der Politik und der Politikwissenschaft „im Zeitalter von Globalisierung und Individualisierung" wieder stärker auf das ihr nach dem 2. Weltkrieg auferlegte Selbstverständnis als „Demokratiewissenschaft" zu besinnen (vgl. z.B. Greven/Schmalz-Bruns 1999: 11), wobei ein »Wiederaufstieg normativer Theorien« (Beyme 1999) bzw. ein wieder erstarkendes Bemühen um wissenschaftlich fundierte normativ-politische Kompetenz zu verzeichnen ist.

Aus feministischer Sicht ist die Verflüssigung der Grenzen zwischen den ehemals gegeneinander abgeriegelten Teildisziplinen der Sozial-, Geistes- und Kulturwissenschaften ein durchaus begrüßenswerter Prozeß. Die Krise der Politik wird in Teilen des feministischen Diskurses auch als Krise eines verfehlten, weil auf Herrschafts- und Regierungshandeln fixierten Politikbegriffs diskutiert, und im Konzept der *life politics* (Giddens) wird zum Teil eine Annäherung an den feministischen Slogan „Das Persönliche ist politisch" vermutet. Feministische Politikwissenschaftlerinnen stehen solchen Positionen – so weit ich sehe – skeptisch gegenüber und problematisieren eher die Verwischung zwischen dem Privaten und dem Öffentlichen (vgl. z.B. Holland-Cunz 1996) oder den – wie beispielsweise Birgit Sauer meint – unreflektierten Anti-Etatismus in Teilen der Frauenbewegung (Sauer 1997). In den Schriften Hannah Arendts findet auch die feministische Politikwissenschaft wichtige Anknüpfungspunkte zur Entwicklung einer feministischen Theorie der Politik, auch wenn diese – wie es Seyla Benhabib formuliert hat – zumindest ein Stück weit gegen Hannah Arendt vorangetrieben werden muß (Benhabib 1992). Die demokratiewissenschaftliche Rückbesinnung und die Renaissance des Normativen in der Politikwissenschaft insgesamt trifft sich mit dem eindeutig normativen Selbstverständnis feministischer Politikwissenschaft und mit ihren Bemühungen, die alte feministische Utopie einer herrschaftsfreien Gesellschaft in eine feministische Theorie bzw. in ein feministisches Konzept von „Demokratie" zu übersetzen (vgl. z.B. Holland-Cunz 1998; Kurz-Scherf 1999).

3. Zur Dialektik von Autonomie und Anerkennung in der feministischen Politikwissenschaft

Gleichwohl ist der Status feministischer Politikwissenschaft in ihrer „Heimatdisziplin" nach wie vor unbefriedigend, und die oben aufgeworfene Frage, welche Entwicklung die „feministische Herausforderung" im Zusammenhang mit ihrer Ankunft in der Politikwissenschaft genommen hat, blieb bisher auch unbeantwortet: Ist diese Ankunft ein Anzeichen dafür, daß Frauen und Feministinnen nun doch immer mehr Mut gewinnen, „von zuhause wegzugehen", sich Terrains zu erobern, aus denen sie traditionell ausgegrenzt wurden und sich zum Teil auch selbst ausgeschlossen haben? Oder ist der Aufstieg des Feminismus in der Politikwissenschaft nicht auch ein Zeichen für seine „Domestizierung", für Angleichung und Anpassung beispielsweise an einen Politikbegriff, der geradezu systematisch die feministische Opposition gegen „die männliche Herrschaft" in das möglicherweise aussichtslose Begehren nach Teilhabe an derselben umlenkt?

Bevor ich mich der Bearbeitung dieser Fragen zuwende, muß ich wenigstens einige Anmerkungen zu der jetzt schon so häufig zitierten

„feministischen Herausforderung" machen. Es gibt zwar ein Buch mit diesem Titel, das seit 1992 in der 6. Auflage vorliegt und erstmalig 1980 veröffentlicht wurde (vgl. Schenk 1992), aber dessen Lektüre kann wohl mittlerweile selbst unter feministischen Politikwissenschaftlerinnen nicht mehr so ohne weiteres vorausgesetzt werden; zudem liefert es selbstverständlich keine allgemein verbindliche Definition dessen, was wir heutzutage unter Feminismus zu verstehen haben. Die „feministische Herausforderung" war und ist für die meisten Männer einfach nur ein Angriff auf ihre Privilegien, ihre gewohnten Denk- und Handlungsstrukturen, auf ihre männliche Herrlichkeit mit der darin enthaltenen Verfügungsgewalt über Frauen und nicht zuletzt auch auf ihre Definitionsmacht über deren Weiblichkeit. Einige sehen in ihr auch durchaus eine Chance, den Deformationen von Männlichkeit und dem darin enthaltenen Männlichkeitswahn zu entkommen, hoffen auf neue Impulse zur Auflösung von Denkblockaden, in die sie sich hineinmanövriert haben, oder zur Veränderung von Verhältnissen, in denen sie sich nicht sonderlich wohl fühlen. Nur wenn diese Hoffnung in Konflikt zu den eigenen Interessen gerät, obsiegen meist diese. Für viele Frauen ist die „feministische Herausforderung" durchaus auch eine Bedrohung – sei es, daß sie sich, was früher vor allem der Fall war, in ihrer von Männern und über Männer definierten Weiblichkeit einigermaßen eingerichtet haben, oder sei es, daß sie sich – was wohl heute häufiger der Fall ist – mit mehr oder minder großem Erfolg dem Motto unterworfen haben: Werden Sie ein Mann, Madame! Die „feministische Herausforderung" ist aus meiner Sicht eine grundlegende Infragestellung der tradierten Geschlechterstereotypen und aller der darauf aufgebauten und darin enthaltenen Verhältnisse – in materieller wie in ideeller Hinsicht. In Anlehnung an Regina Becker-Schmidt und Gudrun-Axeli Knapp läßt sich die „feministische Herausforderung" für die Wissenschaft definieren als »das wissenschaftliche und politische Interesse an der Verfaßtheit von Geschlechterverhältnissen und die Kritik an allen sozialen Verhältnissen, die Frauen diskriminieren und deklassieren« (vgl. Becker-Schmidt/Knapp 2000: 7[3]).

Die Frauenbewegung und der Feminismus werden oft kritisiert ob ihrer selektiven Herrschaftskritik, die eben nur dann und insoweit einsetzt, als sich Ausbeutung, Diskriminierung, Mißachtung und Bevormundung gegen Frauen richten, und die darüber hinaus auch blind sei für Herrschaftsverhältnisse unter Frauen. Darüber wird u.a. gefragt, ob sich das feministische Interesse auf die Unterdrückung von Frauen als Frauen reduziert, bzw. ob es sich auf die Unterdrückung durch Männer beschränkt. Zunächst einmal handelt es sich beim Feminismus tatsächlich um eine Emanzipationsbewegung von Frauen, die auch und gerade die Formen von Unterdrückung im Auge hat, die sie als Frauen, also wegen ihres Geschlechts, erfahren und die von Männern in ihrer anmaßenden Männlichkeit als dem herrschenden Geschlecht ausgeübt werden. Darauf daß dabei auch immer Anteile von Mitwirkung und Nutznießertum im Spiel sind, habe ich bereits hingewiesen, und entgegen anderslautender Gerüchte waren diese auch immer Gegenstand feministischer Kritik. Darüber hinaus hat die Frauenbewegung Männlichkeit und Weiblichkeit immer als eine soziale Konstruktion kritisiert, einschließlich der Möglichkeit, daß „männliche Herrschaft" gleichsam von Frauen ausgeübt werden kann, ohne daß sie sich dadurch feministischer Kritik entzieht. Im Selbstverständnis des Feminismus als der Theorie der Frauenbewegung liegt weder eine Verleugnung der Existenz und der Berechtigung anderer sozialer Bewegungen noch ein Hegemonieanspruch gegenüber diesen. Es stellt sich allerdings die Frage, ob der Feminismus gegenüber anderen sozialen Bewegungen und anders begründeten Herrschaftskritiken nicht tatsächlich in gewisserweise „der weitergehende und tieferreichende Antrag" ist, insofern als er eine Dimension und ein Merkmal von Herrschaft thematisiert, von dem auch soziale Bewegungen und liberale oder linke Herrschaftskritiken keineswegs frei sind. Jedenfalls besteht der Unterschied zwischen liberaler und linker Herrschaftskritik auf der einen Seite und feministischer Herrschaftskritik auf der anderen Seite in erster Linie *nicht* darin, daß Feministinnen sich nur mit der Herrschaft befassen, die Männer als Männer über Frauen als Frauen ausüben, daß Linke und Liberale sich nur mit Herrschaftsverhältnissen unter Männern befassen.

Feminismus ist eine Angelegenheit der Frauenbewegung; Männer, die ihn unterstützen wollen, haben genug zu tun mit der Beseitigung des *gender-bias* im Humanismus, Liberalismus oder Sozialismus, und sie dürfen sich dabei auch durchaus kritisch über Irrtümer und Unzulänglichkeiten des Feminismus äußern, aber sie sollten ihn letztendlich dennoch den Feministinnen ohne großes „I" überlassen. Insoweit halte ich an dem alten Grundsatz „von Frauen – für Frauen" fest; problematisch erscheint mir aber die weitergehende Einschränkung des feministischen Interesses auf Frauen als Frauen und das, was ihnen in ihrem Verhältnis zu Männern widerfährt, oder sie sich auch selbst antun. Mit dieser Einschränkung reproduziert der Feminismus, soweit er ihr denn folgt oder sie zum Teil auch unbewußt vornimmt, tatsächlich genau das, wogegen er gerichtet ist, nämlich die Definition von Frauen über ihr Geschlecht und die Einschränkung ihres Interessenspektrums auf ihr Verhältnis zu Männern. Diese Einschränkung ist m.E. ein Produkt der zumindest in dieser Hinsicht fatalen Dominanz der Debatte um Gleichheit und Differenz, und es erscheint mir nur konsequent, daß sie letztendlich in die postfeministische Absage an den Feminismus geführt hat, der allerdings ein fundamentales Mißverständnis von Feminismus zugrunde liegt. Auch die Debatte um die Krise der feministischen Zentralkategorie „Geschlecht“, auf die ich zum Schluß noch einmal zurückkommen werde, fußt zumindest teilweise auf diesem Mißverständnis, denn m.E. ist die zentrale Kategorie des Feminismus gar nicht das Geschlecht, sondern HERRschaft bzw. Emanzipation. Dem Feminismus liegt in erster Linie die Selbstbefreiung der Frauen am Herzen – allerdings eingebunden in die Utopie der herrschaftsfreien Gesellschaft oder – weniger emphatisch und politikwissenschaftlicher formuliert – eingebunden in einen Prozeß der allgemeinen und globalen Demokratisierung.

Selbstverständlich hat diese knappe Skizze der „feministischen Herausforderung“ eine subjektive, durch eigene Erfahrungen in den Anfängen der sog. Autonomen Frauenbewegung, durch die Mitwirkung an der gewerkschaftlichen Frauenarbeit, an zahllosen Frauenprojekten und -initiativen wie auch an der institutionalisierten Frauenpolitik vielleicht stärker als durch akademische Diskurse geprägte Einfärbung. Sie läßt sich durchaus sowohl mit empirischem Material stützen wie auch theoretisch fundieren. Ich glaube auch, daß sie der Grundtendenz nach, zumindest in der deutschsprachigen Politikwissenschaft, nicht strittig ist. Denn das postfeministische Mißverständnis des Feminismus findet dort vergleichsweise wenig Zuspruch, wenngleich Spuren dieses Mißverständnisses auch gelegentlich in feministisch-politikwissenschaftlichen Diskursen und Publikationen auftauchen. Dazu zähle ich beispielsweise Bemühungen, eine feministische Demokratietheorie vorrangig auf Kategorien der Geschlechterdifferenz aufzubauen, wie sie Barbara Holland-Cunz unternommen hat (Holland-Cunz 1998). Aber im großen und ganzen scheint mir das Problem feministischer Politikwissenschaft auf einer anderen Ebene als auf der von Gleichheit und Differenz zu liegen, nämlich auf der Ebene der Dialektik zwischen Autonomie und Anerkennung. Diese Kategorien entstammen der psychoanalytischen Theorie der Geschlechterhierarchie von Jessica Benjamin, gegen die viele Einwände zu erheben sind (vgl. Becker-Schmidt 2000: 133 ff[4]); sie haben aber dennoch m.E. einen hohen Wert mindestens zur Illustration der Probleme, mit denen die feministische Politikwissenschaft konfrontiert ist.

Die Kernthese von Benjamin beruht auf der vorrangig individualpsychologisch fundierten Annahme, daß eine „gesunde" Persönlichkeitsentwicklung von Individuen nur im Spannungsverhältnis zwischen den sich wechselseitig bedingenden, einander aber dennoch widerstreitenden Bedürfnissen nach Autonomie und Anerkennung gelingen kann. Dieses Spannungsverhältnis sei grundsätzlich nicht aufhebbar, sondern die Menschen müßten lernen, es zu leben. Da sie aber genau dies tatsächlich nicht lernten und innerhalb der bestehenden, nicht zuletzt durch die Geschlechterhierarchie geprägten Verhältnisse nicht lernen könnten, würde die notwendige Spannung einer gelungenen Persönlichkeitsbildung und eines gelingenden Lebens zusammenbrechen und die Struktur von Herrschaft und Knechtschaft annehmen: »Der Zusammenbruch der Spannung zwischen diesen komplementären Aspekten des Selbst bewirkt die Verwandlung eines Differenzierungsprozesses in Herrschaft. Selbständigkeit und Verantwortung werden zu Herrschaft und Kontrolle; die Suche nach Anerkennung wird zum Wunsch nach Unterwerfung entfremdet« (Benjamin 1990: 17). Dieser Prozeß hat nach Benjamin eine geschlechtsspezifische Ausprägung, insofern als die Spannung zwischen Autonomie und Anerkennung bei Männern eher in Richtung „Herrschaft" und bei Frauen eher in Richtung „Unterwerfung" auseinanderbricht.

Es ist hier nicht der Ort für eine ausführliche Auseinandersetzung und Würdigung der Theorie der Geschlechterhierarchie von Jessica Benjamin (vgl. dazu allerdings auch nur kursorisch Kurz-Scherf 1999). Ich will hier nur auf den Zusammenhang zwischen der Struktur der Probleme, mit denen die feministische Wissenschaft konfrontiert ist, und der Struktur einer ihrer zentralen Gegenstände, dem Geschlechterverhältnis, verweisen. Denn nicht nur die tradierte Geschlechterhierarchie baut sich im Zusammenbruch der Spannung zwischen Autonomie und Anerkennung auf, sondern auch die feministische Wissenschaft als kritische Instanz dieser Geschlechterhierarchie hat mit dieser unausweichlichen Dialektik ihre liebe Not – wenn auch sicherlich auf eine Weise, die sich mit individualpsychologischen Kategorien nicht adäquat erfassen läßt. Mündet der „Kampf um Anerkennung", den die feministische Politikwissenschaft um den Preis ihrer Existenz führen muß, vielleicht sogar zwangsläufig in die Form der Anpassung? Umgekehrt: Ist „Autonomie und Eigenständigkeit" nur um den Preis eklatanter Anerkennungsdefizite zu haben? Und verliert sich in dieser gleichermaßen unattraktiven Alternative nicht zwangsläufig das Anliegen, um das es eigentlich geht? Konkreter: Muß feministische Politik-Wissenschaft sich tatsächlich an allen Themen und Teilgebieten „ihrer" Heimatdisziplin abarbeiten und sich endlos mit den darin jeweils vertretenen Theorien, Methoden, Erkenntnissen und Befunden abmühen, oder kann sie sich auf ihre eigenen Fragestellungen, die sie vielleicht weniger aus politikwissenschaftlichen als aus feministischen Diskursen bezieht, konzentrieren? Wenn sie ihren „Kampf um Anerkennung" vorrangig auf die Disziplin ausrichtet, entfremdet sie sich dann nicht automatisch den feministischen Diskursen? Andererseits: Gibt es überhaupt einen eigenständigen feministischen Diskurs, weil doch zumindest alle Hochschul-Feministinnen irgendwie in ihre Spezialdisziplinen und in ihren Kampf um Anerkennung in denselben eingebunden sind? Muß die feministische Politikwissenschaft ihre Autonomie nicht ebenso gegenüber den feministischen Diskursen wie gegenüber ihrer Disziplin behaupten – beispielsweise angesichts der viel diskutierten Tendenzen zur Entpolitisierung des Feminismus? Wie steht es schließlich mit dem Verhältnis der feministischen Politikwissenschaft zur Frauenbewegung und zur Frauen- und Geschlechterpolitik? Wenn sie sich selbst als Teil der Frauenbewegung begreift, gerät sie dann nicht leicht in Widerspruch zu den in ihrer Disziplin geltenden Standards von Wissenschaftlichkeit – beispielsweise in personalpolitischen Auseinandersetzungen, die ja meist auch eine geschlechter- und eine „disziplinpolitische" Komponente haben? Wie bewältigt die feministische Politikwissenschaft auch in ihrer Forschung das Dilemma zwischen Parteilichkeit für die Frauenbewegung und Frauenpolitik und der Notwendigkeit einer kritischen Distanz zu ihrem Gegenstand? Gefährdet sie nicht zwangsläufig mit der einen ihre politikwissenschaftliche und mit der anderen ihre feministische Anerkennung – mit der Folge, daß sie sich letztendlich in einem noch sehr viel umfassenderen Sinn »zwischen allen Stühlen« wiederfindet, als dies Cornelia Klinger nur mit Bezug auf die inner(politik)wissenschaftliche Auseinandersetzung beschrieben hat (vgl. Klinger 1994)?

Diese hier nur beispielhaft aufgelisteten Fragen im Spannungsverhältnis zwischen Autonomie und Anerkennung, das für die feministische Politikwissenschaft eben nicht nur eine Dimension, sondern drei Dimensionen hat, beinhalten ein erhebliches Potential an Frustration und Irritation. M.E. verführen sie leicht zu falschen Strategien der Reduktion von Komplexität, indem z.B. die Dreiecksbeziehung, in die feministische Politikwissenschaftlerinnen eingespannt sind, in eine Zweierbeziehung umgedeutet wird, oder indem man sich gar auf nur noch selbstreferentielle Debatten beschränkt. Dabei bleibt dann von dem mitunter schrillen, aber dennoch doch auch imposanten Dreiklang „politisch-wissenschaftlich-feministisch" oft nur eine ziemlich fade Eintönigkeit zurück. Ich habe hier die Dialektik zwischen Autonomie und Anerkennung nicht zuletzt deshalb ins Spiel gebracht, weil sie m.E. auch eine Ermunterung zum Aushalten von frustrierenden Spannungen beinhaltet, die sich letztendlich nicht aufheben lassen, sondern immer wieder neu austariert werden müssen. Jessica Benjamin ist oft eine letztendlich fatalistische Orientierung ihrer Analyse vorgehalten worden, weil sie wenig Anhaltspunkte für die Suche nach Alternativen zu dem von ihr als geradezu unausweichlich dargestellten Umschlag der Dialektik von Autonomie und Anerkennung in den „ewigen Kreislauf" von Herrschaft und Knechtschaft biete. Tatsächlich leidet die Dialektik von Autonomie und Anerkennung bei Benjamin vor allem an ihrer Eindimensionalität und an ihrer Projektion psychoanalytischer Befunde auf soziale und politische Phänomene. Benjamin übersieht dabei, daß gerade aus der mehrdimensionalen Ambivalenz zwischen Autonomie und Anerkennung durchaus auch Potentiale der Emanzipation gegen ihren Umschlag in Herrschaft und Knechtschaft erwachsen können. Wieder auf die feministische Politikwissenschaft bezogen: Aus ihrer Einbindung in die spannungsgeladene Dreiecksbeziehung zwischen Politischer Wissenschaft, feministischer Wissenschaft und feministischer Politik erwachsen ihr nicht nur frustrierende Konflikte und ein ewiges Pendeln zwischen Anerkennungs- und Autonomiedefiziten, sondern sie bezieht daraus eben auch die Möglichkeit eines eigenständigen, gegenüber allen drei Polen ihres Selbstverständnisses kritikfähigen und (allerdings immer nur bedingt) autonomen Profils. Denn sie findet zumindest potentiell die Anerkennung, die ihr beispielsweise in der Disziplin verweigert wird, in feministischen Diskursen oder in der Frauenbewegung.

Einer der Punkte, um die die Diskussion um das Selbstverständnis feministischer Politikwissenschaft von vornherein kreiste, war die Frage, ob und inwieweit sich deren »Kampf um Anerkennung« (Honneth) auf die Etablierung eines neuen, bislang vernachlässigten Teilgebiets der Politikwissenschaft, nämlich „Politik und Geschlecht" oder „Politik und Geschlechterverhältnis", oder auf die Ausarbeitung eines grundsätzlich anderen, eben feministischen Ansatzes der Politikwissenschaft insgesamt konzentrieren solle. Diese Frage ergibt sich unmittelbar aus einem doppelten Befund der feministischen Kritik der Politik ebenso wie der Politikwissenschaft: Beide basieren einerseits auf der Exklusion von Frauen bzw. auf dem Prinzip der Nicht-Befassung mit der Geschlechterthematik, die damit aber nur in ihrer androkratischen Grundstruktur in den „Subtext" der Politik bzw. in „das geheime Glossar" der Politikwissenschaft verwiesen wird. Diese Operation ist nun aber nicht nur „frauenfeindlich“, sondern auch eine Quelle eklatanter Irrtümer beispielsweise über die Ursachen der aktuellen Krise des Sozialstaats, über die Problemkonstellation des Rechtsradikalismus, über den Zusammenhang zwischen „System“ und „Lebenswelt“ oder über die sozialen Bedingungen von Demokratie im allgemeinen und „bürgerlicher“ Demokratie im besonderen. Aber nicht nur in analytisch-kritischer, sondern auch in normativ-politischer Perspektive hat der politikwissenschaftliche Androzentrismus eine mysogene Grundtendenz und es ermangelt ihm grundsätzlich an normativer Kompetenz. Dies v.a. deswegen, weil er sich grundlegender Probleme der sozialen Integration durch deren Delegation an Frauen entledigt hat und seine Werte und Normen, seine politischen Ideen und Konzepte auf einer Subjektkonstruktion beruhen, die nicht nur mindestens latent frauenfeindlich ist, sondern auch in einen immer deutlicheren Widerspruch zu dem tatsächlichen Wandel der Verhältnisse gerät. Zentrale Kategorien Politischer Wissenschaft wie Freiheit und Gleichheit auf der einen, Macht und Herrschaft auf der anderen Seite verlieren auch deshalb zunehmend an normativer Substanz, weil sie keinen Raum bieten für die Emanzipationsbewegungen von Frauen, die aber gleichwohl stattfinden. Dieses Problem findet allmählich, nicht zuletzt dank dem stetigen Bemühen feministischer Politikwissenschaftlerinnen um die feministische Aufklärung ihrer Disziplin, immer mehr Beachtung auch bei männlichen Vertretern des Fachs.

Ist die Geschlechterproblematik nun nur ein blinder oder schmutziger Fleck in der Politikwissenschaft? Welchen Stellenwert hat die Bearbeitung dieses blinden bzw. die „Bereinigung“ dieses schmutzigen Flecks Politischer Wissenschaft für ihre analytisch-kritische ebenso wie für ihre politisch-normative Kompetenz? Oder bedarf es nicht ganz grundsätzlich einer Neubegründung Politischer Wissenschaft in einem neuen, anderen, feministischen Verständnis des Politischen? Was hier als ein Konflikt zwischen zwei grundsätzlich verschiedenen Ansätzen feministischer Politikwissenschaft aufscheint und zum Teil auch so diskutiert wird, hat in deren Praxis die Form eines sich durchaus wechselseitig befruchtenden Sowohl-Als-Auch. Die feministische Politikwissenschaft konstituiert sich einerseits als ein zusätzliches Teil- oder Fachgebiet, das eine bislang in der Politikwissenschaft ausgegrenzte Thematik, nämlich „Politik und Geschlecht“ oder „Politik und Geschlechterverhältnis“ oder „Frauen- und Geschlechterpolitik“ bearbeitet. Diese zielt in ihren theoretischen Ambitionen auf eine politische Theorie des Geschlechts, des Geschlechterverhältnisses oder der

Frauen- und Geschlechterpolitik ab. Sie sucht empirisch die politische Konstruktion des Geschlechterverhältnisses auf den verschiedenen Ebenen von Politik und in den verschiedenen Politikfeldern sowie deren Wandel zu erfassen. Mit beidem verknüpft sie die politisch-feministische Absicht, zu politischem Handeln im Sinn der Frauenbewegung und der Geschlechteremanzipation beizutragen und dazu vielleicht sogar auch anzuleiten. Gleichzeitig bemüht sich die feministische Politikwissenschaft aber auch um eine feministische Demokratietheorie, um eine feministische Staatstheorie, um feministische Konzepte des Systemvergleichs, der Außen-, Innen- und Sozialpolitik, um eine feministische Theorie sozialer Bewegungen oder eben um feministische Theorien und Konzepte von Politik bzw. des Politischen insgesamt. Der Unterschied zwischen diesen beiden, parallel verfolgten Strängen liegt nicht unbedingt in ihrer Reichweite, weil beide den gesamten Gegenstandsbereich Politischer Wissenschaft umfassen. Er liegt auch nicht unbedingt in der Subjekt-Objekt-Konstellation von Politik und Geschlecht, die mit dem syntaktischen Fehler in der Leitfrage zu diesem Beitrag angesprochen wurde, obwohl die Kategorie Geschlecht im ersten Teilgebietsstrang eher den Gegenstandsbereich und damit das Objekt feministischer Politikwissenschaft und im zweiten Strang eher ein Strukturierungsprinzip und damit das Subjekt in einem sehr viel weiter gefaßten Gegenstandsbereich beschreibt. Umgekehrt fungiert Politik im ersten Strang eher als Strukturierungsprinzip des Geschlechterverhältnisses, während sie im zweiten Strang eher als der Gegenstandsbereich feministischer Politikwissenschaft aufgefaßt wird. Diese beiden Perspektiven lassen sich in beiden Strängen auch durchaus integrieren. Dennoch scheint der zweite Strang „irgendwie“ umfassender, grundsätzlicher und anspruchsvoller angelegt, weil er deutlicher auf eine General-Revision Politischer Wissenschaft und ihrer bislang noch androkratisch geprägten Paradigmen angelegt ist, während der erste doch eher in dem Ruf steht, sich mit partiellen Ergänzungen und Korrekturen zu begnügen. Genau dieser Ruf macht beispielsweise die Forderung nach Einrichtung eines zusätzlichen Lehrgebiets oder eines Arbeitskreises „Politik und Geschlecht“ oder „Politik und Geschlechterverhältnis“ leichter durchsetzbar, weil er weniger Abwehrmechanismen der Disziplin mobilisiert, als die Forderung nach Einrichtung einer Professur für „feministische Politikwissenschaft“ oder gar die Forderung nach einer generellen Orientierung der Personalpolitik des Fachs an dem Kriterium der feministischen Kompetenz.

Damit sind wir also wieder beim Dilemma zwischen Autonomie und Anerkennung angelangt, denn ein Beharren auf der radikaleren Position kann leicht dazu führen, daß eine evtl. mögliche Erweiterung des Lehrangebots der Politikwissenschaft ganz unterbleibt, während mit der bescheideneren Forderung keineswegs gewährleistet ist, daß ihre Durchsetzung der feministischen Politikwissenschaft auch wirklich dienlich ist, weil sich ja das Fach „Politik und Geschlecht" auch in eindeutig antifeministischer Absicht instrumentalisieren und besetzen läßt. Hier hilft dann auch das Bewußtsein der Dialektik zwischen Autonomie und Anerkennung nicht sehr viel weiter, sondern letztendlich wohl nur geschicktes Taktieren.

4. Feministische Politikwissenschaft: feministisch – politisch – wissenschaftlich

Jenseits der personal- und stellenpolitischen Implikationen der verschiedenen Stränge feministischer Politikwissenschaft enthält die darin verborgene Frage nach dem Status der Kategorie Geschlecht in deren Selbstverständnis eine grundsätzliche Dimension, die Gegenstand der Auseinandersetzung mit der These »von einer Krise der feministischen Zentralkategorie ‚Geschlecht'« (Becker-Schmidt/Knapp 2000: 143) ist. Zum Teil fußt diese Auseinandersetzung auf der uralten Kontroverse um das Verhältnis zwischen der sog. Frauen- und anderen Dimensionen der sog. Sozialen Frage. Diese Auseinandersetzung gewinnt nun allerdings erstens vor dem Hintergrund des realen Wandels der Geschlechterbeziehungen, zweitens vor dem Hintergrund der sich schon seit einiger Zeit wieder verschärfenden sozialen Konflikte – die dabei auch neue Formen und Dimensionen annehmen –, drittens vor dem Hintergrund der sog. Individualisierungsthese und viertens im Kontext der feministischen Debatte um Gleichheit und Differenz eine neue Brisanz. Offensichtlich überlagern sich dabei aber ganz unterschiedliche und zum Teil einander entgegengesetzte Intentionen und Kontroversen. Zum Stichwort „Wandel der Geschlechterbeziehungen" wird einerseits darüber gestritten, ob und inwieweit sich die Geschlechterproblematik im Zuge der fortschreitenden Gleichberechtigung zwischen Männern und Frauen gleichsam schon erledigt hat oder nicht, und andererseits darüber, ob und inwieweit die feministische Wissenschaft die realen Geschlechterkonflikte noch adäquat erfaßt, wenn sie diese beispielsweise weiterhin nach Kategorien und Merkmalen beschreibt, die an Verhältnissen entwickelt wurden, die sich gerade auch im Zuge der Emanzipationsbewegungen der Frauen grundlegend verändert haben. Zum Stichwort „soziale Konflikte" erfährt zum einen die uralte Kontroverse um „Haupt-" und „Nebenwidersprüche" eine m.E. höchst unergiebige Renaissance, zum anderen geht es um die tatsächlich schwierige Frage, wie die feministische Wissenschaft mit dem neuen Phänomen umgeht, daß die soziale Ungleichheit erstens auch unter Frauen zunimmt, und daß sie zweitens immer weniger „nur" über die Statusdifferenzen zwischen Männern vermittelt, sondern unmittelbar zwischen Frauen wirksam ist. Bei der Individualisierungsthese überlagert sich die Kontroverse über ihren analytischen bzw. ideologischen Gehalt mit der um ihr normativ-programmatisches Potential. Und die Debatte um Gleichheit und Differenz hat sich mittlerweile in dermaßen viele Facetten ausdifferenziert, daß sich immer schwieriger entscheiden und erkennen läßt, worum es eigentlich geht: um eine Weiterentwicklung des feministischen Gleichheitskonzepts und um dessen Preisgabe, um die Akzeptanz von Differenz oder von Herrschaft und Hierarchie; um die „Dekonstruktion" der tradierten Geschlechterstereotypen und -hierarchien oder um die der feministischen Kritik an denselben; um „das Geschlecht, das nicht eins ist", um sprachakrobatische Übungen von Menschlichkeit, die sich aller Sinnlichkeit und aller Körperlichkeit entledigt hat, um Frauen, die sich nur oder gerade nicht nur über ihr Geschlecht definieren, undsoweiter, undsofort.

Der Kern all dieser Debatten liegt aus meiner Sicht in der Herrschaftsfrage, in ihrer – wie Barbara Holland-Cunz meint – »Wiederentdeckung« (Holland-Cunz 1998) und ihrer mindestens ebenso wirkungsmächtigen (Wieder-)Verdrängung. Aus feministischer Sicht liegt er m.E. vor allem in der komplexen Struktur der „männlichen Herrschaft"

- als einem unmittelbar zwischen Männern und Frauen wirksamen Verhältnis, das tatsächlich mindestens einem Formwandel unterliegt und dessen sich Frauen auch durchaus erfolgreich erwehren,
- als einem System geschlechtshierarchisch differenzierter Rechte, auf das sich bisher die Bemühungen um Gleichberechtigung durchaus erfolgreich konzentrierten,
- als der politischen Grundstruktur der modernen Gesellschaften, die sich mit ihrer Dominanz von Männern an den Spitzen und in den Zentren der multiplen Machthierarchien und -geflechte der „feministischen Herausforderung" immer noch höchst wirkungsvoll widersetzt,
- und schließlich als jene umfassende Kultur der Perversion der Dialektik zwischen Autonomie und Anerkennung in das atavistische Muster von

Herrschaft und Knechtschaft, von dem oben bereits in Anlehnung an Jessica Benjamin die Rede war.

Meiner Ansicht nach liegt hier die zentrale Herausforderung und – wie ich hoffe – auch das besondere Potential feministisch-politischer Wissenschaft, nämlich in der Verknüpfung der „Zentralkategorie“ feministischer Wissenschaft – also „Geschlecht“ – mit der Zentralkategorie Politischer Wissenschaft in kritischer Perspektive – also „Herrschaft“ – mit dem zentralen Anliegen feministischer Politik – also „Emanzipation“.

Ein – wie ich gerne zugebe – reichlich prätentiöses Programm für das immer noch ziemlich dürftig ausgestattete Projekt der feministischen Politikwissenschaft. Aber erstens wachsen wir nicht zuletzt auch mit den Aufgaben, denen wir uns stellen, und zweitens, mit oder in Anlehnung an Nancy Fraser: Wenn wir uns in diesen »dürftigen Zeiten« (Hölderlin) keine Visionen mehr leisten, werden wir in ihnen untergehen. Und wir werden noch nicht einmal wissen, woran wir gescheitert sind: an unseren Visionen oder an den dürftigen Zeiten.

Anmerkungen

1 www.uni-marburg.de/fb03/neu/pol/teilgeb.html

2 Das Institut für Politikwissenschaft an der Universität Marburg trug beispielsweise ursprünglich den Namen „Institut für wissenschaftliche Politik“.

3 Bei Becker-Schmidt und Knapp heißt es wörtlich: „Das interdisziplinäre Feld feministischer Theoriebildung wird allerdings durch ein Band zusammengehalten: das wissenschaftspolitische Interesse an der Verfaßtheit von Geschlechterverhältnissen und die Kritik an allen Formen von Macht und Herrschaft, die Frauen diskriminieren und deklassieren“. Ich übernehme diese Definition mit den im Text enthaltenen Abweichungen, weil Becker-Schmidt und Knapp hier von vorneherein davon ausgehen, daß es Formen von Herrschaft gibt, die Frauen nicht diskriminieren und deklassieren. Ich halte es demgegenüber für möglich, daß gewaltbasierte Macht, und das ist für mich „Herrschaft“, grundsätzlich die Komponente der Diskriminierung und Deklassierung von Frauen enthält, und zwar auch dann, wenn Frauen selbst und aktiv an ihr beteiligt sind; vgl. Kurz-Scherf 1999. Deshalb gehe ich davon aus, daß ein nachhaltig wirksamer Abbau der Geschlechterhierarchien nur im Zusammenhang mit einer allgemeinen Demokratisierung möglich ist.

4 Regina Becker-Schmidt unterschätzt in ihrer Rezeption der „Fesseln der Liebe“ m.E. das analytische und normative Potential der Dialektik zwischen Autonomie und Anerkennung, auch wenn diese zweifellos bei Jessica Benjamin noch auf nicht hinlängliche, weil zu sehr in der Psychoanalyse verhaftete und zum Teil auch äußerst problematische Weise ausgeführt wird.

Literatur

Agnoli, Johannes (1989): Von der kritischen Politologie zur Kritik der Politik. In: Albrecht u.a. S. 13 ff.

Albrecht, Ulrich; Altvater, Elmar; Krippendorff, Ekkehart (Hg.) (1989): Was heißt und zu welchem Ende betreiben wir Politikwissenschaft. Kritik und Selbstkritik aus dem Berliner Otto-Suhr-Institut. Opladen.

Becker-Schmidt, Regina; Knapp, Gudrun-Axeli (2000): Feministische Theorien zur Einführung. Hamburg.

Benhabib, Seyla (1992): Selbst im Kontext. Kommunikative Ethik im Spannungsfeld von Feminismus, Kommunismus und Postmoderne. Frankfurt a.M.

Benhabib, Seyla; Nicholson, Linda (1987): Politische Philosophie und die Frauenfrage. In: Fetscher, Iring; Münkler, Herfried (Hg.): Pipers Handbuch der politischen Ideen. Bd. 5. München.

Benjamin, Jessica (1990): Die Fesseln der Liebe. Psychoanalyse, Feminismus und das Problem der Macht. Basel/Frankfurt a.M.

Berg-Schlosser, Dirk; Quenter, Sven (Hg.) (1999): Literaturführer Politikwissenschaft. Eine kritische Einführung in die Standardwerke und „Klassiker" der Gegenwart. Stuttgart/Berlin/Köln.

Beyme, Klaus von (1992): Theorie der Politik im 20. Jahrhundert. Von der Moderne zur Postmoderne. Frankfurt a.M.

Beyme, Klaus von (1999): Zur Funktion normativer Theorie in der politikwissenschaftlichen Forschung. In: Greven; Schmalz-Bruns. S. 81 ff.

Finifter, Ada (Hg.) (1993): Political Science: The State of the Discipline II. Washington D.C.

Fraser, Nancy (1992): Was ist kritisch an der kritischen Theorie? Habermas und die Geschlechterfrage. In: Ostner, Ilona; Lichtblau, Klaus (Hg.): Feministische Vernunftkritik – Ansätze und Traditionen. Frankfurt a. M./New York. S. 99 ff.

Fraser, Nancy (1994): Widerspenstige Praktiken: Macht, Diskurs, Geschlecht. Frankfurt a.M.

Goodin, Robert E.; Klingemann; Hans-Dieter (Hg.) (1996): A New Handbook of Political Science. Oxford.

Greven, Michael Th. (1998): Einführungsvortrag: Demokratie – eine Kultur des Westens? In: Greven, Michael (Hg.): Demokratie – eine Kultur des Westens? 20. Wissenschaftlicher Kongreß der Deutschen Vereinigung für Politische Wissenschaft. Opladen.

Greven, Michael, Th.; Schmalz-Bruns, Rainer (Hg.) (1999): Politische Theorie – heute. Ansätze und Perspektiven. Baden-Baden.

Holland-Cunz, Barbara (1998): Die Wiederentdeckung der Herrschaft. Begriffe des Politischen in Zeiten der Transformation. In: Kreisky, Eva; Sauer, Birgit (Hg.): Transformation des Politischen und die Politik der Geschlechterverhältnisse. PVS Sonderheft 28/1997. Opladen.

Holland-Cunz, Barbara (1996): Feminismus: Politische Kritik patriarchaler Herrschaft. In: Neumann, Franz (Hg.): Handbuch Politische Theorien und Ideologien. Bd. II. Opladen. S. 357 ff.

Holland-Cunz, Barbara (1998): Feministische Demokratietheorie. Thesen zu einem Projekt. Opladen.

Klinger, Cornelia (1994): Zwischen allen Stühlen: Die politische Theoriediskussion der Gegenwart. In: Appelt, Erna; Neyer, Gerda (Hg.): Feministische Politikwissenschaft. Wien.

Kreisky, Eva; Sauer, Birgit (Hg.) (1998): Geschlechterverhältnisse im Kontext politischer Transformation. Politische Vierteljahresschrift. Sonderheft 28.

Kreisky, Eva; Sauer, Birgit (Hg.) (1997): Das geheime Glossar der Politikwissenschaft. Geschlechterkritische Inspektion der Kategorien einer Disziplin. Frankfurt a.M./ New York.

Kreisky, Eva; Sauer, Birgit (1995): Die Politik der Männer – die Wissenschaft der Männer? Hoffnung auf ein Ende des Schulterschlusses. In: Dies. (Hg.): Feministische Standpunkte in der Politikwissenschaft. Eine Einführung. Frankfurt a.M./ New York.

Kurz-Scherf, Ingrid (1999): Demokratie und Geschlechterverhältnis. In: Berg-Schlosser, Dirk; Giegel, Hans-Joachim (Hg.): Perspektiven der Demokratie. Probleme und Chancen im Zeitalter der Globalisierung. Frankfurt a.M./ New York.

Meyer, Birgit (1992): Die „unpolitische" Frau. Politische Partizipation von Frauen oder: Haben Frauen ein anderes Verständnis von Politik? In: Aus Politik und Zeitgeschichte. B 25-26/92.

Rieger, Renate (Hg.) (1993): Der widerspenstigen Lähmung? Frauenprojekte zwischen Autonomie und Anpassung. Frankfurt a.M.

Sauer, Birgit (1997): Krise des Wohlfahrtsstaats. Eine Männerinstitution unter Globalisierungsdruck. In: Braun, Helga; Jung, Dörthe (Hg.): Globale Gerechtigkeit? Feministische Debatte zur Krise des Sozialstaats. Hamburg. S. 113 ff.

Scheele, Alexandra (1999): Politik und Geschlechterverhältnis. In: Berg-Schlosser, Dirk; Quenter, Sven (Hg.): a.a.O. S. 217 ff.

Schenk, Herrad (1992): Die feministische Herausforderung. 150 Jahre Frauenbewegung in Deutschland. München.

Stacey, Judith (1989): Fürchten sich die Feministinnen von zuhause wegzugehen? Die Kampfansage des konservativen Pro-Familien-Feminismus. In: Großmaß, Ruth; Schmerl, Christiane (Hg.): Feministischer Kompaß, patriarchales Gepäck. Kritik neokonservativer Anteile in neueren feministischen Theorien. Frankfurt a.M./ New York. S. 211 ff.

Birgit Sauer

Zur Geschlechtsblindheit der Politikwissenschaft
Eine feministische Kritik

»Kaum war das (Frauen, B.S.) Stimmrecht errungen, so hatte das Parlament weniger zu sagen als je zuvor; kaum gingen den Frauen die Hörsäle auf, so begann die Krise der bürgerlichen Wissenschaft« (Bloch 1976: 688).

Was bei diesem Zitat Ernst Blochs als Vorwurf an die Frauenbewegung gelesen werden kann, ist von der Frauenforschung mit dem Begriff der „Feminisierung" beschrieben worden: „Feminisierung" ist jener Prozeß der *Abwertung* von Institutionen, sobald Frauen in nennenswertem Maße Zugang zu ihnen finden. Bundesdeutsche Politik ist freilich ebenso wie die Politikwissenschaft von einer solchen „Feminisierung" weit entfernt, d.h. politikwissenschaftliche und politische Institutionen sind nach wie vor Männerdomänen und haben ihre Türen keineswegs in merklichem Ausmaß für Frauen geöffnet. Das Skandalon ist also nicht das von Bloch beschworene Szenario der „Krise" der Politikwissenschaft bzw. der Aushöhlung politischer Institutionen durch die Integration von Frauen, das Skandalon ist vielmehr die spektakuläre Abwesenheit von Frauen und die De-Thematisierung von Geschlecht, also die Normalität männlicher Hegemonie.

Politikwissenschaftliche Frauen- und Geschlechterforschung hat innerhalb der Disziplin keineswegs einen selbstverständlichen Status. Nach wie vor gilt, daß die Politikwissenschaft, verglichen mit Disziplinen wie der Soziologie oder der Geschichtswissenschaft, eine in besonderem Maße „gender"-resistente und „widerständige" Disziplin ist (Stacey/Thorne 1991: 830). Das Fach Politikwissenschaft stellt nur ein geringes Maß an strukturellen Voraussetzungen und an individueller Bereitschaft zur *aktiven* Aneignung von Geschlechterforschung bereit. Zwar gibt es eine aktive geschlechterforscherische Community, zu der beispielsweise der Arbeitskreis „Politik und Geschlecht" in der Deutschen Vereinigung für Politische Wissenschaft (DVPW) und das „Netzwerk politisch und politikwissenschaftlich arbeitender Frauen", das die Zeitschrift „femina politica" herausgibt, gehören; zwar sind inzwischen vier politikwissenschaftliche Geschlechterprofessuren besetzt[1], eine weitere sowie eine halbe Stelle stehen zur Besetzung an[2]; zwar erscheinen zwei feministische politikwissenschaftliche Buchreihen, und doch gilt noch immer: Die Wogen feministischer Kategorienkritik sind höchstens als sanfte Erschütterungen im politikwissenschaftlichen Malestream angekommen. Die erhofften Sickereffekte der Geschlechterforschung in den politikwissenschaftlichen Hauptstrom hinein sind bemerkenswert gering[3].

Geschlechterforschung ist nach wie vor marginalisiert, und der politikwissenschaftliche Malestream betreibt „business as usual“: Mann erleidet keinen Prestigeverlust, wenn er ein Analphabet in Geschlechterforschung ist. Im Gegenteil: Es scheint, daß Geschlechterforschung eher als Makel perzipiert wird, Berührungsängste, ja Berührungstabus geschlechterforscherischen Themen gegenüber sind zu deutlich. Um ein Beispiel zu nennen: Klaus von Beyme (1991) verfaßte „den“ Standardartikel der Malestream-Politikwissenschaft über politikwissenschaftliche Frauenforschung. Diese Auseinandersetzung mit feministischen Ansätzen ist immerhin eine Form ihrer „Anerkennung“, freilich beinhaltet der Aufsatz aber eine generelle Absage an politikwissenschaftliche Geschlechterforschung: Von Beyme spricht der Frauenforschung in der *Pflichtnummer* die Wissenschaftlichkeit ab und bestreitet ihr in der *Kür* schließlich Dauer und Perspektiven (vgl. von Beyme 1991). Seither – so scheint es – muß der Malestream sich um die „feministische Herausforderung“ nicht mehr ernsthaft kümmern: Mann kann sich auf *von Beyme als Berufenen berufen* – so das Ergebnis einer Durchsicht von Einführungsbüchern und Grundlagenwerken zur Politikwissenschaft, die in den neunziger Jahren erschienen (vgl. u.a. von Alemann 1994: 138f). Kurz: Geschlechterforschung bekam in der politikwissenschaftlichen Community ein kleines Gärtchen am Rande, das Fach blieb aber in seinen Kernbereichen geschlechtsresistent.

Meine These ist im folgenden, daß die Geschlechtsblindheit unmittelbar mit dem „*normalen* Androzentrismus bzw. Maskulinismus“ der Politikwissenschaft zusammenhängt. Männer bzw. Maskulinismus sind „Normalität“ in der Politikwissenschaft, Frauen und geschlechterforscherische Ansätze sind in der Tendenz eine Abweichung. Wir können für die Politikwissenschaft also von einer paradoxen „androzentrischen Geschlechtsblindheit“ bzw. von „geschlechtsblinder Männlichkeit“ sprechen. Eine „normale“ Wissenschaft zeichnet sich nach Thomas Kuhn (1996) durch ein gemeinsames Paradigma aus. Wenn man die Kuhnschen Paradigmadimensionen in Rechnung stellt, ist „geschlechtsblinde Männlichkeit“ ohne weiteres als ein politikwissenschaftliches Paradigma zu begreifen. Nun ist die Nachkriegsgeschichte bundesdeutscher Politikwissenschaft dadurch gekennzeichnet, daß sich das Fach nie als „Normalwissenschaft“ wahrgenommen wissen wollte. Die Vertreter des Faches begriffen Politikwissenschaft als *besondere* Wissenschaft: Sie besitze kein *gemeinsames* Paradigma wie beispielsweise die Naturwissenschaften, sondern zeichne sich durch Paradigmenvielfalt aus. Geschlechtsblindheit ist freilich kein Paradigma, das offen thematisiert wird, in das Politikwissenschaftler förmlich einstimmen, es wirkt vielmehr intuitiv und stellt doch Selbstverständlichkeit und Normalität her. Wie in einer „normalen Wissenschaft“ werden die Grundlagen des männlichen Paradigmas in der Politikwissenschaft nicht in Frage gestellt.

1. Ursachen androzentrischer Geschlechtsblindheit in der Politikwissenschaft

Die Ursachen für diese multiple Geschlechtsblindheit bzw. für den „normalen Androzentrismus“ liegen in einem Faktorenbündel begründet: *erstens* in der „Verspätung“ feministischer Politikwissenschaft im deutschsprachigen Raum, *zweitens* in der männerbündischen Personalrekrutierung des Faches, also an seiner veritablen „Bemanntheit“, *drittens* im strukturellen Maskulinismus des machtnahen Politikwissenschaftsbetriebs und einer daraus folgenden männlich-hegemonialen Themenselektion und *viertens* an einem immanenten Androzentrismus von Konzepten, Theorien und Problemstellungen.

Ich werde im folgenden zunächst diese vier Ursachenkomplexe der „androzentrischen Geschlechtsblindheit“ kurz skizzieren, dann zentrale geschlechtsblinde Musterungen denormalisieren und abschließend die „Erfolgschancen“ der Geschlechterforschung in der Politikwissenschaft abschätzen.

1.1 Die feministische „Verspätung“

Die Herausbildung politikwissenschaftlicher Frauen- und Geschlechterforschung zeichnet sich im deutschsprachigen Raum durch eine *institutionelle Verspätung* und ein *thematisches Nachholen* aus. Bis zum Beginn der neunziger Jahre war sie kaum sichtbar, und es gab nur disparate und singuläre, meist in Zeitschriften oder Sammelbänden publizierte Versuche feministisch-kritischer Auseinandersetzung mit politischen Prozessen oder gar mit der Politikwissenschaft als Disziplin (vgl. u.a. Kreisky 1975; Kickbusch/Riedmüller 1984; Schaeffer-Hegel 1984; Bennholdt-Thomsen 1985; Kontos 1986). Sicher spielen dabei sowohl der politikwissenschaftliche Gegenstandsbereich wie auch der Bewegungscharakter der frühen Frauenforschung eine Rolle, denn Staat und politische Institutionen sperren sich stärker als soziologische Themen wie Familie oder Arbeitsmarkt einer Vergeschlechtlichung.

Dieser Befund heißt freilich nicht, daß es nicht bereits in den siebziger und achtziger Jahren feministische Politikwissenschaftlerinnen gegeben hätte. Der Abwehrgestus der Disziplin zwang sie aber zu wissenschaftlichen Ausweichstrategien: Politologinnen suchten wissenschaftliches Asyl in leichter zugänglichen Disziplinen wie der Soziologie und der Geschichtswissenschaft. In den siebziger und achtziger Jahren gab es deshalb lange kategoriale Suchbewegungen in den politikwissenschaftlichen Nachbardisziplinen. Diesen Zustand bildet der von der Senatskommission für Frauenforschung der Deutschen Forschungsgemeinschaft edierte Band über die „Sozialwissenschaftliche Frauenforschung in der Bundesrepublik Deutschland“ (Deutsche Forschungsgemeinschaft 1994) sehr gut ab. Dort sind nur Teilaspekte politikwissenschaftlicher Frauenforschung (Policy- und Sozialstaatsforschung) behandelt. Das Fach ist nicht wie die Soziologie, die Historiographie und die Erziehungswissenschaften insgesamt dargestellt. Die beiden politikwissenschaftlichen Kapitel sind im übrigen vom Politologen Franz Urban Pappi und von der Soziologin Ilona Ostner verfaßt (vgl. Pappi/Ostner 1994; Ostner/Pappi 1994), also nicht von politikwissenschaftlichen Geschlechterforscherinnen.

Durch dieses disziplinäre „Fremdgehen“ geriet das professionelle Selbstbewußtsein als Politologin in den Windschatten anderer feministisch professionalisierter Disziplinen. Helen Silverberg (1990: 887) weist auch für den US-amerikanischen Raum auf dieses Problem hin: Feministische Politikwissenschaft hat im Chor der Frauenforschung nur eine leise Stimme; nach wie vor sind Geschichte, Soziologie und Psychologie hegemonial. Feministische Politikwissenschaft ist gleichsam doppelt marginalisiert.

Die Konsequenz dieser Verspätung ist nun, daß *politikwissenschaftliche Kategorien* und Fragestellungen, politische Prozesse, Institutionen, Werte und Vorstellungen in der kurzen Disziplingeschichte politikwissenschaftlicher Geschlechterforschung im deutschsprachigen Raum feministisch noch vergleichsweise unerforscht sind. Feministische Politikwissenschaft konnte beispielsweise bislang weder theoretisch noch empirisch klären, wie Geschlecht *politisch* konstruiert wird und was Geschlecht als *politische* Kategorie ausmacht. Dies ist m.E. *ein* Grund, wenn auch nicht der zentrale, dafür, weshalb die Disziplin ihre Geschlechtsblindheit so lange konservieren konnte.

1.2 Die „Bemanntheit" des Faches

Das männliche Personalmonopol der Politikwissenschaft ist trotz Antidiskriminierungs- und Frauenförderpolitik an den Hochschulen nahezu unhinterfragt: 1997 lag der Frauenanteil beim politikwissenschaftlichen Personal an bundesdeutschen Hochschulen bei insgesamt 23,86% (205 Frauen von 859); in der Professorenschaft betrug der Frauenanteil 11,3% (32 Frauen von 283). Dies bedeutet eine Steigerung um 1% seit 1991, als der Frauenanteil an der politikwissenschaftlichen ProfessorInnenschaft bei etwa 10,3% lag. Ein wahrer Quantensprung erfolgte zum Jahr 1998: Von 284 Professuren waren 42 mit Frauen besetzt; das entspricht einem Frauenanteil von 14,8% (Statistisches Bundesamt 1993, 1999, 2000 und eigene Berechnungen)[4]. Auch der Frauenanteil in der DVPW spiegelt diese Bemanntheit wider: Ende 1999 waren von den 1.266 Mitgliedern 257 Frauen, d.h. 20,3%; von den 459 ProfessorInnen waren 50 Frauen, d.h. 10,9%. Bei den Habilitierten ohne Professur ist der Anteil an Frauen etwas höher, nämlich 15,1% (Meyer 2000: 165).

Zu diesem Männermonopol ein kleines Aperçu aus dem Fachbereich Politische Wissenschaft an der FU Berlin, dem einst größten politikwissenschaftlichen Fachbereich in Europa und einem Fachbereich, dem der Ruf frauenpolitischer Progressivität vorauseilt: Dort wurde zwischen 1976 und 1986 keine Frau auf eine Professur berufen. 1986 erhielt schließlich eine Frau den Ruf auf eine C3-Professur mit der Denomination „Frauenforschung", und Ende der achtziger Jahre wurde eine Politologin auf eine C3-Professur in einem mit dem Fachbereich Politikwissenschaft in Kooperation stehenden Institut berufen. Alle seither berufenen Professoren sind Männer. Insgesamt gab es in der Nachkriegsgeschichte des Fachbereichs, dem in Höchstzeiten an die 40 ProfessorInnen angehörten, nur 5 Professorinnen auf regulären Stellen. Wir können – und dies gilt nicht nur für die FU Berlin – gleichsam eine „männerbündische Selbstrekrutierung" auf Professuren, die nicht die Denomination „Frauen-/Geschlechterforschung" haben, beobachten.

Worin diese männerbezogene Rekrutierung begründet liegt, läßt sich nur vermuten, da für das Fach Politikwissenschaft keine empirische Untersuchung vorliegt. Junge Wissenschaftler*innen*, so ist anzunehmen, haben größere Schwierigkeiten, sich in die „Meister-Schüler-Dyade" einzufinden, als dies junge männliche Kollegen haben. Schließlich sind zweigeschlechtliche „Paarungen" in einem solchen Näheverhältnis unerprobt und für beide Seiten nicht unmißverständlich. Eine eingeschlechtliche Reproduktion des wissenschaftlichen Nachwuchses erscheint als der unkompliziertere, eben „normalere" Weg. Diese „Distanzierungen" haben freilich Konsequenzen für die Zugehörigkeit von Nachwuchswissenschaftlerinnen zu einem fördernden und unterstützenden Netzwerk, ohne das aber eine wissenschaftliche Karriere ein »wilder Hasard« bleibt (Weber 1995: 11). Diese „Bemanntheit" des Faches ist wiederum ein bedeutsamer Filter für Geschlechterforschung: Maskulinismus als Normalität wird von den männlichen Kollegen nicht in Frage gestellt.

1.3 Der strukturelle Maskulinismus der Politikwissenschaft

Ein zentraler struktureller Männlichkeitsmechanismus ist, daß Politikwissenschaft nach dem Senioritätsprinzip organisiert ist. D.h. gefördert und unterstützt werden Forschungsfragen, Ansätze und Personen, die durch einen bereits renommierten – in der Regel männlichen Wissenschaftler repräsentiert sind. Das Gutachterwesen für Forschungs- und Habilitationsprojekte ist ein solcher Filter, aber auch das Tagungs- und Publikationsgeschehen. Neue, innovative Ansätze wie die Geschlechterforschung finden in solch semi-öffentlichen Evaluations- und Begutachtungsverfahren nur schwerlich öffentliche Anerkennung.

Ich will dies an der Publikationspolitik von Fachzeitschriften sichtbar machen. Die zentralen politikwissenschaftlichen Zeitschriften wie die „Politische Vierteljahresschrift" (PVS), der „Leviathan" oder die „Zeitschrift für Politik" haben mehrheitlich männliche Autoren, und die Jubiläumsbände des „Leviathan" (vgl. Greiff et al. 1997) und der PVS (vgl. Seibel et al. 1997) dokumentieren die *eingeschlechtliche* Geschichte und Gegenwart des Fachs. Hier sei beispielhaft die PVS näher untersucht, die im Auftrag des Vorstands der DVPW herausgegeben wird: Von 1989 bis 1994 schrieben dort insgesamt 155 AutorInnen, 16 davon waren Frauen; das entspricht einem Frauenanteil von 10,3%. Seither ist die Tendenz steigend: Von 1995 bis 1999 schrieben 130 AutorInnen in der PVS, davon waren 18 Frauen. Das sind 13%. Im Jahr 1999 waren 20% der PVS-AutorInnen Frauen. Auffallend ist freilich – wie so häufig, wenn Frauen in Institutionen integriert werden –, daß die Zahl der AutorInnen insgesamt anstieg und damit auch die Zahl der weiblichen Autoren.

Alle diese Publikationsorgane sind aber auch als *geschlechtsblind* zu bezeichnen, denn kaum ein Artikel befaßt sich mit der Geschlechterfrage (vgl. Ebbecke-Nohlen/Nohlen 1994). Im durchgesehenen Zeitraum von 1995 bis 1999 war nur ein Artikel in der PVS über ein Frauenthema, verfaßt von drei Autorinnen (vgl. Blättel-Mink/Mischau/Kramer 1998). Ausnahmen von dieser maskulinistischen Publikationsregel bilden der Sonderband der PVS zum Geschlechterthema (vgl. Kreisky/Sauer 1998) und das „Schweizerische Jahrbuch für Politische Wissenschaft", das sich 1995 dem Geschlechterthema widmete (vgl. Frauen und Politik 1995), sowie die „Österreichische Zeitschrift für Politikwissenschaft", die immer wieder Hefte und Beiträge zum Geschlechterthema veröffentlicht.

Fazit: Die Organisation des Publikations-, Gutachter- und Tagungsgeschehens in der politikwissenschaftlichen Disziplin ist ein Garant für die Geschlechtsblindheit und für die Androzentrik des Fachs. Eine Spezifik der Politikwissenschaft kommt hinzu, die sie von anderen Fächern, für die das oben Genannte – vielleicht mit ein paar Prozentpunkten weniger – ebenfalls zutrifft, unterscheidet: Die Politikwissenschaft ist eine „junge Wissenschaft" in den Reihen der Geistes- und Sozialwissenschaften. Die Debatten um die „Wissenschaftlichkeit" und das „Selbstverständnis" der Politikwissenschaft nach dem „Prognosedesaster"[5] von 1989 machen die Notwendigkeit der Selbstvergewisserung, was denn Politikwissenschaft sei, deutlich. Diese „Verunsicherung" der Politikwissenschaft führte wiederum zur Reproduktion des „Bekannten" und „Ähnlichen" bzw. zu einer „Kanonisierung" des Faches, die die Ränder ausgrenzt, anstatt sie zu integrieren und damit wissenschaftliche Pluralität zu ermöglichen.

1.4 Systematischer bzw. versachlichter Maskulinismus der Politikwissenschaft

Was ist nun über die „Bemanntheit" politikwissenschaftlicher Forschungs- und Lehreinrichtungen sowie die Männerdominanz in den Publikationsorganen hinaus „maskulinistische bzw. androzentrische Normalität"? Androzentrismus bezeichnet vom Wortsinn her „Männerzentriertheit" in den Theorien, Ansätzen, Konzepten und Problemstellungen des Faches. Es gibt zwei miteinander verwobene Dimensionen, die diese Männerzentriertheit politikwissenschaftlicher Herangehensweisen ausmachen: *erstens* die vornehmliche Beforschung von Männern und *zweitens* die Geschlechtsblindheit von Ansätzen und Kategorien.

Erstens: Die Konzentration auf Männer ist der Politikwissenschaft von ihrem Gegenstand her gleichsam „vorgegeben": Sie ist primär an Machteliten fixiert (vgl. Tronto 1992: 91), und dort sind Männer als Akteure politische Normalität. Die überdimensional hohen Männerquoten in politischen Institutionen werden nicht thematisiert, sie sind ja selbstverständlich. Der »topdown focus« (Waylen 1994: 331) einer *Elitetheorie der Politik* erklärt lediglich eine kleine Gruppe, die politische bzw. strategische Funktionselite, zu politischen Akteuren. Andere Partizipations- und Aktionsformen werden wissenschaftlich marginalisiert. Politische Verhaltensmuster von Frauen sind Abweichungen von dieser „Norm/alität“ (dazu kritisch: Bourque/Grossholz 1974). Als „Objekte“ der politikwissenschaftlichen Forschung fanden Frauen deshalb nur zögernd Eingang in die Disziplin, und zwar in dem Maße, wie Frauen in die politische Machtelite integriert bzw. wie sie als Wählerreservoir von der politischen Elite „entdeckt“ wurden. Politik wird als männlicher Raum konstituiert und durch politikwissenschaftliche Kategorien und Konzepte als solcher festgeschrieben. Politikwissenschaft verfuhr also lange Zeit nach dem Prinzip: Wo keine oder wenig Frauen sind, gibt es kein Frauen- bzw. Geschlechterproblem, die Abwesenden, nämlich Frauen, werden nicht thematisiert, und Männer, die sichtbar Anwesenden, werden als geschlechtslos wahrgenommen.

Zweitens: Politikwissenschaft als Normalwissenschaft gibt sich deshalb geschlechtsneutral, ja geradezu »geschlechtsverdrängend« oder »geschlechtsverleugnend« (Kreisky 1995: 27). Das Paradigma Geschlechtsblindheit wirkt wie ein schützender Filter wissenschaftlichen Erkennens; es filtert solche Fragestellungen und Begriffe politikwissenschaftlicher Forschung heraus, die männliche Begründungszusammenhänge sichtbar machen, d.h. vergeschlechtlichen würden. Als Politologe gibt man gleichsam das Geschlecht an der akademischen Garderobe ab. Diese Geschlechtsblindheit legitimiert aber eigentlich männliche Eingeschlechtlichkeit und objektiviert sie als geschlechtsneutral (vgl. ebd.: 37).

2. Feministische Politikwissenschaft: De-Normalisierung grundlegender Texturen des versachlichten Maskulinismus

Feministische Politikwissenschaft hat sich die Aufgabe gestellt, diese androzentrische Normalität zu skandalisieren. Wie spürt man aber die androzentrischen Implizita, die geschlechtsblinden Tabus im politikwissenschaftlichen Kategorienarsenal auf? Eine geschlechtskritische Inspektion politikwissenschaftlicher Begriffe besteht aus einem mehrschichtigen Verfahren der Freilegung geschlechtlicher „Geheimheit“: Zunächst gilt es, die verschütteten Genusgruppen „Männer“ und „Frauen“ im Politischen wie auch im vermeintlich Privaten zu bergen, dann die Symbolsysteme „Männlichkeit“ und „Weiblichkeit“ und schließlich die gleichsam zu Ideologien geronnenen übersteigerten Symbole wie „Maskulinismus“ und idealisierte bzw. degradierte Weiblichkeit zu entschlüsseln. Methodisch bedeutet *Vergeschlechtlichung* politikwissenschaftlicher Kategorien und Institutionen mithin, die historischen, sozialen, politischen und kulturell-diskursiven Entstehungs- und Verwendungskontexte der Kategorien und Institutionen als vergeschlechtlichte Kontexte zu entschlüsseln, um dann die Vertuschungsprozesse geschlechtlicher Spuren nachzuzeichnen und implizite Geschlechterannahmen nach oben zu kehren.

Feministische Kategorienkritik der vergangenen Jahre hat aufgezeigt, daß sich die geschlechtsblind-androzentrische Musterung durch alle Teilbereiche der Politikwissenschaft zieht. Für die *politische Ideengeschichte* zeigte beispielsweise Carole Pateman (1988), daß die klassischen politischen Theorien des Gesellschaftsvertrages (Hobbes, Locke, Rousseau) geschlechtsblind sind und mithin einen misogynen, androzentrischen Keim transportieren: den sexuellen Unterwerfungsvertrag. Wir finden androzentrische Muster in Problemstellungen der *politischen Systemlehre,* der *politischen Soziologie* und der *Parteienforschung* (vgl. kritisch u.a. Schöler-Macher 1994; Meyer 1997; Hoecker 1998; Geißel 1999), in der *Politischen Kulturforschung* (vgl. kritisch Schaeffer-Hegel et al. 1995) ebenso wie in den *Internationalen Beziehungen* (vgl. kritisch Ruppert 1998). D.h. jedes Teilgebiet, jedes Konzept der Politikwissenschaft besitzt seine eigenen androzentrischen Spezifika. Diese kann ich hier nicht im einzelnen darlegen, nicht zuletzt weil ich keine Spezialistin für alle Fächer bzw. Teilgebiete der Politikwissenschaft bin. Mir geht es in der folgenden Darstellung um generelle, grundlegende androzentrische Musterungen in der Politikwissenschaft, die für alle Teilgebiete des Faches gültig sind. Diese basalen Texturen beziehen sich auf den Maskulinismus des Gegenstandsbereichs der Politikwissenschaft, nämlich auf die Politik bzw. den Politikbegriff. M.E. sind es drei Aspekte, die politikwissenschaftliche Konzepte systematisch geschlechtsblind machen: *erstens* die Trennung von öffentlich und privat, *zweitens* eine fehlende gesellschaftstheoretische Grundierung und *drittens* die Entsubjektivierung von Politik.

Erstens: Das zentrale Muster, das hinter der Eingeschlechtlichkeit bzw. Geschlechtsblindheit politikwissenschaftlicher Konzepte wirkt, ist die Definition des Politikbereiches. Eine enge Sicht des Politischen will Politik nur auf bestimmte Räume, Orte und Handlungsweisen beschränkt wissen und von anderen separieren. Dieser Politikdefinition liegt der paradoxe Mechanismus der Moderne zugrunde, nämlich die fiktive Trennung zweier gesellschaftlicher Sphären, der Öffentlichkeit und der Privatheit, deren Wahrnehmungs- und Handlungslogiken den beiden Geschlechtern zugeschrieben werden.

Politikwissenschaftliche Ansätze basieren auf diesen bipolaren Vorstellungen der Geschlechterdifferenz. Politik und Staat werden ex ante mit der öffentlichen Sphäre gleichgesetzt und maskulinisiert, d.h. mit männlichen Rollenstereotypen kodiert, oder als geschlechtsneutral begriffen (vgl. Bourque/Grossholz 1974: 225). „Private" Einschlüsse in politischen Institutionen wie Emotionen und Beziehungen werden feminisiert und mithin ignoriert, selbst wenn es sich um männerbündische Freundschaftsbeziehungen handelt. Politik stehe jenseits des Privaten, das Private wiederum gilt als entpolitisiert. Politisches Handeln von Frauen wird auf diese Weise aus dem Bereich des Politischen hinausdefiniert, weil Politik sich ja nur auf den engen Bereich politischer Institutionen und Eliten bezieht: Politik im Privaten ist nicht untersuchungsrelevant. Der weibliche Lebenszusammenhang, die Erfahrungen von Frauen und vor allem die politischen Regulierungen des vermeintlich Privaten werden als dem Bereich des Politischen diametral gegenüberstehend konzeptualisiert. Insbesondere als privat perzipierte Konflikte werden als nicht-politikrelevant der androzentrischen Mühle überantwortet und dort zerrieben. Frauen werden im Umkehrschluß qua Geschlecht für unpolitisch, politikuntauglich, für politisch ungebildet und desinteressiert erklärt (vgl. kritisch Meyer 1992).

Die grundlegende Zweigeschlechtlichkeit von Politik im Koordinatensystem der verfestigten Privat-Öffentlich-Spaltung wird im politikwissenschaftlichen Mainstream nicht reflektiert. Malestream-Politikwissenschaft besitzt deshalb keine Methoden, um geschlechtstypische Ausschlußmechanismen von politischer Entscheidungsmacht bzw. die exklusive Männlichkeit politischer Institutionen herauszuarbeiten. Beispielsweise werden die in Institutionen agierenden Menschen, Menschen mit Interessen, mit unbewußten Handlungsmustern – und mit einem Geschlecht – nicht in den Blick genommen. Politikwissenschaft versäumt es also, Zusammenhänge von Person und Institution, von individuellen Motiven und kollektiven Handlungsformen in Institutionen zu erhellen.

Politikwissenschaft bemüht sich *zweitens* nicht um eine gesellschaftstheoretische Verortung ihrer Begriffe und Konzepte, die auch den Geschlechterwiderspruch in den Blick nehmen könnte. Gesellschaftliche Macht- und Herrschaftskonstellationen sowie soziale Konflikte, die politische Institutionen und politisches Handeln prägen, ja gesellschaftliche Strukturen und Diskurse überhaupt, werden vom politischen Prozeß abgekoppelt. Gesellschaft bleibt dadurch amorph. Mit diesem unterkomplexen Gesellschaftsbild wird ein Geschlechterbegriff adaptiert, der einer politikwissenschaftlichen Analyse eigentlich nicht adäquat ist: Geschlecht gilt lediglich als „Rolle“, die *man jenseits des* Politischen erwirbt, in die man im Laufe des Lebens hineinsozialisiert wird (vgl. kritisch: Silverberg 1990: 888 f) und die dann „irgendwie“ in eine politische Rolle transformiert wird (vgl. kritisch: Bourque/Grossholz 1974: 225). Geschlecht wird zu einer „vorpolitischen“ oder „außerpolitischen“ Größe und bedarf dann auch keiner *politikwissenschaftlichen Erklärung* mehr. Politikwissenschaftliche Ansätze reproduzieren damit aber die klassischen Geschlechterstereotypen und nehmen sie als politisch nicht veränderbar hin. Auch politisch produzierte herrschaftsförmige Geschlechterverhältnisse können auf diese Weise nicht beleuchtet werden. Politikwissenschaft steht somit in der permanenten Gefahr, die „Gesellschaft“, Subjekte und ihre Konflikte zu verlieren und sich in Systemen und aggregierten Daten – alle ohne Geschlecht – festzubeißen. Androzentrismus heißt in dieser Perspektive, daß die Politikwissenschaft tradierte, unhinterfragte überhöhte „Männlichkeitsmuster“ und abgewertete Symbolisierungen von Weiblichkeit reproduziert.

Politik wird nicht als ein Prozeß der Identitäts- und Interessenbildung von Individuen konzipiert, sondern Identitäten und Interessen, um die es ja in der politischen Auseinandersetzung geht, gelten als jenseits des Feldes des Politischen entstanden. Ein Beispiel für diesen unterkomplexen Gesellschafts- und Geschlechterbegriff bietet die *behavioralistische Ausrichtung* der quantitativen Umfrage- und Einstellungsforschung. Sie verwendet einen individualistischen und variabilisierenden Zugriff auf das politische Denken und Handeln von BürgerInnen. Sie vereinzelt Akteure und nimmt kollektive, gesellschaftlich strukturierte Musterungen der kulturell-symbolischen Ordnung nicht wahr. Politische Einstellungen werden nur in bezug auf politisch *erachtete* Objektbereiche „abgefragt“; erklären kann die Einstellungs- und Meinungsforschung diese Vorstellungs- und Sinnwelten dann allerdings nicht mehr. Geschlecht wird lediglich als Variable, d.h. als natürliches, das individuelle Verhalten prägende *Merkmal* wahrgenommen, nicht aber als eine kollektive, strukturell verfestigte Deutungspraxis.

Politikwissenschaft hat es *drittens* vornehmlich mit *kollektiven* Akteuren zu tun, mit Institutionen und Systemen, nicht mit handelnden Menschen mit einem Geschlecht. Begriffe wie Subjekt und Individuum werden in einschlägigen politikwissenschaftlichen Wörterbüchern wie „Pipers Wörterbuch zur Politik“ (Nohlen 1985) und dem „Lexikon der Politik“ (Nohlen 1995) nicht behandelt, sie zählen nicht zum zwingenden politikwissenschaftlichen Begriffsinventar. Nicht einmal der für die Sphäre des Politischen so zentrale Begriff des „Bürgers“ findet in den beiden angeführten Lexika Erwähnung. Beim Akteursbegriff rekurriert beispielsweise Manfred G. Schmidt auf den voraussetzungsvollen, aber nicht weiter definierten Individuumsbegriff. Der Akteur ist »in der Politik ein handelndes Individuum«, z.B. ein Staatsmann oder ein Interessenverband, jedenfalls aber ist er „der“ Akteur (Schmidt 1995: 21). Handelnde Menschen, „behandelte“ Menschen, agierende Frauen und Männer sind also im politikwissenschaftlichen Auslassungs- bzw. Unterlassungskontext nicht *denk*bar, mithin auch nicht konzeptualisierungsbedürftig. Die Folge dieser Kaschierung politischer Subjekte und politischer Individuen ist, daß damit – quasi „trittbrettfahrend“ – den Handelnden und dem politischen Handeln die Geschlechtlichkeit genommen wird. Die Maskulinität der Konstrukte „politisches Individuum“ oder „Bürger“ fallen, wie auch die männlichen Interessen des Akteurs, dem politikwissenschaftlichen Vergessen und der „Privatheit“ anheim.

Auch hierfür ein erläuterndes Beispiel: *Akteure* werden im Rational Choice-Ansatz ihres sozialen, historischen und kulturellen Kontextes enthoben und nur unter dem eng gefaßten Aspekt ihrer kalkulierten Wahl zwischen einer begrenzten Zahl von Optionen wahrgenommen. Handlungs- und prozeßorientierte Akteursstudien sind in bezug auf gesellschaftliche Strukturen unterbestimmt, sie erklären infolge ihrer Mikroorientierung eigentlich »zu wenig« (Merkel 1994: 321). Dem Rational Choice-Ansatz fehlt der Blick auf die die Akteure strukturierenden Strukturen, d.h. auch auf die geschlechtliche Strukturiertheit von Akteuren, sowie auf soziale Konflikte im Vorfeld politischer Entscheidungen. Der Rational Choice-Zugriff schafft gleichsam nicht durchleuchtete »Schattenzonen« (ebd.: 323), nämlich die Machtbeziehungen zwischen Klassen, Geschlechtern, dem Staat und seinen Institutionen. Dadurch immunisiert sich die Akteurstheorie gegenüber den gesellschaftlichen Subjekten, sie entsubjektiviert sich gewissermaßen, und sie entgeschlechtlicht politische Akteure: Auf welche Weise gesellschaftliche Herrschaftsbedingungen wie beispielsweise Geschlechterverhältnisse die Institutionenbildung und -reform beeinflussen, wie Akteure als handelnde Subjekte diese Verhältnisse transformieren, wie aber auch Strukturen als „Akteure“ wirken, ist in diesem Modell kaum beantwortbar.

Akteure sind aber in eine bestimmte Geschlechterstruktur eingebunden – in ein Geschlechterregime, das ihre Handlungsmöglichkeiten begrenzt bzw. formt, indem es Handlungsräume nach geschlechtsselektiven Mustern strukturiert. Um dies kategorial fassen zu können, muß die Herausbildung der „Identität" von Akteuren als politischer Prozeß im Kontext struktureller und strategischer Selektivität begriffen werden. Dann werden sowohl Exklusionsmechanismen für Frauen als auch Formen und Verfahren der Inklusion von Männer in politische Entscheidungsgremien beschreibbar.

Fazit: Die unmittelbar politiktheoretischen, aber auch -praktischen Folgen dieser dreifaltigen Geschlechtsblindheit sind, daß Politikwissenschaft die *Ursachen* der Privilegierung von Männern und von Männlichkeit und der Benachteiligung von Frauen und weiblichen Praxen in der Politik kategorial nicht fassen kann. Politikwissenschaft reproduziert mit ihren geschlechtsblinden Begriffen und Konzepten eine historisch verfestigte, politisch immer wieder hergestellte hierarchisierte Zweigeschlechtlichkeit, anstatt diese grundlegende Textur kritisch zu durchleuchten. Es fehlt der Politikwissenschaft also das epistemologische Grundinstrumentarium zur Kritik und Überwindung von Geschlechterhierarchie.

So formt sich die maskulinistische Doppelhelix: Die „Männerträchtigkeit" des Gegenstandsbereichs *„Politik"* verstärkt und stützt die männliche Geschlechtsselbstverständlichkeit der *Wissenschaft.* Die androzentrischen *politikwissenschaftlichen* Sichtweisen reproduzieren wiederum die „Frauenlosigkeit" der *Politik.* Eva Kreisky und ich haben dies als männlichen „Schulterschluß" zwischen politischer „Praxis" und politischer „Wissenschaft" bezeichnet (vgl. Kreisky/Sauer 1995). Anders ausgedrückt: Politikwissenschaft ist „Steigbügelhalterin" einer männlich dominierten Politik, weil sie die implizite maskulinistische Struktur des Forschungsfeldes nicht in Frage stellt.

3. Erfolgschancen feministischer Politikwissenschaft: von der Marginalität ins Ghetto?

Geschlechterforschung zeichnet sich am Ende der neunziger Jahre durch die Gleichzeitigkeit ganz verschiedener Ansätze aus. *Die* feministische Politikwissenschaft gibt es heute ebensowenig wie ein gemeinsames theoretisches oder wissenschaftliches Paradigma. Sehr unterschiedliche Perspektiven und Schwerpunktsetzungen mit überaus differenten konzeptuellen Herangehensweisen bewohnen das Haus politikwissenschaftlicher Frauen-

und Geschlechterforschung. Die sequentielle Entwicklung feministischer Ansätze vom liberalen Gleichheitspostulat über marxistische Ansätze, Standpunktfeminismus und gynozentrischem Differenzfeminismus bis hin zu dekonstruktivistischen und postmodernen Ansätzen fand ihren Niederschlag in der politikwissenschaftlichen Frauen- und Geschlechterforschung.

Die feministische Politikwissenschaft im deutschsprachigen Raum durchlief seit den späten achtziger Jahren einen begrifflichen Wandel von der Frauen- zur Geschlechterforschung. Das Neue dieser dem Geschlechterparadigma verpflichteten feministischen Ansätze ist ihre explizit disziplinäre Bezugnahme. Politikwissenschaftlerinnen unterziehen die zentralen Kategorien und Paradigmen der Politikwissenschaft einer grundsätzlichen geschlechtersensiblen Kritik. Intendiert ist nicht nur eine *Addition* von Frauen zum Kanon der Politikwissenschaft, sondern vielmehr eine *Revolutionierung* der selbstverständlichen epistemologischen Grundlegungen: Genuin politikwissenschaftliche Kategorien wie Öffentlichkeit, Macht und Herrschaft, Interessen, Institutionen und Staat werden geschlechtssensibel reformuliert. Die Herausforderung der Malestream-Politikwissenschaft durch feministische Ansätze erhielt damit eine neue Dimension und Richtung, denn Wissenschaftlerinnen begannen nun, sich auch mit dem „harten Kern" der Disziplin zu befassen: mit Verwaltungshandeln, mit Staatskonzepten, mit Internationalen Beziehungen und mit ideengeschichtlichen Grundlagen moderner Demokratien.

Einstweilen hat sich feministische Politikwissenschaft eine Teilöffentlichkeit geschaffen, hat niemandem etwas weggenommen, ist keine große „Bedrohung" für den Malestream. Die hierarchische Koexistenz zwischen Haupt- und diversen Nebenströmen wie die feministische Politikwissenschaft ist immer noch garantiert. Doch diese Koexistenz ist eigentlich eine einseitige Ignoranz. Ich will hier nicht dafür plädieren, daß Drohgebärden gegenüber der unbeweglichen Disziplin intensiviert werden, sondern vielmehr für einen Strategiewechsel in der Geschlechterforschung plädieren: Bislang besetzten feministische Politikwissenschaftlerinnen eher Terrain am Rande, nicht im Zentrum der Disziplin. Erst wenn feministische Politikwissenschaft ihre disziplinspezifischen Konturen gefunden hat, wenn sie mehr Selbst„bewußtsein" im Sinne des Wissens um ihren Gegenstand geschaffen hat, so meine These, wird sie vermutlich sowohl mehr Gehör in der Frauenforschung als auch in der Politikwissenschaft finden und ihre doppelte Marginalisierung überwinden.

Um Geschlechterforschung disziplinär selbstverständlich zu machen, bedarf es offensiver Grenzverletzungen: Frauenforscherinnen müssen sich im

Malestream präsentieren und die „Abstoßungsreaktion" nicht persönlich, sondern politisch nehmen – als selbstberuhigendes Ritual der Definition „der" Politikwissenschaft. Eine solche Professionalisierung im Fach bzw. *in das Fach hinein* birgt die Chance, trotz aller Mittelverknappung an den positionellen Ressourcen zu partizipieren. Dennoch sollte Geschlechterforschung auch immer transdisziplinär und transwissenschaftlich angelegt sein. Innovativen Schwung erhält feministische Politikwissenschaft sicher nicht allein aus den Ansätzen der eigenen Disziplin, sondern durch Anstöße von außen – von anderen Disziplinen und aus frauenbewegten Kontexten.

Anmerkungen

[1] An der FU Berlin, an der Universität Hannover, an der Universität Giessen sowie an der Universität Münster.

[2] In Marburg wird zum Wintersemester 2001/2002 eine ganze Stelle besetzt, die halbe Stelle ist in Berlin zu besetzen.

[3] Diese prekäre Situierung vermittelt ein Blick auf das Tagungsgeschehen der DVPW: Dort gibt es einen aktiven Arbeitskreis „Politik und Geschlecht", der allerdings einen politikwissenschaftlichen Mikrokosmos unter feministischen Vorzeichen entworfen hat. Alle Themen des politikwissenschaftlichen Spektrums werden im AK geschlechtersensibel diskutiert, erarbeitet und publiziert, aber eine Rezeption geschlechtertheoretischer Zugänge durch andere Arbeitskreise fand äußerst selten statt. Auf dem Kongreß der DVPW im Oktober 2000 in Halle wurde nur von der Gastrednerin Saskia Sassen der Begriff „Gender" in einem Plenumsvortrag erwähnt. Für alle anderen Plenarvortragenden war das Geschlecht keine politikwissenschaftlich relevante Kategorie.

[4] Bedauerlicherweise weist das Statistische Bundesamt keine Unterscheidung zwischen C3- und C4-Professuren aus.

[5] Der plötzliche Zusammenbruch des Realsozialismus wurde zu einem „schwarzen Freitag" der Sozial- bzw. Politikwissenschaft (vgl. von Beyme 1994: 35): „Sie haben überwiegend nicht ‚*vorhergesagt*', sondern ‚*nachhergesagt*'" (von Beyme 1990: 473, Hervorhebung im Original).

Literatur

Alemann, Ulrich von (1994): Grundlagen der Politikwissenschaft. Ein Wegweiser. Opladen.

Bennholdt-Thomsen, Veronika (1985): Zivilisation, moderner Staat und Gewalt. Eine feministische Kritik an Norbert Elias' Zivilisationstheorie. In: beiträge zur feministischen theorie und praxis. H. 13: Unser Staat? S. 23-35.

Beyme, Klaus von (1990): Die vergleichende Politikwissenschaft und der Paradigmenwechsel in der politischen Theorie. In: Politische Vierteljahresschrift. H. 3. S. 457-474.

Beyme, Klaus von (1994): Systemwechsel in Osteuropa. Frankfurt a.M.

Beyme, Klaus von (1991): Feministische Theorie der Politik zwischen Moderne und Postmoderne. In: Leviathan. H. 2. S. 208-228.

Blättel-Mink, Birgit; Mischau, Anina; Kramer, Caroline (1998): Politische Partizipation von Frauen – Nullsummenspiele im Modernisierungsprozeß? Ergebnisse einer empirischen Studie in Baden-Württemberg. In: Politische Vierteljahresschrift. 39. Jg. H. 4. S. 775-796.

Bloch, Ernst (1976): Das Prinzip Hoffnung. Frankfurt a.M. 3. Auflage.

Bourque, Susan C.; Grossholz, Jean (1974): Polities an unnatural practice: political sciene looks at female participation. In: Politics and Society. H. 4. S. 255-266.

Deutsche Forschungsgemeinschaft (Hg.) (1994): Sozialwissenschaftliche Frauenforschung in der Bundesrepublik Deutschland. Berlin.

Ebbecke-Nohlen, Andrea; Nohlen, Dieter (1994): Feministische Ansätze. In: Kriz, Jürgen; Nohlen, Dieter; Schultze, Rainer-Olaf (Hg.): Lexikon der Politik. Band 2: Politikwissenschaftliche Methoden. München. S. 130-137.

Frauen und Politik (1995): Schweizerisches Jahrbuch für Politische Wissenschaft. Bern et al.

Geißel, Brigitte (1999): Politikerinnen. Politisierung und Partizipation auf kommunaler Ebene. Opladen.

Greiff, Bodo von; Koch, Claus; König, Helmut (Hg.) (1997): Der Leviathan in unserer Zeit. Opladen.

Hoecker, Beate (Hg.) (1998): Handbuch Politische Partizipation von Frauen in Europa. Opladen.

Kickbusch, Ilona; Riedmüller, Barbara (Hg.) (1984): Die armen Frauen, Frauen und Sozialpolitik. Frankfurt a.M.

Kontos, Silvia (1986): Modernisierung der Subsumtionspolitik. Die Frauenbewegung in den Theorien neuer sozialer Bewegungen. In: Feministische Studien. H. 2. S. 34-49.

Kreisky, Eva (1975): Frauen im öffentlichen Dienst – Öffentliche Dienste für Frauen. Wien.

Kreisky, Eva (1995): Gegen „geschlechtshalbierte Wahrheiten". Feministischer Kritik an der Politikwissenschaft im deutschsprachigen Raum. In: Kreisky, Eva; Sauer, Birgit (Hg.): Feministische Standpunkte in der Politikwissenschaft. Eine Einführung, Frankfurt a.M./ New York. S. 27-62.

Kreisky, Eva; Sauer, Birgit (1995): Der Politik der Männer – die Wissenschaft der Männer? Hoffnungen auf ein Ende des Schulterschlusses. In: Kreisky, Eva; Sauer, Birgit (Hg.): Feministische Standpunkte in der Politikwissenschaft. Eine Einführung, Frankfurt a.M./ New York. S. 9-24.

Kreisky, Eva; Sauer, Birgit (Hg.) (1998): Geschlechterverhältnisse im Kontext politischer Transformation (PVS-Sonderheft). Opladen.

Kuhn, Thomas S. (1996): Die Struktur wissenschaftlicher Revolutionen. Frankfurt a.M.

Merkel, Wolfgang (1994): Struktur oder Akteur, System oder Handlung: Gibt es einen Königsweg in der sozialwissenschaftlichen Transformationsforschung? In: Ders. (Hg.): Systemwechsel 1. Theorien, Ansätze, Konzeptionen. Opladen. S. 303-331.

Meyer, Birgit (1997): Frauen im Männerbund. Politikerinnen in Führungspositionen von der Nachkriegszeit bis heute. Frankfurt a.M./ New York.

Meyer, Birgit (1992): Die „unpolitische“ Frau. Politische Partizipation von Frauen oder: Haben Frauen ein anderes Verständnis von Politik? In: Aus Politik und Zeitgeschichte. B 25-26. S. 3-13.

Meyer, Birgit (2000): Bericht aus dem Vorstand und Beirat der DVPW. In: femina politica. Zeitschrift für feministische Politik-Wissenschaft. H. 1. S. 165.

Nohlen, Dieter (1985): Politikwissenschaft als Sozialwissenschaft. In: Nohlen, Dieter; Schultze, Rainer-Olaf (Hg.): Pipers Wörterbuch zur Politik. Bd. 1: Politikwissenschaft. Theorien, Methoden, Begriffe. München/ Zürich. S. 724.

Nohlen, Dieter; Schultze, Rainer-Olaf (Hg.) (1995): Lexikon der Politik. Bd. 1: Politische Theorien. München.

Ostner, Ilona; Pappi, Franz Urban (1994): Sozialstrukturanalyse. In: Deutsche Forschungsgemeinschaft (Hg.): Sozialwissenschaftliche Frauenforschung in der Bundesrepublik Deutschland. Berlin. S. 110-119.

Pappi, Franz Urban; Ostner, Ilona (1994): Policy-Forschung zur Frauen- und Geschlechterpolitik. In: Deutsche Forschungsgemeinschaft (Hg.): Sozialwissenschaftliche Frauenforschung in der Bundesrepublik Deutschland. Berlin. S. 136-144.

Pateman, Carole (1988): The Sexual Contract. Cambridge.

Ruppert, Uta (Hg.) (1998): Lokal bewegen – global verhandeln. Internationale Politik und Geschlecht. Frankfurt a.M./ New York.

Schaeffer-Hegel, Barbara (Hg.) (1984): Frauen und Macht. Der alltägliche Beitrag der Frauen zur Politik des Patriarchats. Berlin.

Schaeffer-Hegel, Barbara et al. (1995): Frauen mit Macht. Zum Wandel der politischen Kultur durch die Präsenz von Frauen in Führungspositionen. Pfaffenweiler.

Schmidt, Manfred G. (1995): Wörterbuch zur Politik. Stuttgart.

Schöler-Macher, Bärbel (1994): Die Fremdheit der Politik. Erfahrungen von Frauen in Parteien und Parlamenten. Weinheim.

Seibel, Wolfgang et al. (Hg.) (1997): Demokratische Politik. Analyse und Theorie. Politikwissenschaft in der Bundesrepublik Deutschland. (PVS zum 50jährigen Jubiläum des Westdeutschen Verlages). Opladen.

Silverberg, Helen (1990): What happened to the Feminist Revolution in Political Science? In: The Western Political Quarterly. H. 4. S. 887-903.

Stacey, Judith; Thorne, Barrie (1991): Feministische Paradigmenwechsel in den Wissenschaften? Die Revolution in der Soziologie fand nicht statt. In: Das Argument. H. 6. S. 829-844.

Statistisches Bundesamt (1993), (1999), (2000): Statistisches Jahrbuch für die Bundesrepublik Deutschland. Stuttgart.

Tronto, Joan (1992): Politics and Revisions. The Feminist Project to Change the Boundaries of American Political Science. In: Zalk, S.R.; Gordon-Kelter, J. (Ed.): Revolutions in Knowledge. Feminism in the Social Sciences. Boulder et al. S. 91-110.

Waylen, Georgina (1994): Women and Democratization. Conceptualizing Gender Relations in Transition Politics. In: World Politics. April. S. 327-354.

Weber, Max (1995): Wissenschaft als Beruf. Stuttgart.

Gabriele Sturm

Herausforderungen politikwissenschaftlichen Denkens durch feministische Wissenschaftskritik

Politikwissenschaft richtet ihr disziplinäres Augenmerk auf gesellschaftliche Akteure und politische Institutionen sowie deren Beziehungen zueinander, durch die Macht- und Herrschaftsverhältnisse Gestalt annehmen. Wie weitreichend sich Politikwissenschaft in Deutschland dabei immer noch als männer- und männlichkeitsorientierte Disziplin darstellt, präsentieren Ingrid Kurz-Scherf und Birgit Sauer in diesem Band eindrücklich. Wenn also die Zweigeschlechtlichkeit von Politik in der Fachdisziplin kaum rezipiert wird, um wieviel geringer ist dann die Chance, daß die für die Wissenschaft wesentlich grundlegendere Kritik feministischer Wissenschaftlerinnen an den Kernvorstellungen der Theoriebildung Gehör findet. Dies betrifft allerdings nicht nur die Politikwissenschaft, sondern nahezu alle wissenschaftlichen Disziplinen, obwohl in Kreisen der Wissenschafts- und WissenstheoretikerInnen ein Umdenken eingesetzt hat: So verweist z.B. Jürgen Ritsert auf »eine ausgeprägte Tendenz [...], Zusammenhängen zwischen Wissenschaftslogik und Wissenschaftsgeschichte nachzugehen« (1996: 226) und führt als Beispiel für die neue empirische Wissenschaftssoziologie die Arbeiten von Loren Graham und Helen Longino an (ebd.: 340 ff).

Der nun folgende Text ist über weite Teile identisch mit einem Vortrag[1], der als Zielgruppe nicht nur KollegInnen aus der Politikwissenschaft ansprechen sollte. Es werden jedoch solch zentrale Konstruktionen abendländischer Wissenschaften thematisiert, daß sie das Denken jeglicher Fachdisziplin und damit auch der Politikwissenschaft herausfordern sollten. Formuliert habe ich den Text als Soziologin, die sich schwerpunktmäßig mit Methoden der empirischen Sozialforschung und folglich auch mit Methodologie beschäftigt. Da derzeit in den scientific communities der Sozial- und Gesellschaftswissenschaften eine tiefgreifende Verunsicherung sowohl hinsichtlich der bislang verfolgten theoretischen Leitkonzepte als auch hinsichtlich der angemessenen Forschungsmethoden diskursfähig wird, geraten erkenntnistheoretische Grundsatzüberlegungen wieder verstärkt in die

Auseinandersetzung. Die Forschungsdiskurse feministischer Wissenschaftlerinnen sind daran nicht unerheblich beteiligt.

Um zum Ende der hier ausgeführten Überlegungen zu aktuell formulierten herausfordernden Thesen feministischer Wissenschaftstheoretikerinnen zu gelangen, stelle ich zunächst sehr kurz unter Verweis auf einen Vortrag von Regina Becker-Schmidt vor, welche wissenschaftliche Position mit der Kennzeichnung „feministisch" versehen wird – und positioniere mich damit selbst. Ausführlicher beschäftige ich mich sodann mit zwei Begriffen, die m.E. in der Wissenschaftsgeschichte als Kernvorstellungen zum Tragen gekommen sind: Zum einen geht es um Naturvorstellungen und zum anderen um Identitätslogik. Die abschließend rezipierten Forschungsfragen aktueller feministischer Theoriebildung bleiben thesenhaft, um zum Weiterlesen anzuregen bzw. – wie im Titel angedeutet – das bisherige eigene Denken zu provozieren.

Kriterien für feministische Wissenschaft

Unter dem Druck der Neuen Frauenbewegung öffneten sich in Deutschland in den 70er Jahren zunächst die gesellschaftswissenschaftlichen Disziplinen einer Neufokussierung ihrer Themenfelder unter dem Schlagwort „Frauenforschung". Frauenforschung wird seither

> *»als Oberbegriff für alle Untersuchungen verstanden, die die Bedeutung des Einflußfaktors ‚Geschlecht' in der Wissensproduktion, in der Gestaltung von sozialen Welten, in der Ausrichtung von Diskursen thematisieren und dabei die gesellschaftlich vernachlässigten Interessen von Frauen ins Spiel bringen. Gegen die Geschlechterforschung läßt sie sich folgendermaßen abgrenzen: Sie konzentriert sich auf die Angehörigen der weiblichen Genus-Gruppe, um zum einen die gesellschaftliche Relevanz ihrer Erfahrungen und ihres Wissens herauszuarbeiten; um ihre Rolle in der Kulturgeschichte und Wissenschaftsentwicklung wider alles Vergessen in Erinnerung zu bringen. Zum anderen deckt Frauenforschung die Diskriminierungen und die Mechanismen der Marginalisierung auf, welche Frauen zugemutet wurden und werden. Des weiteren geht sie Phänomenen nach, die mit Zuschreibungen von ‚Weiblichkeit' zu tun haben« (Becker-Schmidt 1999: 1 f).*

Je nach den die Analysen begründenden Referenzsystemen oder nach politischer Opportunität wurden später die Bezeichnungen Geschlechterforschung oder Geschlechterverhältnisforschung präferiert. Parallel dazu bezeichneten sich Wissenschaftlerinnen und Wissenschaftler als „feministisch".

Dieser Begriff

> *»wurde im vorigen Jahrhundert geprägt, um die emanzipatorischen Impulse in politischen und wissenschaftlichen Strömungen zu charakterisieren, die von Frauen gesetzt wurden. Bis heute ist ‚feministisch' ein Synonym für ‚kritisch' geblieben, kritisch insbesondere gegenüber universalisierenden oder einseitig männlichen Sichtweisen, sowie gegenüber wissenschaftlichen Positionen, die durch einen Mangel an Selbstreflexivität gekennzeichnet sind. Die Dekonstruktion wissenschaftlicher Mythen ist demzufolge ebenso Sache des Feminismus wie die Auseinandersetzung mit soziokulturellen und gesellschaftlichen Entwicklungen, die soziale Ungleichheit, Unfreiheit und Diskriminierung entlang der Trennlinie ‚Geschlecht', aber auch der von Klasse und Ethnie hervorbringen oder befestigen. ‚Feminismus' ist also keine Weltanschauung, sondern eine Option für Aufklärung, die über Geschlechterfragen hinausgehen kann. Die erkenntnistheoretischen, methodologischen und inhaltlichen Innovationen feministischer Forschung können Transfercharakter für Gegenstandsbereiche auch jenseits der Frauenforschung haben und umgekehrt nimmt feministische Forschung wissenschafts- und gesellschaftskritische Problematisierungen aus anderen Strömungen zur Konturierung ihrer eigenen Positionen auf« (ebd.: 1).*

Sofern es also um die Art und Weise des Denkens geht oder im Verhältnis von Forschungssubjekt und Forschungsobjekt die eigene Vergeschlechtlichung zur wissenschaftlichen Selbstreflexion gehört, sprechen vor allem Vertreterinnen und Vertreter der Geistes- und Naturwissenschaften von feministischer Wissenschaft.

Rekonstruktionen der Wissenschaftsgeschichte

Nach dieser knappen und hochverdichteten Klärung meiner Ausgangsbedingungen will ich mich der Kritik von feministischen Wissenschaftlerinnen an der tradierten Wissenschaft nähern. Dazu habe ich verschiedene Dekonstruktionsanalysen von Wissenschaftlerinnen zu zwei grundlegenden Konzepten abendländischer Kultur gesichtet und versuche, diese hier zu pointieren. Es geht um die Begriffe Natur und Identität – wobei ich deutlich auf die interpretierende Reduktion meiner Darstellung hinweise.

Einer Rekonstruktion der Wissenschaftsgeschichte unter Beachtung des implizierten Geschlechterverhältnisses haben sich in den vergangenen 20 Jahren insbesondere amerikanische Philosophinnen gewidmet. Hervorhebend sind zu nennen: Sandra Harding, Evelyn Fox Keller (als mathematische Biophysikerin) und Carolyn Merchant, deren Hauptwerke auch in deutscher Übersetzung vorliegen. Insbesondere Carolyn Merchant weist in ihrem 1980 erschienenen Buch „Der Tod der Natur" nach, daß schon während der Renaissance der ökologischen Krise von heute der Weg gebahnt wurde. Ihrer Argumentation möchte ich für diesen Aspekt folgen. Schon vor Beginn der Neuzeit hatte sich mit der Philosophie Platons eine hierarchische Dichotomisierung der Welt etabliert. Diese hatte die Natur als weibliches Prinzip, als passive und rezeptive Materie in einen Gegensatz zum Geist als männliches Prinzip, als aktive und bewegende Kraft gesetzt. Vor allem wurde in diesem Dualismus die Physis untergeordnet und die körperlose Idee bevorzugt! Dennoch hatte bis zum 16. Jahrhundert in okzidentalen Kulturräumen ein animistisches Bild von Natur gegenüber einem Nutzungsansatz überwogen. In Europa wurde bis ins Mittelalter der Zusammenhang von Ich, Gesellschaft und Kosmos im Bild des Organismus gesehen. Daß unter der Organismusmetapher ein ganzes Spektrum von philosophischen und politischen Alternativen entstand, bietet kein Hindernis, all diese Weltsichten unter der Rubrik „organisch" zusammenzufassen. Deren leitende Metaphorik bestand aus einem Doppelbild der Natur: zum einen das der Erde als nahrungsspendende, freundliche, wohltätige Mutter in einem planvoll geordneten Universum; zum anderen das der wilden, unbezähmbaren Natur, die gewalttätiges Chaos hervorbringt. Während das erste Bild den Menschen Ehrerbietung abverlangte und sie von Eingriffen in den lebendigen Organismus oder vor dessen Beraubung zurückhielt, rief die zweite Metapher das Interesse an Naturbeherrschung wach. In dem Maße, in dem die Gesellschaften den Prozeß der Kommerzialisierung und Industrialisierung vorantrieben, war eine Verschiebung der leitenden Metaphorik unumgänglich. So verschwand allmählich die Vorstellung von der Erde als Nährerin in einer organischen Welt. Prägend wurde die Vorstellung von Natur als Störung und Gesetzlosigkeit, deren sich die „Menschheit" zu bemächtigen hatte.

Laut Carolyn Merchants Analyse war mit dem Zerfall des Feudalismus und der Expansion der Europäer in neue Welten und auf neue Märkte die Diskrepanz zwischen technischer Entwicklung und organischer Metaphorik im 16. und 17. Jahrhundert so groß geworden, daß ein neuer Wertekodex dem Aktionsrahmen angemessen werden mußte. Dies ist das Geburtsjahrhundert der neuen Wissenschaft der Mechanik als Vorläuferin einer modernen Wissenschaft. Die neuen kognitiven Strukturen der Wissenschaft, auf die ich gleich noch genauer eingehen werde, fanden auf zwei Ebenen Unterstützung: Zum einen, weil sie eine Basis für den Kampf gegen die Vorherrschaft der politischen und geistigen Autoritäten des Feudalismus schufen. Zum anderen, weil mit dem vorindustriellen Kapitalismus – ich denke dabei insbesondere an die fortgesetzte Akkumulation und die Verbreitung der Geld- und Marktwirtschaft – das Interesse an permanenter Ertragssteigerung durch effizientere Technologien und einzuschränkende Subsistenzproduktion ins schier Unermeßliche wuchs.

Bevor ich mich näher auf eine Diskussion der Denkstrukturen neuzeitlicher Wissenschaft einlasse, will ich zunächst noch beschreiben, was die eben dargestellte Werteverschiebung bezüglich weiblicher Natur für die Frauen jener Zeit bedeutete: Carolyn Merchant beschreibt, wie auf unterschiedlichen Ebenen das Bedürfnis wuchs, Natur zu unterwerfen und zu kontrollieren. So wie die Erde zunehmend als chaotisch erlebt wurde und damit zur Beherrschung herausforderte, so wuchs zugleich der Wunsch, Frauen zu disziplinieren, von denen mann glaubte, daß sie wegen ihrer Gebährfähigkeit der Natur näher stünden als Männer. Aufgrund dieser größeren Naturnähe wurde Frauen ein stärkerer Sexualtrieb unterstellt und damit implizit die Nähe zum Teufel proklamiert. So nährte sich die Hexenverfolgung aus der Angst, daß die unkontrollierte Seite der Natur die Oberhand gewinnen könnte.

Die Herabwürdigung der Frau und des Animalischen auf eine mindere Stufe menschlichen Lebens beruhte auf dem Dualismus von Natur und Kultur, der nicht nur für die geisteswissenschaftlichen Fächer prägend wird, sondern auch ein entscheidendes Moment beim Aufschwung der westlichen Zivilisation auf Kosten der Natur bedeutet. Männer gehören laut neuer Weltordnung zur Kultur-Ebene – Frauen, Natur und Kolonien wurden so zugerichtet, wie sie an ihrem „natürlichen" Platz zur Ausbeutung bereitzustehen hatten. Königinnen wie Handwerkerinnen oder gar Wissenschaftlerinnen und sogar Hebammen wurden als Umkehrung der natürlichen Ordnung angefeindet und waren mit der Aufklärung weitestgehend von der Bildfläche verschwunden. Die Folgewirkungen dieses Prozesses sind bis heute deutlich! So fordert Carolyn Merchant:

> *»Wenn Natur und Frauen, Indianer und Schwarze aus den Fesseln dieser Ideologie befreit werden sollen, bedarf es einer radikalen Kritik der Grundkategorien ‚Natur und Kultur', die alle wissenschaftlichen Fächer begrifflich strukturieren« (1987: 160).*

Mit der Wissenschaftsentwicklung hat sich insbesondere Sandra Harding beschäftigt: Seit der Institutionalisierung moderner Wissenschaften in Europa zum Ende des 17. Jahrhunderts sind die Wissenschaften intra- und interdisziplinär starken Arbeitsteilungen unterworfen. Vor allem werden seither kognitive von gesellschaftlichen Zielsetzungen getrennt. Die moderne Kosmologie ist geprägt vom Atomismus, Wertfreiheit und der experimentellen Beobachtung.

Der Atomismus zerlegt Natur in kleinste Teilchen passiver, träger Materie, die nur durch von außen wirkende Kräfte miteinander in Beziehung gesetzt werden können. Während die organizistische Sichtweise der Natur eigene Werte und Interessen und eine interne Zweckorientierung zuschrieb, sprachen die Nachfolger des Kopernikus (†1543) von primären und sekundären Qualitäten der Natur, wobei erstere reliabel und objektiv zu messen sein müssen und letztere als subjektiv abgetan werden können. Zugleich wird mit dem Postulat der Wertfreiheit behauptet, es gäbe keine der Natur inhärenten Werte. So wurde die eng definierte, positivistisch deklarierte Methode zum mächtigsten Symbol für die neue Wissenschaft und zum Herrschaftsinstrument. Insgesamt

> *»findet die Fortschrittlichkeit sich in jenen Charakterzügen, die ein Abbild dessen sind, was im Westen als männlich begriffen wird: soziale Autonomie, Überschreitung des gesellschaftlich Konkreten und Besonderen, epistemische und moralische Entscheidungsbefugnis auf der Grundlage unparteiischer Methoden, Regeln und Gesetze« (Harding 1990: 249).*

Es stellt sich somit die Frage, ob das Zwei-Welten-Universum der Antike sich in neuzeitlicher Wissenschaft nicht nur in modernerer Form und extrem gesteigerter Effektivität präsentiert? Zumindest die feministischen Wissenschaftskritikerinnen sehen die Geschlechterordnung im wissenschaftlichen Forschungsprozeß abgebildet, mit der Natur in Metaphern der Weiblichkeit beschrieben und dem Forschungsvorgang »als angemessene Tätigkeit zur Konsolidierung und Aufrechterhaltung männlicher Geschlechtsidentität« (ebd.: 257).

Für die Naturwissenschaften hatte Evelyn Fox Keller ähnliche Überlegungen schon 1985 spezifiziert, die ich in drei zentralen Punkten darlegen will:

- Jegliche Wissenschaft – also auch die Naturwissenschaften – sind eine soziale Tätigkeit, ein gesellschaftliches Unternehmen. Sowohl das Geschlecht als auch die Wissenschaft sind gesellschaftliche Kategorien, die anhand von Entstehungsprozessen erkennbar werden. Charakteristika entwickeln sich anhand von Ausgrenzungsprozessen, die in der modernen Wissenschaft spezielle Dualisierungen und Spaltungen verfestigten: Wir sind daran gewöhnt, in entsprechenden

Schwarz-Weiß-Bildern zu denken – Verstand versus Liebe, objektiv versus subjektiv, öffentlich versus privat, Licht versus Finsternis etc. Hinter allem steht implizit die Zuordnung zu Männlichkeit versus Weiblichkeit. Für diese Struktur prägt Evelyn Fox Keller den Begriff des „Wissenschaft-Geschlechter-System"s.

- Älteren Wissenschaftsformen, wie der Alchemie, dem Animismus oder der Astrologie, wurde vorgeworfen, subjektiv insofern zu sein, als nur das Innenleben des Menschen auf Natur projiziert worden sei. Evelyn Fox Keller stellt daneben ihre These, wonach heutige Wissenschaft die eigene innere Leere, die Wahrnehmung als getrenntes und autonomes Wesen, desinteressiert und entfremdet auf ihren Erkenntnisgegenstand projiziert. Die Naturwissenschaften speziell übertrügen die Erfahrungen einer Minderheit weißer Mittelschicht-Männer auf Natur.
- Dagegen setzt sie die Erfahrungen der Differenz, verstanden als Vielfalt, Verschiedenheit, Nichtausgrenzung von „anderen" Erfahrungen oder „unpassenden" Beobachtungen. Die Anrufung der Objektivität setzt sie gleichbedeutend mit der Abschaffung der Verantwortlichkeit, worin eben auch ihre Popularität begründet liege. Evelyn Fox Keller rückt dem Objektivitätsproblem mit der psychoanalytischen Objektbeziehungstheorie (vgl. z.B. Arbeiten von Nancy Chodorow oder Dorothy Dinnerstein) zuleibe, wodurch sie die angestrebte größtmögliche Entfernung des Subjekts von einem Objekt speziell für Männer aufgrund ihrer Sozialisation als »lebensnotwendig« erklärt und nachweist, warum ihnen somit erschwert wird, die Erfahrungen von Welt und Natur als mit ihnen verbunden wahrzunehmen. Gegen diese Folgerungen aus männlicher Vergeschlechtlichung entwirft sie die Idee einer »dynamischen Autonomie und Objektivität«. Diese sind geprägt durch das Bewußtsein der Verbundenheit mit den anderen und der Natur genauso wie durch das der Veränderung aller Teilhabenden im Erkenntnisprozeß. Soweit meine Rezeption von Evelyn Fox Keller.

Das mechanistische Weltbild der aufgeklärten Wissenschaften hat zu den bekannten Formen der Industrialisierung geführt. Die Vergesellschaftung jeder einzelnen Frau findet somit während der vergangenen 200 Jahre sowohl – wie soeben am Naturbegriff belegt – auf der Ebene der Bilder und Vorstellungen statt als auch auf der Ebene des Erlebens und Handelns: Letztere zeigt sich in der Erwerbsarbeit durch mindere Akzeptanz weiblich konnotierter Tätigkeiten und in der Reproduktionsarbeit durch fortgesetzte ursprüngliche Akkumulation. Die Grundlage dazu wird auf der Ebene der Wahrnehmung bzw. der Konstitution der eigenen Person gelegt durch Verinnerlichung „der" minderwertigen und bösen Seite einer nur dichotom geordneten Welt. Zusammenfassend werden derartige Überlegungen heute mitgedacht, wenn von der Naturalisierung der Geschlechterdifferenz bzw. Geschlechterhierarchie gesprochen wird: Die implizierten Dichotomisierungen wirken sich sowohl auf Geschlechterkonstruktionen als auch auf Naturkonzeptionen aus.

Wurden die Dekonstruktionen zum Naturbegriff vor allem von nordamerikanischen Philosophinnen vorangetrieben, so beruht der Diskurs um die Dekonstruktion des Identitätsbegriffes eher auf Arbeiten europäischer Historikerinnen und Kulturwissenschaftlerinnen. Dabei wird im Rahmen von Geschlechterverhältnisforschung das Augenmerk insbesondere auf die Veränderung der hierarchischen Geschlechterbeziehung gerichtet.

Ein Beispiel sei hier kurz aufgezeigt: Während des Mittelalters bis zum Jahrhundert des Humanismus und der Reformation ist ein durch christliche Anthropologie geprägtes hierarchisches Ein-Geschlecht-Modell (Laqueur 1992) vorherrschend, in dem Mann und Frau von gleichem Fleisch sind, durch unterschiedliche Gottnähe bzw. -ferne jedoch in einem graduell, nicht essentiell hierarchischen Verhältnis zueinander stehen. Als komplementäres Verhältnis der Geschlechter betont es das Aufeinanderangewiesensein (z.B. Ökonomie des Ganzen Hauses). Erst durch die dynamischen und humanistisch-moralischen Facetten der Renaissance besteht die Gefahr, daß männliche Dominanz eventuell in Frage gestellt wird, woraufhin Gegenreformation samt Hexenverfolgungen und der Absolutismus als Gegenbewegung und zur Sicherung patriarchalischer Herrschaft zu verzeichnen sind.

Die sich während der geistig-historischen Epoche der Aufklärung und der bürgerlichen Revolutionen durchsetzenden Ideale einer wissenschaftlich zu begründenden, natürlichen Weltordnung verändern die Art der Hierarchisierung: Die mit der männlichen Herrschaftssicherung ablaufenden Distanzierungen in Zusammenspiel mit der Eroberung fremder Kulturen produzieren den Begriff des „anderen". Dieser setzt den weißen europäischen Mann in Opposition zur heimischen Frau wie zum nicht-weißen Mann in der Fremde. Der Rückgriff auf göttliche Ordnung wird überflüssig, denn die Andersartigkeit wird als Natur begründet und als solche gegenüber dem männlichen Geist zur Minderwertigkeit. Aus der früheren Geschlechterkomplementarität wird die bis heute gültige Geschlechterpolarität (vgl. Duden 1999). Das damit einhergehende wissenschaftlich konnotierte Zwei-Geschlechter-Modell lenkt den sezierenden Blick von außen auf den geschlechtlichen Körper und blendet das bisherige Erfahren von innen weitestgehend aus (nicht nur hinsichtlich Körperbildern, sondern z.B. auch hinsichtlich Stadtbildern).

Gesichert wird diese Konstruktion bis heute durch ein bürgerlich-modernes Identitätskonzept. Die Wortwurzel von Identität bedeutet Einerlei/Ein-und-Dasselbe-Sein. In Verbindung mit dem Wort Individuum, als dem Unteilbaren, Abgesonderten, spitzen sich beide Bedeutungen noch einmal zu: Das unteilbare Selbe wird zum End- und Angelpunkt, es ist mit sich selbst eins und von ihm geht alles aus. Das mit sich selbst identische Individuum entspricht seit dem 18. Jahrhundert dem Selbstentwurf des bürgerlichen Mannes. Von ihm aus gesehen wird alles, was nicht zu ihm gehört, zum ausgegrenzten anderen, zum Nicht-Ich, das der Definitionsmacht des männlich beständigen, abgeschlossenen und selbstgewissen Subjektes unterliegt. In dieser Konstruktion wird das Weibliche als Nicht-Identisches ausgeschlossen – kann somit keine bürgerlich-moderne Identität gewinnen, sich nicht selbst bestimmen! Regina Becker-Schmidt und Gudrun-Axeli Knapp geben entsprechend für die Geltung des Weiblichen in der Gesellschaft drei aufeinander bezogene Dimensionen an (1987: 144 f):

- Hinsichtlich der kulturellen symbolischen-repräsentativen Wertehierarchie ist Weiblichkeit gekennzeichnet durch diskriminierende Unterordnung und Minderbewertung, was eine Identifikation mit dem Mangel verlangt;
- hinsichtlich der regulativ-strukturierenden Dichotomisierung ist Weiblichkeit verwiesen auf die reduzierende Positionierung am Pol des Privaten, Naturhaften, Körperhaften und damit Nichtmännlichen, was in Bezug auf die soziale Stellung die Identifikation mit der deklassierten Rolle verlangt;
  und schließlich – zum Ausgleich stilisiert –
- hinsichtlich der inhaltlich-materialen Bestimmung von Weiblichkeit ist es ihre sie auszeichnende Andersartigkeit, die eine Identifikation mit den Besonderheiten des Geschlechtes – z.B. mit Mütterlichkeit als vollendeter Form der Weiblichkeit – verlangt.

An dieser identifizierenden und ausgrenzenden Logik, die dem europäischen Ordnungssystem innewohnt, hat sich die deutsche Frauenbewegung seit 150 Jahren in Auseinandersetzung um die Geschlechtsstereotypen abgearbeitet. Wurde in der Alten Frauenbewegung hauptsächlich gegen die Diskriminierung mittels Gleichheitsvorstellungen angegangen, analysierte die Neue Frauenbewegung dann vor allem die Reduzierung der Frauen durch die gesellschaftlichen Rollenzwänge und proklamierte Differenzvorstellungen mit eigener weiblicher Identität. Inzwischen ist deutlich geworden, daß die hierarchisierende Struktur der Zweigeschlechtlichkeit einschließlich der damit verknüpften zwangsweisen Heterosexualität nur in Frage zu stellen ist, wenn auch die Auszeichnung als weiblich oder männlich und der dem zugrundeliegende bürgerlich-moderne Identitätszwang aufgegeben werden.

> *»Nur wo Identisches und Nicht-Identisches zugleich gedacht werden, geraten die Verhältnisse in Bewegung, kommen Kräfte und Gegenkräfte zum Vorschein, werden Lernprozesse und Veränderungen vorstellbar« (ebd.: 142).*

Die aktuelle theoretische Diskussion um Geschlechterkonstitution plädiert deshalb ausgehend von der lebensweltlich verorteten Demonstration von Queer-Sein (vgl. Hark 1999) für Vielfalt und Aufhebung aller Dualisierungen. Dieses beinhaltet als Folge der Auseinandersetzung mit dem Faktum und den Elementen der Verschiedenheit die Einbindung wissenschaftlicher wie alltagspraktischer Entscheidungen in deren räumlichen und zeitlichen Kontext. Statt Gegenstände und Ereignisse als voneinander Getrennte nebeneinander zu stellen und allenfalls zu vergleichen, sollten sich zukünftige Konstruktionen nicht mehr auf die Definition von Einheiten und Eindeutigkeiten kaprizieren, sondern vor allem die Relationen zwischen den Gegebenheiten betonen. Solches verlangt u.a. die Reflexion und Veränderung der bislang dominierenden Rationalitäts- bzw. Vernunftkriterien (vgl. Kulke 1988).

Thesen und Forschungsfragen

In Zuspitzung dieser Darlegungen möchte ich nun im abschließenden Teil auf derzeitige zentrale Themen feministischer Wissenschaftsanalyse eingehen, wie sie Elvira Scheich 1996 in ihrer Einleitung zur Dokumentation der Tagung „Geschlechterdifferenz und Naturkonzepte in der Moderne: Beiträge zur feministischen Theorie“ (Hamburger Institut für Sozialforschung) zusammengestellt hat. Dazu formuliere ich nun Thesen mit dazugehörigen Fragestellungen:

- Geschlechterdifferenz/-hierarchie ist als durchgängiger Subtext der Wissenschaftsgeschichte zu sehen (vgl. ebd.: 9). Zu fragen ist damit nach der gesellschaftlichen Herkunft der Bilder und Modelle, die z.B. soziale Ungleichheit als natürliche Differenz interpretieren und legitimieren. Dazu ist u.a. die politische Funktion von Naturwissenschaften zu berücksichtigen, da deren Konstruktionen aus patriarchalisch-hierarchischen Verhältnissen heraus entstanden sind und diese ihrerseits stützen: Die Modelle von Natur erscheinen neutral und verschleiern die implizierten Erkenntnisstrukturen. Auch mittels politikwissenschaftlicher Methodologien wird so ein Erkenntnismodell perpetuiert, das hierarchische Geschlechterbeziehung nachbildet, indem z.B. das Gebot objektiver Kontrolle und die Abwehr subjektiven Konstituierens nicht hinterfragt werden.
- Zwischen den historischen Erfahrungen von Frauen und der kulturellen Repräsentationsfunktion des Weiblichen besteht ein widersprüchliches Verhältnis (vgl. ebd.: 15).

Eine wünschenswerte Denaturalisierung der Geschlechter hat Konsequenzen für individuelle Körpererfahrungen, jegliche Kommunikation, sexuelle Reproduktion oder die soziale Organisation der Arbeitsteilung und des gesellschaftlichen Raumes. Damit ist auch in politikwissenschaftlichen Problemfeldern zu fragen, weshalb und für wen z.B. der Unterschied zwischen Körpern und Maschinen oder zwischen Materie und Information bedeutungslos geworden ist, oder wer die Definitionsmacht darüber hat, was Natur und was Artefakt, oder was real und was virtuell ist.

- Wissenschaften regeln und gestalten das Verhältnis von Diskurs und Realität entsprechend dem Selbstverständnis des modernen Menschen (vgl. ebd.: 15).
- Derzeit ändern sich – ausgelöst durch feministische Diskurse – die Konstruktionen von Geschlecht wie die Einschätzungen von Rationalität. Entsprechend ist zu fragen, wie der Einsatz instrumenteller Vernunft die menschlichen Ideen und gesellschaftlichen Institutionen verwandelt bzw. die semiotischen und materiellen Struktur- und Prozeßkategorien beeinflußt hat, oder wohin sich eine feministische Politikwissenschaft entwickeln kann, deren zentrale Kategorie Geschlecht nicht in dichotomischer Struktur festgeschrieben wird? Wie müßten sich z.B. Sozialstrukturanalysen ändern, wenn Geschlecht nicht mehr als dichotom kodierte Kategorie verwendet werden

kann? Zumindest muß sich jede politische Praxis ausdifferenzieren, da der zunehmende Verlust an Eindeutigkeiten massiven Einfluß auf die Vergesellschaftung von Frauen und Männern hat.
- Für die abendländische Moderne ist historisch und kulturell grundlegend eine unmarkierte Erkenntnis- und Subjektposition, die sowohl vom Körper als auch von der sozialen und natürlichen Umgebung getrennt erscheint (vgl. ebd.: 22 f).

Betont wird zunehmend die Notwendigkeit einer moderneren kritischen Theorie, damit die Veränderungen im Verhältnis von Darstellung und Herstellung der Welt analysiert werden können: So prangert z.B. Donna Haraway (1996) die Irrationalitäten und Verzerrungen in der Rhetorik des Universalismus wie des Relativismus an und verweist auf die selbstgenügsame Ungebundenheit von Erkenntnis, die alle Grenzen transzendiert und jegliche Verantwortung ablehnt. Auch in den Politikwissenschaften ist zu überdenken, was eine Aufhebung dieser Trennungen für kritische Praxis bzw. politisches Engagement bedeuten kann. Und was folgt für die entsprechend unverortet konstruierten zentralen Konzepte der Fachdisziplin, wenn das Weibliche nicht mehr als Projektionsfläche für Beständigkeit, Begrenzung etc. nutzbar ist, nicht mehr Objekt ist, ohne Fähigkeit zur Imagination, zur Planung und Kontrolle?

Alternativ zu der bisherigen, der männlichen Identitätskonzeption angemessenen Subjektposition formuliert Donna Haraway ein multiples Erkenntnissubjekt mit einer „multidimensionalen Topographie“, widersprüchlich und unabgeschlossen, unzulänglich und verletzlich, uneinheitlich und nicht voraussetzungslos. Was heißt es für die Politik, wenn eine markierte Subjektposition im Erkenntnisprozeß, die auf der Praxisebene mit der Anerkennung des „anderen“ einhergeht, die Spaltung von Wissen und Praxis aufzuheben verlangt?

Wenn ich mich nun im Ausblick der feministischen Vision „Wissenschaft war von Beginn an utopisch und visionär“ anschließe, sind aus den soeben angeschnittenen wissenschaftskritischen Thesen auch für die Praxis einer Politikwissenschaftlerin grundlegende Haltungen zusammenfassend abzuleiten:

- Wissensproduktion vollzieht sich in sozialen Strukturen, so daß jede Erkenntnis, ob in Wissenschaft oder Alltag, in Forschung oder Gestaltung, eine situierte ist;

- jedem objektiven Blick ist immer eine partiale Perspektive zu eigen und erst die Positionierung kann den Erkenntnisanspruch begründen;
- freizulegen sind Emanzipationspotentiale und unabhängige Kreativität, durch die Prozesse in Gang gesetzt werden können, die das politische Feld verändern;
- konstitutiv ist die Anerkennung des anderen.

Anmerkungen

[1] „Kernthemen feministischer Wissenschaftskritik" im Interdisziplinären Kolloquium des Zentrums für Gender Studies und feministische Zukunftsforschung an der Philipps-Universität Marburg am 6. November 2000.

Literatur

Becker-Schmidt, Regina (1999): Frauen-, Geschlechter- und Geschlechterverhältnisforschung in Naturwissenschaft, Technik und Medizin (elektronisches Dokument). http://www.nffg.de.

Becker-Schmidt, Regina; Knapp, Gudrun-Axeli (1987): Geschlechtertrennung – Geschlechterdifferenz: Suchbewegungen sozialen Lernens. Bonn.

Duden, Barbara (1999): Genus und das Objekt der Volkskunde im Licht der neuen Körpergeschichte. In: Köhle-Hezinger, Christel (Hg.): Männlich – Weiblich: Zur Bedeutung der Kategorie Geschlecht in der Kultur. Münster.

Haraway, Donna (1995): Die Neuerfindung der Natur. Primaten, Cyborgs und Frauen. Frankfurt a.M./ New York.

Haraway, Donna (1996): Situiertes Wissen: Die Wissenschaftsfrage im Feminismus und das Privileg einer partialen Perspektive. In: Scheich, Elvira (Hg.). A.a.O. Hamburg. S. 217-248.

Harding, Sandra (1990): Feministische Wissenschaftstheorie: Zum Verhältnis von Wissenschaft und sozialem Geschlecht. Hamburg.

Harding, Sandra (1994): Das Geschlecht des Wissens: Frauen denken die Wissenschaft neu. Frankfurt a.M./ New York.

Hark, Sabine (1999): Deviante Subjekte: die paradoxe Politik der Identität. Opladen.

Keller, Evelyn Fox (1986): Liebe, Macht und Erkenntnis: Männliche oder weibliche Wissenschaft? München/ Wien.

Kulke, Christine (1988): Rationalität und sinnliche Vernunft. Pfaffenweiler.

Laqueur, Thomas (1992): Auf den Leib geschrieben: Die Inszenierung der Geschlechter von der Antike bis Freud. Frankfurt a.M.

Merchant, Carolyn (1987): Der Tod der Natur: Ökologie, Frauen und neuzeitliche Naturwissenschaft. München.

Projekt für historische Geschlechterforschung (Hg.) (1996): Was sind Frauen? Was sind Männer? Frankfurt a.M.

Ritsert, Jürgen (1996): Einführung in die Logik der Sozialwissenschaften. Münster.

Scheich, Elvira (Hg.) (1996): Vermittelte Weiblichkeit. Feministische Wissenschafts- und Gesellschaftstheorie. Hamburg.

Schmieder, Arnold (1984): Identität. In: Kerber, Harald; Schmieder, Arnold (Hg.): Handbuch Soziologie. Reinbek. S. 229-234.

Sturm, Gabriele (1995): Von der Natur zur Ökologie – oder: Wie patriarchal sind „unsere" Umweltkonzepte? Frei-Räume: Streitschrift der feministischen Organisation von Planerinnen und Architektinnen. Bd. 8: Zwischen Abgrenzung und Annäherung. S. 160-171.

Sturm, Gabriele (1999): Raum und Identität als Konfliktkategorien. In: Thabe, Sabine (Hg.): Räume der Identität – Identität der Räume. Dortmunder Beiträge zur Raumplanung. Bd. 98. Dortmund. S. 26-37.

Kontinuitäten geschlechtshierarchischer Politikpraxis:

Ein- und Ausblicke

Sabine Berghahn

Ist die rechtliche Gleichstellungspolitik in der Krise?
Herausforderungen und Perspektiven für das neue Jahrhundert

Einleitung: Was meine ich mit Gleichstellungspolitik und wieso ist sie in der Krise?

Unter Gleichstellungspolitik subsumiere ich umstandslos politische und rechtliche Bestrebungen, mittels derer versucht wird, für Frauen und Männer gleiche oder gleichwertige Verhältnisse in der Gesellschaft zu erreichen. Dies würde insbesondere für Frauen eine Verbesserung der Lebenslagen und Partizipationsmöglichkeiten bedeuten. Gleichstellungspolitik ist eine realpolitische Strategie, die sich der *Gleichheit als Bezugsnorm* bedient; sie ist daher *nicht* identisch mit der Verfolgung weitergehender Ziele wie „Geschlechterdemokratie" oder „Emanzipation aller Menschen". Eine Krise sehe ich insofern, als die Orientierung an der Kategorie „Geschlecht" von jüngeren Frauen immer weniger akzeptiert wird und allgemein die Enttäuschung über statistisch geringe oder mäßige Erfolge, über wachsende soziale Diskrepanzen und Interessendifferenzen den Schluß nahelegt, daß sich auch die Frauenbewegung als „große" soziale Bewegung nunmehr totgelaufen habe, so daß von ihr keine radikal verändernden Impulse mehr ausgehen.

Der Generationsbruch ist gerade in den Hochschulen spürbar, die Themen des Geschlechterverhältnisses finden – jedenfalls nach meiner Erfahrung – deutlich weniger Anklang. Vielfach muß erst dafür geworben werden, daß auch ein „Frauenthema" ein ernsthafter wissenschaftlicher Gegenstand sein kann und daß sich „frau" durch seine Bearbeitung noch lange nicht als „zu kurz gekommene", verbiesterte Emanze outet. Die Distanz zum Feminismus wird nicht nur generationell, sondern in Deutschland auch durch die Verwerfungen der deutsch-deutschen Vereinigung verstärkt. Zum einen hat die Vereinigung vermeintlich oder tatsächlich „schwererwiegende" Probleme und Unterschiede auf die öffentliche Tagesordnung gesetzt und zum anderen halten Frauen im *Osten* Deutschlands den gesellschaftlichen Geschlechterunterschied im allgemeinen für weitaus unwichtiger als alles andere.

Und auch die kampferprobten Veteraninnen der bundesdeutschen Frauenbewegung – egal ob „autonom“ oder „staatsfeministisch“ ausgerichtet – fühlen sich vielfach ausgelaugt und sind es leid, einen „Backlash“ nach dem anderen überstehen zu müssen. Hinzu kommt das allgemeine Klima neoliberaler Marktanbetung, in dem sich der Staat nahezu global auf das Schönheitsideal der Schlankheit zurückzieht, auch und gerade in Ländern unter sozialdemokratischer Regentschaft.

Die Distanz der jüngeren Generationen zum Feminismus als einer verdächtigen „Großideologie“ korrespondiert mit soziologisch konstatierbaren Tendenzen der *Individualisierung* und *Pluralisierung*. Einheitsstiftende Identitäten sind nicht mehr so selbstverständlich wie ehedem, die Differenzen unter Frauen wachsen. Trotz kaum übersehbarer Symptome von gesellschaftlicher Benachteiligung differenzieren sich die Interessen von Frauen aus, und so kommt – nicht auf allen Gebieten, aber doch auf einigen, gerade im Erwerbsleben – die Konsensfähigkeit von Veränderungsforderungen abhanden. Auf der wissenschaftlichen Ebene wird dies widergespiegelt u.a. durch postmoderne Zweifel an der einigenden Kategorie „Geschlecht“.

In der praktischen Frauen- und Gleichstellungspolitik werden Frauenforderungen, besonders wenn sie auf weitere Verrechtlichung zielen, häufig als *autoritär* zurückgewiesen, zumal der Staat sich im Zuge neoliberaler Tendenzen partiell selbst entmachtet. Ökonomisch drückt sich das u.a. in Privatisierungen aus, die es erschweren, Gleichstellungen um ihrer normativen Substanz willen durchzusetzen. In privaten Betrieben liegen solche Maßnahmen nur nahe, wenn darin ein letztlich ökonomischer Nutzen für die Organisation herausspringt. Es ist also schon fast tragisch, daß just in dem Augenblick, in dem sich die versprengten Feministinnen der vormals verfeindeten Lager zusammengerauft haben und nun pragmatische Mikro- und Makro-Politik betreiben, die *Machtressource Staat abbröckelt* und der Einfluß der feministischen „Mütter“ auf ihre „Töchter“ sich – wenigstens zum Teil – kontraproduktiv wendet. Frauen gehen zwar, was die Erfahrung des gesellschaftspolitischen Wandels am eigenen Leib angeht, voran, im Hinblick auf den Nutzen kollektiv-korporatistischer Arrangements könnte es aber dennoch sein, daß Ernst Bloch mal wieder Recht hat, wenn er die Frauen als „zu spät Kommende“ bezeichnet.

Ich will im folgenden vor allem auf die rechtliche Gleichstellungsentwicklung, insbesondere auf ihre normativen Instrumente eingehen. Dabei konzentriere ich mich auf das *Erwerbsleben*, behandle also arbeits- und sozialpolitische (bzw. -rechtliche) Prozesse. Die Fokussierung des Erwerbslebens ist mir von den Veranstalterinnen der Tagung nahegelegt worden, zudem handelt es sich aber um einen sehr zentralen gesellschaftlichen Realisierungsbereich weiblicher Emanzipationsansprüche. Auf diese Weise kann ich zwar noch keinen erschöpfenden Blick auf die Gleichheitsentwicklung insgesamt werfen, aber immerhin einen exemplarischen und paradigmatischen Bereich beleuchten.

1. Rechtliche Gleichstellung in der Bundesrepublik Deutschland: ihre Logik, ihre Entwicklung, ihre Ergebnisse, ihre Grenzen

Gegenwart und Zukunft, d.h. laufende und bevorstehende Prozesse, lassen sich am ehesten vor dem Hintergrund vergangener Entwicklung einschätzen. Daher soll nun resümiert werden, ob und wie die rechtliche Gleichstellung, vor allem im Erwerbsleben, in den letzten 50 Jahren vorangekommen ist, worin heute noch Defizite liegen und welche Möglichkeiten und Grenzen rechtliche bzw. administrative Gleichstellung mit sich bringt.

Seit 1949 gilt der verfassungsrechtliche Gleichberechtigungsgrundsatz der Geschlechter, ein individuelles Grundrecht mit zusätzlichem, objektivrechtlich verpflichtendem Gehalt. Letzterer wurde 1994 verstärkt zum Ausdruck gebracht, indem ein Staatsziel der Gleichstellungsförderung und der „Beseitigung bestehender Nachteile“ im Grundgesetz verankert wurde (Art. 3 Abs. 2 Satz 2 GG). Bekanntlich war die Durchsetzung der Formulierung „Männer und Frauen sind gleichberechtigt“ ein schwer erkämpfter, aber dennoch erstaunlicher Anfangserfolg, dem dann jedoch eine recht zähe und erst allmählich erfolgreiche politische Durchsetzung von Verbesserungen in den Rechtspositionen von Frauen folgte.

Eine Verfassungsformel entwickelt allmählich Eigendynamik

Anteil an dieser Entwicklung hatte sicherlich die zweite deutsche Frauenbewegung; andere gesellschaftliche Dynamiken im Zusammenhang neuer sozialer Bewegungen spielten ebenfalls eine Rolle. Dennoch wird die Entwicklungsgeschichte rechtlicher Gleichstellung üblicherweise eher als gesetzgeberisch-institutionelle Ereignisabfolge beschrieben. Die Anfangsstadien eines politischen Prozesses, das öffentliche Problematisieren und auf die Agenda Setzen verlieren später an Bedeutung, wenn tatsächlich

Entscheidungen getroffen werden. Deshalb stehen auch in meiner Betrachtung *institutionelle* Ereignisse im Zentrum.

Wesentlichen Anteil daran, daß sich ein gewisser Bewußtseinsfortschritt und materielle Änderungen in den Gesetzen ergaben, hatte das *Bundesverfassungsgericht*. Der relativ positive Eindruck stellt sich aber nur deshalb ein, weil die Gesetzgebung, vor allem in den langen Perioden konservativ-liberaler Regierung auf der Bundesebene im Reformstau verharrte. Weiter einschränkend muß zudem gesagt werden, daß in der Frage des Schwangerschaftsabbruchs jedoch genau eine entgegengesetzte Konstellation existierte und auch sonst das Bundesverfassungsgericht sich nicht gerade radikal von den tonangebenden Meinungen der legislativen Politik abhob, sondern lediglich kleine und mittlere Korrekturen vornahm oder anmahnte. Ähnliches muß über die tendenziell positive Rolle des *Europäischen Gerichtshofs* gesagt werden, denn weder dürfen seine problematischen Entscheidungen ausgeblendet werden, noch sollte die fragwürdige Dialektik der europäischen Einigungsentwicklung unter neoliberalistischem Primat insgesamt vernachlässigt werden.[1]

Das Bundesverfassungsgericht vereinte in der ersten Phase, den restaurativen fünfziger und sechziger Jahren, die *formale* Angleichung weiblicher Rechtspositionen an männliche zunächst noch mit der Affirmation unterschiedlicher Rollenzuschreibungen. Beispiele dafür sind etwa die damals unproblematische Bestätigung des Nachtarbeitsverbots für Arbeiterinnen als verfassungskonform oder die unterschiedliche Behandlung männlicher und weiblicher Homosexualität (BVerfGE 5: 9-12; BVerfGE 6: 389-443). Die Faustformel hieß „Gleichwertigkeit bei Andersartigkeit“.[2] In den siebziger Jahren verfuhr das Bundesverfassungsgericht dagegen formalegalitärer, es deutete Gleichberechtigung in erster Linie als „Gleichbehandlung“ und nahm auch dort Angleichungen vor, wo Frauen von einigen wenigen sog. Privilegien profitierten. Im Klartext heißt das, daß hier kleine Rechtsverluste für Frauen und Gleichstellungserfolge für Männer erzielt wurden, obwohl sie derer von ihrer typischen sozialen Lage her gesehen nicht bedurften, wie etwa im Fall der Hinterbliebenenrente (BVerfGE 39: 169-196).

In den achtziger und neunziger Jahren zeigten sich dann gemischte Tendenzen, die sowohl die Interpretation der Gleichberechtigung als strikte Gleichbehandlung, als auch diejenige als Kompensation oder aktive Bekämpfung von Diskriminierung enthalten. Im allgemeinen wurde der Gedanke der Gleichbehandlung weiter verfolgt. Bei Materien, bei denen die reale Benachteiligung von Frauen allzu eklatant erschien, war man dagegen verfassungsrechtlich um das Weiterbestehen kompensatorischer Lösungen bemüht. Beispiel dafür ist die Entscheidung von 1987, in der das frühere Renteneintrittsalter von Frauen als verfassungskonform verteidigt wurde (BVerfGE 74: 163-182). Gesetzgeberisch arbeitete man allerdings zu diesem Zeitpunkt schon an der Angleichung des weiblichen Rentenalters an das männliche, so daß die verfassungsgerichtliche Entscheidung lediglich symbolische und rechtsdogmatische Bedeutung hatte.

Konsequent im Sinne einer aktiven Gleichstellungsinterpretation entschied sich zumindest der Erste Senat des Bundesverfassungsgerichts ohnehin erst 1992 mit dem Nachtarbeitsbeschluß (BVerfGE 85: 191-214). Mit dieser Entscheidung ließ er ausdrücklich die Möglichkeit fallen, Ausnahmen von der Gleichbehandlung mit *sozial-funktionalen Gründen* zu legitimieren, weil diese allzu leicht zu einer Zementierung der geschlechtsspezifischen Arbeitsteilung und weiblichen Benachteiligung führe. Fortan sollen nur noch zwingende *biologische* Unterschiede eine Ungleichbehandlung begründen können. Solche lagen nach Ansicht des Gerichts im Falle des Nachtarbeitsverbots für Arbeiterinnen und der Pflicht zur Leistung von Feuerwehrdiensten – dies betrifft eine spätere Entscheidung (BVerfGE 92: 91-122) – *nicht* vor. Insofern radikalisierte das Bundesverfassungsgericht die staatliche Pflicht zur Gleichbehandlung. Allerdings eröffnete das Gericht hier und in der späteren Entscheidung zur Feuerwehrabgabe ausdrücklich eine *weitere Ausnahmemöglichkeit*, nämlich jene, daß »kollidierendes Verfassungsrecht« – gemeint ist das Gleichstellungsgebot des Artikel 3 Absatz 2 GG – sich in der Abwägung als vorrangig erweist (BVerfGE 92: 91-122, 109). Das Bundesverfassungsgericht unterschied jetzt deutlich zwischen den beiden Absätzen 2 und 3 und sah nur noch den Abs. 3 als Differenzierungsverbot an. Die Funktion des alten Abs. 2 besteht nunmehr darin, ein Gleichberechtigungsgebot aufzustellen und dieses auf die gesellschaftliche Wirklichkeit zu erstrecken. Dazu gehöre auch, daß faktische »Nachteile, die typischerweise Frauen treffen«, »durch begünstigende Regelungen ausgeglichen werden« dürften (BVerfGE 85: 191-214, 207 f). Diese Formulierung gab den Weg frei für die Ergänzung des Art. 3 Abs. 2 Grundgesetz um das Staatsziel der Gleichstellungsförderung im Jahre 1994.

Ob die aktive Handlungsermächtigung allerdings auch dann gelten soll, wenn der Begünstigung von Frauen eine individuelle Benachteiligung auf Seiten von Männern gegenübersteht, wurde bislang nicht erörtert. Dennoch kam die neue Tendenz frauenrechtlich engagierten Verfassungsinterpretationen entgegen.[3] Diese Deutungen laufen darauf hinaus, daß zur Erreichung faktischer Gleichheit der „Chancen“ und wesentlicher „Ergebnisse“ vorübergehende und (in Relation zum Ziel) verhältnismäßige Benachteiligungen des bisher dominanten Geschlechts, sprich: der Männer, verfassungsrechtlich zulässig sein sollen. Auf eine „positive Maßnahme“ der Gesetzgebung ist diese neue Formel allerdings bisher noch nicht angewendet worden.

2. Der Testfall „Quotierung“ wurde vorerst europarechtlich entschieden

Der Testfall dieser Verfassungsinterpretation könnte – auch unter Einbeziehung des seit 1994 existierenden Staatsziels der Beseitigung bestehender Nachteile – die Quotierungsfrage sein. Und damit wären wir bei einem Paradigma der Gleichstellung von Frauen im Erwerbsleben. Normativ stellt sich die Frage, ob nur solches Recht gleichberechtigungskonform ist, das formale Gleichbehandlung von Frauen und Männern vorsieht, oder ob auch „positive Maßnahmen“, wie es europarechtlich heißt, oder „affirmative action“, wie die Formel auf amerikanisch heißt, zulässig sein sollen. Das Bundesverfassungsgericht hat darüber bislang nicht entschieden, wohl aber der Europäische Gerichtshof (EuGH).

Mittlerweile gibt es *drei Urteile* des Europäischen Gerichtshofs zu deutschen Quotengesetzen. Diese Maßnahmeart trägt mit „Quotierung“ oder „Quote“ eigentlich den falschen Namen, denn mit dieser Begrifflichkeit wird suggeriert, daß Frauen schematisch und ohne Erfüllung qualitativer Voraussetzungen solange Vorrang hätten, bis ein bestimmter Anteil erreicht ist. Tatsächlich muß bei der Einstellung oder Beförderung auf Arbeitsplätze – anders ist es bei Ausbildungsplätzen oder Gremienplätzen – die einzelne Bewerberin aber eine gleichwertige »Eignung, Befähigung und fachliche Leistung« (Art. 33 Abs. 2 GG) mitbringen bzw. so beurteilt werden, und Frauen müssen im jeweiligen Bereich des öffentlichen Dienstes unterrepräsentiert sein. 1995 entschied der EuGH über das Bremer Gleichstellungsgesetz im sog. Kalanke-Fall.[4] Diese Entscheidung war ein herber Schlag *gegen* die Quote. Es schien zunächst fraglich, ob das Vorrangprinzip überhaupt weiterhin zur Anwendung gebracht werden kann, weil an dem Bremer Gesetz nicht nur der angeblich ausnahmslose „Automatismus“ gerügt wurde, sondern auch bezweifelt wurde, daß es lediglich der *Chancengleichheit* diene. Vielmehr behauptete zumindest der Generalanwalt beim EuGH, Giuseppe Tesauro, daß die Vorrangentscheidung für eine Frau bei Einstellung oder Beförderung bereits *Ergebnisgleichheit* herstelle.[5] 1997 folgte eine Kurskorrektur mit der Entscheidung im Fall Marschall, einem Konflikt um eine Beförderung in Nordrhein-Westfalen.[6] Während der Gerichtshof in der Kalanke-Entscheidung einen sehr engen Begriff von zulässiger Ungleichbehandlung im Dienste der Gleichstellungsförderung zugrunde gelegt hatte, betonte er mit dem Marschall-Urteil, daß Frauen in der Realität gerade bei Einstellungen und Beförderungen noch vielfältig diskriminiert würden, Chancengleichheit also nicht wirklich existiere. Daher sei eine Vorrangregelung wie in Nordrhein-Westfalen, die zusätzlich zur Voraussetzung der gleichwertigen Qualifikation (und weiblichen Unterrepräsentanz) auch noch eine *Härteklausel* zugunsten von männlichen Bewerbern enthält, europarechtlich unbedenklich. Das Gericht wies sogar darauf hin, daß die Kriterien und die Anwendung der Härteklausel nicht wiederum frauendiskriminierend sein dürften.

Am 28. März 2000[7] hat der Europäische Gerichtshof über die europarechtliche Konformität des hessischen Gleichstellungsgesetzes entschieden. Auch dieses Gesetz, das im Gegensatz zu den beiden anderen beurteilten deutschen Landesgesetzen eine Zielquote operationalisiert, ist demnach mit dem europäischen Gleichstellungsrecht vereinbar, das im übrigen inzwischen nicht nur sekundärrechtlich durch Richtlinien des Rates, sondern primärrechtlich verankert ist. Durch den Amsterdamer Vertrag, Art. 141 Abs. 4 EG-Vertrag, wird nunmehr etwas deutlicher als in der Richtlinie 76/207/EWG herausgestellt, daß der Grundsatz der Gleichbehandlung die Mitgliedstaaten nicht daran hindert, »zur Erleichterung der Berufstätigkeit des unterrepräsentierten Geschlechts oder zur Verhinderung bzw. zum Ausgleich von Benachteiligungen in der beruflichen Laufbahn spezifische Vergünstigungen beizubehalten oder zu beschließen«.

Somit steht nunmehr europarechtlich fest, daß die mittlerweile in Deutschland geltenden Varianten der Gleichstellungsförderung beim Zugang oder im Aufstieg zu attraktiveren Positionen des öffentlichen Dienstes kein Verstoß gegen die Gleichbehandlung bzw. Gleichberechtigung sind. Damit dürfte auch verfassungsrechtlich den Quotengegnern der Wind aus den Segeln genommen sein. Jedoch legen die Urteile des Europäischen Gerichtshofs auch die Annahme nahe, daß mit dieser Art von Regelungen bereits das Äußerste an „positiver Maßnahme", d.h. fördernder Ungleichbehandlung, ausgeschöpft ist. Und das bedeutet, daß nur in der Situation eines qualifikatorischen Patts das unterrepräsentierte Geschlecht bevorzugt werden darf, und dies auch nur, soweit die Möglichkeit besteht, daß dennoch der männliche Bewerber ausnahmsweise wegen besonderer Härten des Einzelfalls ausgewählt wird. Damit wird der Schwarze Peter dauerhaft in den *Auswahlprozeß* und seine *Qualifikationsanforderungen* zurückverlegt, und es wird der Nebenschauplatz persönlicher *Härtefallgründe* aufgewertet. Angesichts des weiterbestehenden Prinzips der Ehegattensubsidiarität und des Ehegattenunterhalts im Sozial- und Familienrecht besteht also die Gefahr, daß in Zukunft Männer als häufige Familienallein- oder Hauptenährer von der Ausnahmemöglichkeit profitieren. Immerhin existieren in den Landesgleichstellungsgesetzen meist flankierende Regelungen, die klarstellen, daß Familienverpflichtungen, wie z.B. bei einer alleinerziehenden Mutter, nicht zum Nachteil der betroffenen Person gewertet werden dürfen, das Familienernährerargument wird dadurch jedoch nicht generell ausgeschaltet.

So dürfte sich in den nächsten Jahren die Rechtsprechung ausdifferenzieren bezüglich der Frage, was ein Härtefall ist. Und auch umgekehrt zeigen sich vielleicht sogar Tendenzen, den Vorranganspruch für das in den attraktiven Ebenen unterrepräsentierte Geschlecht der Frauen in Frage zu stellen, indem man nur solchen Frauen die Förderung gönnt, die durch Übernahme von Familienpflichten *beweisbare Nachteile erlitten* haben. Im Klartext hieße das, wer kein Kind hat, soll auch nicht den Vorrang in einer Pattsituation bekommen. Wer aber eins oder mehrere hat, kommt häufig gar nicht in eine solche forcierte Konkurrenzsituation, auch wenn spektakuläre Mutterschaften in Karrierepositionen heute nicht mehr so selten sind, man denke etwa an Cherie Booth, erfolgreiche Anwältin und Ehefrau von Tony Blair.

Eine direkte Ausdehnung des Quotierungsgedankens auf die *Privatwirtschaft* erscheint derzeit unwahrscheinlich, allenfalls werden Pluspunkte der gelungenen Frauenförderung in kleinen Dosen bei der staatlichen Auftragsvergabe und Subventionierung von Privatunternehmen berücksichtigt. Eine direkte Übertragung staatlicher Quotierungsregelungen auf die Privatwirtschaft dürfte politisch kaum durchsetzbar sein und wäre vermutlich auch noch weniger effektiv als in den öffentlich-rechtlichen Verwaltungen, da die jeweilige Auswahlentscheidung arbeitsrechtlich nicht in vergleichbarer Weise nachprüfbar und durch vorgegebene Kriterien determinierbar wäre wie im deutschen öffentlichen Dienst. Auch die rot-grüne Bundesregierung setzt auf eine zunächst freiwillige Frauenförderung in der Privatwirtschaft, will aber durch eine gesetzliche Regelung das Ziel stärker profilieren und die Instrumente präzisieren. Insbesondere sollen Mindeststandards der Gleichstellungsförderung im Gesetz festgeschrieben werden, die von den Unternehmen bzw. den Tarif- und Betriebspartnern durch Vereinbarungen umgesetzt werden sollen.[8]

Für *alle* Arbeitsverhältnisse gibt es bereits seit 1980 dagegen ein *gesetzliches Benachteiligungsverbot*, jedoch sind die Kriterien dafür, was sachlich gerechtfertigt und damit nicht diskriminierend ist, im privaten Arbeitsverhältnis recht unklar. Aber immerhin, daß die Geltung der Gleichberechtigung der Geschlechter grundsätzlich auch gegenüber privaten Arbeitgebern in der Bundesrepublik Deutschland akzeptiert werden mußte, war schon ein Fortschritt, der erst durch die Anpassung an europäisches Recht erreicht wurde. Bis zum Erlaß des arbeitsrechtlichen Gleichbehandlungsgesetzes im Jahre 1980 hielt die „herrschende Meinung" hierzulande es für ein Grundrecht der Unternehmen, die Arbeitnehmer und vor allem Arbeitnehmerinnen nach eigenem Gutdünken, d.h. auch nach unverfügbaren Kriterien auszuwählen, soweit dies als sachlich gerechtfertigt darzustellen war und nicht gegen Tarifverträge oder Gesetze verstieß. Erst mit der expliziten Verankerung des Diskriminierungsverbots wegen des Geschlechts in § 611a, 611b und § 612 Abs. 3 BGB wurde zum Ausdruck gebracht, daß das Geschlecht im Regelfall kein zulässiges Differenzierungskriterium sein darf, und zugleich wurde mit dem Erlaß der Streit darüber beendet, ob der Gesetzgeber überhaupt die Vertragsfreiheit der Arbeitgeber derartig beschneiden darf.

3. Die Gleichberechtigung im deutschen Arbeitsrecht: „male traditions" am Werke

Daß ein geschlechtliches Diskriminierungsverbot erst 1980, also mehr als dreißig Jahre nach Inkrafttreten des Gleichberechtigungsgrundsatzes, gesetzlich verankert wurde, deutet schon an, daß das Verfassungsgebot im deutschen Arbeitsrecht und praktischen Erwerbsleben kaum beachtet wurde. So wurde z.B. die Lohngleichheit zwar schon im Parlamentarischen Rat als *ein* Inhalt des Satzes „Männer und Frauen sind gleichberechtigt" angesehen, aber das hinderte nicht einmal Gewerkschaften daran, mit Arbeitgeberverbänden Tarifverträge abzuschließen, die ausdrückliche „Frauenlohnabschlagsklauseln" enthielten. Als das Bundesarbeitsgericht diese 1955 für gleichberechtigungswidrig und damit nichtig erklärte (BAGE 1: 258 ff), eröffnete es gleichzeitig die Hintertür für sog. *Leichtlohngruppen*. Sie waren geschlechtsneutral formuliert, wiesen aber weiterhin für typische Frauenarbeiten geringeres Entgelt zu. Solche Tarifverträge gab es bis etwa Ende der siebziger Jahre.

Auch auf diesem Gebiet kam erst Bewegung auf, als der Europäische Gerichtshof die Rechtsfigur der *mittelbaren Diskriminierung* „erfand" und diese für unzulässig erklärte. Mittelbare Diskriminierung liegt vor, wenn eine Regelung zwar geschlechtsneutral formuliert ist, jedoch praktisch signifikant mehr Angehörige eines Geschlechts negativ betrifft, ohne daß es dafür eine sachliche, nicht geschlechtsstereotype Rechtfertigung gibt. Noch heute werden Tarifverträge und andere Rechtsnormen als mittelbar diskriminierend sozusagen „entdeckt". Ein Beispiel aus jüngerer Zeit: Erst im letzten Jahr hat das Bundesverfassungsgericht die Satzung der Versorgungsanstalt des Bundes und der Länder (VBLS) in einigen Punkten für verfassungswidrig erklärt,[9] wo es um die Berechnung der Betriebsrenten des öffentlichen Dienstes für Teilzeitbeschäftigte ging. Diese wurden nämlich unter Zugrundelegung einer gegenüber Vollzeitbeschäftigten deutlich abgesenkten Nettogesamtversorgung berechnet, indem man den Teilzeitbeschäftigten fiktiv höhere Steuer- und Sozialversicherungsbeiträge abzog. Vordergründig ging es hier um einen Verstoß gegen den allgemeinen Gleichheitssatz, Art. 3 Abs. 1 GG, praktisch aber steht diese Entscheidung in der Tradition der allmählichen Aufdeckung der Diskriminierung von teilzeitbeschäftigten Frauen. Und diese Aufdeckung wiederum steht im Kontext der Auseinandersetzung mit mittelbarer Diskriminierung wegen des Geschlechts. Sie aber setzte in der Bundesrepublik erst nach dem erwähnten EG-Anpassungsgesetz von 1980 ein und führte im Ping-Pong-Spiel mit dem Europäischen Gerichtshof zu sehr langsamen aber immerhin registrierbaren Erfolgen.[10]

Das arbeitsrechtliche Gleichbehandlungsgesetz von 1980 verankerte – wie erwähnt – ein Verbot im BGB, „den Arbeitnehmer" „wegen seines Geschlechts" zu benachteiligen. Die Sanktion des Verbots war zunächst nur lächerlich, weshalb § 611a BGB schlicht „Portoparagraph" genannt wurde. Verstieß nämlich ein Arbeitgeber z.B. im Einstellungsverfahren gegen das Diskriminierungsverbot, so bestand der Schadensersatz lediglich in der Erstattung der Kosten für die vergebliche Bewerbung. Positiv an dem Gesetzesvorstoß war trotz allem, daß auf diese Weise ein Wechselspiel in Gang kam, in dessen Verlauf mit Hilfe des EuGH die mangelnde Wirksamkeit der Gesetzesbestimmungen gerügt wurde und so zumindest Maßstäbe für eine effektivere Normformulierung gesetzt werden konnten.

Leider wurden diese Maßstäbe nicht einmal bei der Verabschiedung des „Zweiten Gleichberechtigungsgesetzes" 1994 aufgegriffen, im Gegenteil.[11] Denn nachdem der EuGH in den achtziger Jahren effektive Kompensationsbeträge als Sanktionierung sowie Schadensersatz bzw. Entschädigung *ohne* Voraussetzung des Verschuldens gefordert hatte, beschloß der deutsche Gesetzgeber 1994 sogar noch eine Begrenzung der Entschädigungsbeträge auf niedrigerem Niveau, als einzelne nationale Arbeitsgerichte festgesetzt hatten. Außerdem wurde die Verschuldensvoraussetzung ausdrücklich beibehalten, und es wurden weitere Hürden für diskriminierte Personen aufgestellt. Die Verschlechterungen geschahen, obwohl das Diskriminierungsverbot ohnehin mehr symbolisch als real wirkt, da einer Bewerberin eine Diskriminierung aufgrund des Geschlechts bei der Einstellung oder beim Aufstieg fast nie wahrheitsgemäß mitgeteilt wird.

Das Gesetzespaket von 1994[12] kann geradezu als Musterbeispiel für die Begrenzungen und die „male traditions" im deutschen Rechtssetzungsverfahren angeführt werden.[13] Das zeigt wiederum, daß auch europäische Rechtsnormen und Gerichtsentscheidungen nicht per se Wirkung zeigen; vielmehr können sie nur Argumente und Hilfsinstrumente sein, die sich eine Mehrebenen-Fraueninteressenpolitik mit entsprechenden Netzwerken zunutze macht und auf deren Grundlage sie Einlösung fordert.

Und so ging die Geschichte des Ping-Pongs von Europäischem Gerichtshof und deutschem Gesetzgeber selbst nach dem Zweiten Gleichberechtigungsgesetz noch weiter. Es bedurfte eines weiteren Urteils des EuGH,[14] das pikanterweise von einem Mann erstritten wurde, um deutlich zu machen, daß die angebliche Nachbesserung der deutschen Rechtslage immer noch und neu gegen das europäische Gleichheitsrecht verstößt. Inzwischen wurde das Gesetz (vgl. § 611a BGB) nachgebessert.

Das Verbot der „mittelbaren Diskriminierung": mehr als nur symbolische Politik

Zum Glück erschöpfte sich aber die Dynamik des wegen der europäischen Rechtsanpassung geschaffenen Diskriminierungsverbots nicht nur in einem wenig wirksamen Anspruch auf Schadensersatz bzw. Schmerzensgeld bei Diskriminierung. Denn mit der Rechtsfigur der mittelbaren Diskriminierung war Musterprozeß-Klägerinnen vor den Arbeits- und Verwaltungsgerichten ein halbwegs brauchbares, aber recht anspruchsvolles Instrument an die Hand gegeben, um subtiler verpackte Benachteiligungen von Frauen im Arbeitsleben aufzudecken.

Hier ging es vor allem um das Arbeitsentgelt für *Teilzeitbeschäftigte*, die bekanntlich in ihrer überwiegenden Mehrheit Frauen sind. Es wurden Benachteiligungen, z.B. bei der betrieblichen Altersversorgung, im Bewährungsaufstieg oder in der Lohnfortzahlung moniert und Tarifpartner oder Gesetzgeber gezwungen, Leistungsvoraussetzungen entsprechend zu egalisieren.[15] Auch in anderer Hinsicht führte das Aufspüren von mittelbarer Diskriminierung zu mehr Gleichbehandlung etwa bei Zuschlägen und in der Bewertung der körperlichen Schwere von Arbeit oder der nervlichen Belastung durch sie.

Die Frage nach der Schwangerschaft und das Nacharbeitsverbot für Arbeiterinnen

Aber es galt in den letzten beiden Jahrzehnten nicht nur *mittelbare*, sondern durchaus noch *unmittelbare* Diskriminierungen von Frauen im Arbeitsverhältnis zu beseitigen. So fand ein weiteres Ping-Pong-Spiel zwischen deutschen Arbeitsgerichten und dem Europäischen Gerichtshof statt: in der Frage der Behandlung der Schwangerschaft bei der Einstellung oder Beförderung. Der EuGH hat nämlich aus dem Diskriminierungsverbot nach der bereits erwähnten Richtlinie 76/207/EWG ebenfalls ein Verbot abgeleitet, Frauen die Einstellung wegen einer bestehenden Schwangerschaft zu verweigern. Schon die Frage nach einer eventuell bestehenden Schwangerschaft sollte demnach unzulässig sein, die Lüge daher unschädlich. Dies war für die bundesdeutsche Rechtslage eine gewaltige Veränderung, da das wahrheitswidrige Leugnen bis dahin als „arglistige Täuschung" und damit als Anfechtungsgrund zugunsten des Arbeitgebers galt. Deutsche Gerichte fanden aber immer wieder eine Begründung, um die Frage nach der Schwangerschaft unter bestimmten Umständen zulässig erscheinen zu lassen, etwa wenn es sich um Arbeitsplätze handelte, die besonderen Arbeitsschutzvorkehrungen zu unterliegen haben, oder wenn sich nicht Männer und Frauen, sondern nur Frauen auf den entsprechenden Arbeitsplatz beworben hatten. Etliche dieser Fälle landeten wiederum vor dem Luxemburger Gericht. Und dieses rückte jeweils die deutsche Rechtsprechung wieder zurück zum logischen Ausgangspunkt, daß nämlich nur Frauen schwanger werden können und daher Benachteiligungen, die aus dieser Tatsache erwachsen, nur zu verhindern sind, wenn schon die Frage nach der Schwangerschaft generell unzulässig ist und erst recht natürlich die Verweigerung der Einstellung oder Beförderung.[16] Hier dauert das Wechselspiel an bis in die Gegenwart. Zuletzt hat der Europäische Gerichtshof am 3. Februar 2000 im Fall einer Frau aus Mecklenburg-Vorpommern entschieden, daß auch dann, wenn die Frau wegen der Schwangerschaft den neuen Job von

Anfang an nicht ausüben kann, es nicht zulässig sei, ihr die an sich zugedachte Position zu verweigern.[17] Kurze Zeit später, am 7. April 2000, war jedoch in der Zeitung zu lesen, daß das Bundessozialgericht (indirekt) einer Kasseler Leiharbeitsfirma Recht gegeben hat, die alle potentiellen Mitarbeiterinnen nach einer bestehenden Schwangerschaft fragt.[18] (Die Bundesanstalt für Arbeit dürfe der Leiharbeitsfirma dies nicht untersagen.) Das Wechselspiel geht also in die nächste Runde.

Das Beispiel „Frage nach der Schwangerschaft" zeigt, daß sich das deutsche Arbeitsrecht ziemlich unsensibel gegenüber der Problematik verhält, daß gesetzlicher Arbeitsschutz die Tendenz entwickelt, sich in der Praxis *gegen* die geschützte Person zu richten. Die Bestimmungen über Mutterschutz und Erziehungsurlaub führen bekanntlich häufig dazu, daß Frauen im gebärfähigen Alter vielfach gar nicht ausgebildet, eingestellt oder befördert werden, daß sie befristete Verträge erhalten, in den unteren Entgeltsegmenten beschäftigt werden usw.

So gesehen war auch eine andere „Entdeckung" einer *unmittelbaren* Diskriminierung längst überfällig, als sie endlich geschah. Ich meine den Nachtarbeitsbeschluß des Bundesverfassungsgerichts von 1992. Das Nachtarbeitsverbot für Arbeiterinnen, wohlgemerkt nicht für Beamtinnen oder weibliche Angestellte, war stets ein paternalistisches Instrument, das u.a. höhere Entgelte für Männer gewährleisten und Frauen zur familiären Reproduktionsarbeit anhalten sollte. In den fünfziger Jahren, als das verfassungsrechtliche Bewußtsein für geschlechtliche Diskriminierung noch nicht so entwickelt war, hatte das Bundesverfassungsgericht es bezeichnenderweise als unproblematisch bestätigt. Seiner nunmehrigen Abschaffung braucht jedenfalls nicht nachgetrauert zu werden, wenn auch die neoliberalen gesetzgeberischen Konsequenzen, die in der Bundesrepublik daraus gezogen wurden – in Form des Arbeitszeitgesetzes von 1994 –, in der Tat kritikwürdig sind. Denn sie belasten noch immer, nun aber in mittelbarer Weise, Frauen einseitig mit dem Handicap, gar nicht erst eingestellt zu werden. Frauenpolitisches Bestreben sollte es also in Zukunft sein, arbeitsschutzrechtliche und auch sozialrechtliche Regelungen wie etwa beim Erziehungsgeld so umzugestalten, daß das Risiko, dem Arbeitgeber wegen familiärer Verpflichtungen nur eingeschränkt zur Verfügung zu stehen, auf die Väter von Kindern umverteilt wird. Dies durchsetzbar zu operationalisieren ist jedoch recht schwierig,[19] zumal auch die Fraueninteressen hier keineswegs gleichgerichtet sind.

4. Formalrechtliche Fortschritte, aber praktisch gegenläufige Tendenzen

Zusammenfassend läßt sich also feststellen, daß sowohl verfassungsrechtlich als auch europarechtlich Entwicklungen in Gang gekommen sind, in deren Verlauf systematische Diskriminierungen von Frauen im Erwerbsleben erkannt und durch Bereitstellung von rechtlichen Gegenwehrmöglichkeiten – in bescheidenem Umfang – bekämpft wurden. Damit ist aber noch lange kein Grund zur Euphorie gegeben, denn all dies geschah sehr langsam, selten konsequent und mußte von Betroffenen und ihrer nicht gerade zahlreichen und schlagkräftigen Lobby mühsam erkämpft werden. Besonders problematisch aber ist, daß die sozio-ökonomischen Ursachen für die typischen Asymmetrien zwischen Frauen und Männern im Erwerbsleben dadurch kaum angetastet wurden: Beschäftigung, Entlohnung und die anderen Arbeitsbedingungen werden nämlich überhaupt nicht nach Kriterien von Gleichheit und Gerechtigkeit festgesetzt, sondern von Markt- und Machtmechanismen.

Mit der Zunahme von formalen Rechten und dem Einsetzen des Frauenfördergedankens im öffentlichen Dienst geht daher eine *gegenläufige Entwicklung* einher, in deren Verlauf Frauenarbeitsplätze wegrationalisiert wurden und werden, die Erosion des Normalarbeitsverhältnisses zunimmt, vor allem in Gestalt befristeter und anderweitig prekärer Arbeits- oder Erwerbsverhältnisse, z.B. neuer (Schein-)Selbständigkeit. Die Flexibilisierung der Arbeitszeitstrukturen gab Frauen mit Familienpflichten zwar auch gewisse Vereinbarungsoptionen, schränkte jedoch vielfach die Einkommensmöglichkeiten ein (Zwangsteilzeit), erhöhte die Anforderungen an Verfügbarkeit und unbezahlte Rufbereitschaft (z.B. Kapovaz) und steigerte die Arbeitsintensität und die erforderlichen Koordinationsleistungen zwischen Erwerbsarbeit und Familie. Lange Zeit lag der Anteil der Frauen an der Arbeitslosigkeit höher als der der Männer, im Osten Deutschlands ist dies seit kurz nach der Vereinigung anhaltend der Fall. Gleichzeitig führen die Mittelkürzungen im Gesundheitswesen, im öffentlichen Dienst und in anderen notleidenden Branchen zu weiterer Arbeitslosigkeit und schlechteren Arbeitsbedingungen für die noch Dazugehörenden und vor allem die neu Eingestellten. Die Kürzungen im Bereich der Lohnersatzleistungen und Beschäftigungsförderung ergänzen die Negativperspektive, spätestens beim Bezug der Arbeitslosenhilfe macht sich ein geschlechtlich diskriminierender Mechanismus in Form der Ehegattensubsidiarität bemerkbar, durch den nämlich arbeitslose Frauen in höherem Maße auf den Unterhalt von ihren Männern verwiesen werden als umgekehrt. Das gilt sogar bei „eheähnlichem" Zusammenleben.

Somit erweist sich der Einfluß normativer Gleichstellungsvorgaben auf die gesellschaftliche Wirklichkeit als recht begrenzt. Gerade das Erwerbsleben wird in eklatant höherem Maße vom Medium *Geld* als vom Medium *Recht* gesteuert. Die Speerspitze der normativen Frauenförderung, die Quotierung, von der nur wenige profitieren können, zeigt es besonders deutlich: Jetzt, wo die formal-rechtlichen Ansprüche auf Gleichstellung und die sozialstaatlich motivierte positive Förderung gesetzgeberisch und administrativ einigermaßen akzeptiert sind, schwindet die tatsächliche Anwendungsgrundlage dahin, denn wo kaum noch Arbeitsplätze mehr zu besetzen sind, weil so viele gestrichen wurden, verliert auch der regelhafte Vorrang bei Einstellung und Beförderung – wohlgemerkt nur in qualifikatorischen Pattsituationen und bei weiblicher Unterrepräsentanz – seinen praktischen Sinn. Vielfach ist es zwar gelungen, den Frauenanteil in einigen Eingangsämtern des höheren Dienstes zu steigern, dies hat dann aber kaum unmittelbar mit der Quote zu tun, und beim weiteren Aufstieg versagt dann auch die selbstläuferische Herstellung von Parität durch Qualifikation und Leistung.

Dennoch denke ich nicht, daß Frauenförderung und Quotierung so einfach verzichtbar sind. Daß es entsprechende gesetzliche Pflichten gibt, hat vor allem *symbolische* Bedeutung, die nicht geringgeschätzt werden sollte. Die wenigen Fälle, in denen real mit Rechtsmitteln im Geschlechterkampf gestritten wird, haben gewaltige Auswirkungen auf das allgemeine Bewußtsein und können deshalb durchaus Frauen in zukünftigen Situationen Türen öffnen, auch wenn diese häufig subjektiv glauben möchten, daß sie ihre Position nur durch eigene Leistung erreicht haben. Die justiziellen Fälle können natürlich auch Hintertüren für Männer öffnen und überhaupt eine gegenläufige Dynamik entwickeln. Die realen Erfolge stehen jedenfalls unter dem direkten Einfluß der Bewußtseinsentwicklung möglicher *Advokaturen* für Frauen im Arbeitsleben.[20] Die Steigerung des Frauenanteils gerade in Zeiten des Stellenabbaus[21] ist in besonders hohem Maße davon abhängig, daß sich bei Personal- und Sachentscheidungen in den Verwaltungen ausreichend Unterstützerinnen und Unterstützer finden. Das ist keineswegs selbstverständlich, auch unter Frauen (und selbst unter Gleichstellungsbeauftragten) nicht.

Folgerichtig ist daher, daß sich die wissenschaftliche Aufmerksamkeit den unteren und mittleren Ebenen der Gleichstellung in Verwaltungen und Unternehmen zugewandt hat, d.h. den Managementansätzen und Organisationskonzepten.[22] Sie repräsentieren einen anderen Modus der Steuerung, der zwar ebenfalls mit den Medien Geld und Recht durchsetzt ist, aber punktgenauer die Kooperationsformen innerhalb der betrieblichen Abläufe ins Visier nimmt. Die Reformstrategie auf der Organisations- und Managementebene steht ohnehin derzeit im Mittelpunkt des fachlichen Interesses und enthält bei allen Gefahren durchaus Optionen für egalitäre Verbesserungen zugunsten von Frauen, soweit diese eingefordert werden. Von selbst verbessert sich natürlich nichts.

Es wachsen die Differenzen

Jedoch ist immer weniger zu definieren, was überhaupt „Fraueninteressen“ sind. Denn die Diskrepanzen in der Interessenlage wachsen, da die Unterschiede unter Frauen zunehmen, sowohl was die Ausbildungs- und Berufssituation angeht, als auch was persönliche Einstellungen, Identitätsmuster, Abgrenzungsbedürfnisse, Beziehungs- und Familienkonstellationen betrifft. Noch scheint es in der parlamentarischen Politik so etwas wie die Normaladressatin von Frauenpolitik zu geben. Nicht so recht dazu gehören demnach Frauen ohne deutschen Paß, mit nicht-weißer Hautfarbe, lesbische Frauen, behinderte Frauen, Prostituierte und andere Frauen, die von der Rechtsordnung und/oder Mainstream-Gesellschaft in irgendeiner (angeblich) relevanten Hinsicht als „anders“ empfunden werden. In Zeiten der Individualisierung, Pluralisierung und Multikulturalisierung wächst zwar das Selbstbewußtsein dieser Gruppen, bisweilen glücklicherweise auch die Akzeptanz bei der Mehrheitsgesellschaft, andererseits jedoch ebenso das Ausgrenzungsbedürfnis bei vielen Gesellschaftsmitgliedern – und so auch der Hang zu populistischen Verschärfungsforderungen. Die Asylrechtsentwicklung, die hessische Wahlkampfdebatte um den „Doppelpaß“ und die merkwürdig seitenverkehrte Green-Card-Diskussion dürften als Andeutungen hier genügen.

5. Die (rechtliche) Gleichstellung der Geschlechter ist eine begrenzte Perspektive

Mit dem Wachstum der Unterschiede zeigt sich immer deutlicher, daß Gleichberechtigung oder Gleichstellung nur eine beschränkte Perspektive eröffnet. In erster Linie werden hier nämlich nur Frauen mit Männern verglichen und umgekehrt. Nicht umsonst wurde dies von differenzfeministischer Seite ja stets als *Anpassung an männliche Standards* kritisiert. Die Unterschiede unter Frauen – wie auch unter Männern – berühren jedoch noch verschiedene andere Differenzen, und da Frauen bekanntlich über die ganze Gesellschaft, tendenziell auch immer mehr über alle Berufe, Einkommensgruppen, politische Positionen und Inhaberschaften skurriler Meinungen verteilt sind, da sie zudem die ganze Erde bevölkern und in allen Hautfarben und Ethnien zu finden sind, über alle Altersgruppen und Gesundheitszustände sich erstrecken, ist es kein Wunder, daß *andere* Mißverhältnisse und Asymmetrien umso bedeutender werden, je kleiner in unserem Kulturkreis die handfesten Unterschiede werden, die den Bürgerinnenstatus und die Lebenschancen im Vergleich zu Männern prägen. Als Beispiel kann hier vielleicht die Einstellung vieler Frauen im Osten Deutschlands dienen, die eine wesentlich größere Kluft zwischen sich und Westbürgern und -bürgerinnen sehen als zwischen Männern und Frauen in den neuen Bundesländern.

Gerade im rechtspolitischen Bereich bzw. im Prozeß der Verrechtlichung zeigt sich die beschränkte Möglichkeit, über Geschlechtergleichstellung auch sozialen Ausgleich und allgemeine Gerechtigkeit normativ herzustellen. Der Sozialhilfeempfängerin nützt die Quote im öffentlichen Dienst herzlich wenig; die bis zu 630 DM zuverdienende Hausfrau und Mutter kommt trotz Einbeziehung in die Rentenversicherung mit ihrer eigenen Erwerbstätigenrente im Alter auf keinen grünen Zweig; die Arbeitsmigrantin aus Polen mit ungesichertem Aufenthaltsstatus erhält kein Kindergeld oder Erziehungsgeld; selbst wenn sie eine Arbeitserlaubnis hat, verdient sie möglicherweise nicht genug Geld auf Lohnsteuerkarte, um einen gesicherten Aufenthaltsstatus zu erlangen. Die Reihe der sozial erheblichen Differenzen und Probleme ließe sich mühelos fortsetzen. In all diesen Fällen ist mit dem Vergleich zwischen Männern und Frauen nicht allzu viel anzufangen. Es wäre dennoch schon viel gewonnen, wenn die Argumentation zur mittelbaren Diskriminierung auf manchen Sachverhalt außerhalb des Erwerbslebens angewendet würde, z.B. auf die Konstruktion des Unterhaltsrechts. Da fehlt es jedoch an couragierten Gerichten und PolitikerInnen, die solches tun. Und in sozial- und familienrechtlichen Angelegenheiten ist auch vom europäischen Recht bzw. Gerichtshof wenig oder nichts zu erwarten, denn hier geht es nicht unmittelbar um wirtschaftlichen Wettbewerb und die Mobilität der (erwünschten) Arbeitskräfte. Der mobile *Familienanhang* dieser Arbeitskräfte ist, soweit er familiäre Sozialleistungen erstrebt, dagegen gerade der Horror aller Innen- und Sozialminister, ganz besonders wenn er aus Drittstaaten außerhalb der EU einreist. Es zeigt sich eben immer wieder, daß die EG bzw. EU in erster Linie eine Wirtschaftsgemeinschaft und (noch lange) nicht eine universalistische Gemeinschaft der Bürger und Bürgerinnen ist.

Auch immanent verfassungsrechtlich hat sich immer wieder gezeigt, daß Art. 3 Abs. 2 und Abs. 3 GG bislang nicht im ausweitenden Sinne zum Aufspüren mittelbarer Diskriminierung benutzt wurden. Beispielsweise ist die Behandlung von Ehe und Nicht-Ehe, d.h. nichtehelicher Gemeinschaft, oder die Problematik der *Abtreibung* in den Augen der tonangebenden Verfassungsrechtler – Verfassungsrechtlerinnen gehören da so gut wie gar nicht dazu – zwar eine der Frauenpolitik zugeordnete Frage, jedoch *keine* Gleichberechtigungsfrage. So ergibt sich, betrachtet man die Verfassungsrechtsprechung in Sachen Schwangerschaftsabbruch, sogar eine recht paradoxe Sicht auf den Freiheitsstatus von Frauen. Schwangere Frauen haben nach Ansicht des Zweiten Senats des Bundesverfassungsgerichts eine *Gebärpflicht*. Die normativen und rechtsphilosophischen Grundlagen dieser Statuierung blieben jedoch in der Entscheidung von 1993 letztlich im Dunkeln und werden nur durch einen fragwürdigen Schluß von der genetischen auf die normative Zugehörigkeit zur Gruppe der Grundrechtsträger angedeutet.[23] Mit dieser „positiven“ Gebärpflicht[24] unterscheidet sich die Frau grundlegend vom Mann, der bezüglich seines Körpers keine vergleichbar gravierende Pflicht auferlegt bekommt. Diese unmittelbare Unterscheidung im verfassungsrechtlichen Status, endgültig getroffen im zweiten Abtreibungsurteil von 1993, erregte jedoch keinen Anstoß in den Kreisen der „h.M.“ („herrschenden Meinung“) und nicht einmal sonst in der politischen Szene. Die ideologische Kluft zwischen den Abtreibungsurteilen und den z.T. egalitär engagierten Urteilen des Bundesverfassungsgerichts im engeren Bereich von Gleichberechtigungsfragen fiel bislang kaum auf.

6. Die Konsequenz: Mainstreaming ist auf allen Ebenen angesagt

Aus der mangelnden Beachtung der Geschlechteregalität und den aus ihr resultierenden Desideraten folgt, daß dieser Gedanke viel stärker in allgemeine Reform- und Strategieüberlegungen einbezogen werden muß. Das entspricht dem insbesondere für die internationale Zusammenarbeit und Entwicklungspolitik propagierten Gedanken des *Mainstreamings* der Geschlechterfrage. Das würde bedeuten, daß man bei allen „allgemein“ erscheinenden Themen nach den spezifischen Implikationen und Auswirkungen auf beide Geschlechter fragt und nur solche Modelle verwirklicht, die einen positiv gleichstellenden Effekt haben.

Dies betrifft u.a. das *Sozialrecht*, mit dem die Entwicklung im Erwerbsleben ja eng zusammenhängt: Hier ist der Abbau geschlechtsspezifischer Benachteiligung noch schwieriger als im Arbeitsrecht, viele Veränderungen sind hoch ambivalent bzw. teuer. Es müßte allgemein umverteilt werden, das rüttelt jedoch an Besitzständen. Im Recht der sozialen Hilfen regiert noch immer und verstärkt der Gedanke der Ehegattensubsidiarität. Er verstärkt weibliche Benachteiligung in besonderem Maße und ist normativ in Zeiten der Individualisierung anachronistisch.[25]

Erwerbstätigkeit und soziale Sicherung von Frauen sind in Deutschland nach wie vor stark von der gesellschaftlich zugrundeliegenden Konstruktion der Institutionen *Ehe und Familie* abhängig.[26] Überall existieren heute zwar geschlechtsneutrale Regelungen, dennoch wird der Zusammenhang von Frauen und Männern in den großen Bereichen von Arbeitsleben und Familie noch immer unterschiedlich und komplementär konstruiert. Das Recht bewältigt diese Widersprüche meist mit formaler Ignoranz gegenüber den Aspekten, die ihre Ursachen jeweils im anderen Bereich haben.

Im Familienrecht führen die Fortschritte der formalen Gleichberechtigung dazu, daß Männer sich medienwirksam benachteiligt fühlen, etwa als Väter im Scheidungsverfahren, ohne daß das Publikum die komplexen Zusammenhänge ausreichend dargestellt bekommt. Auch für die Zukunft ist daher anzunehmen, daß Frauen mehr und mehr die Nachteile der Gleichberechtigung zu spüren bekommen, ohne bereits von den Nachteilen der traditionellen Frauenrolle befreit zu sein.

Angesagt ist aber auch nüchterner Realismus

Aus der – hier nur in Bruchstücken – geschilderten Entwicklung von Gleichstellungsnormen wird erkennbar, daß „frau“ von dieser Rechtsstrategie nicht zu viel erwarten darf. Es gibt eben nicht den einen Hebel, mit dem man die ganze Welt aus den Angeln heben kann. Infolgedessen darf auch nicht erwartet werden, daß sich die Lage *aller* Frauen oder *aller* Menschen dadurch ändert, daß antidiskriminierende und positiv fördernde Rechtsinstrumente implementiert werden. Soziale Gerechtigkeit herzustellen, ist ein utopisches Ziel. Um sich dem auch nur millimeterweise zu nähern, bedarf es mehr als normativer Maßstäbe und Instrumente. Vor allem kann der Gleichheitsmaßstab, der für das Verhältnis Männer und Frauen gesellschaftlich einigermaßen tauglich und akzeptiert ist, nicht immer weiterhelfen, wenn es um andere Asymmetrien oder besser: ein komplexes Feld von Differenzen geht. Und wie oben dargestellt, geht es zunehmend darum. Als Quintessenz der feministischen „Gleichheit oder Differenz-Debatte“, die ja auch nur das Verhältnis zwischen Männern und Frauen betraf, läßt sich nämlich feststellen, daß beides verwendbare Strategieansätze sein können, entscheidend ist nur die Frage, wo sie in welchem Maße eingesetzt werden sollten. Und die Erkenntnis über die Binnendifferenzierungen des Geschlechts und die anderen Unterschiede hat zur Konsequenz, daß Wege gefunden werden müßten, integrative Partizipationsansprüche zu formulieren, die sich bei ungleichen Ausgangssituationen, also Differenz, daran orientieren, Gleichheit in der gesellschaftlichen Anerkennung, d.h. Gleichwertigkeit, herzustellen. Ein solcher Grundsatz ist leicht formuliert, aber schwer entfaltet und wird vermutlich niemals umfassend verwirklicht. Vielleicht haben auch etliche innerfeministische Frontstellungen und Dissonanzen damit zu tun, daß hier zu große Heilserwartungen von einer feministischen Perspektive geweckt wurden, wobei dies ja impliziert, daß sie einheitlich sein muß. Feministinnen bzw. frauenpolitisch engagierte Personen müssen sich wohl damit abfinden, daß nicht jede geforderte oder erkämpfte Maßnahme *allen* Frauen nützt und es daher auch legitim ist, für Teilgruppeninteressen zu kämpfen.

Weil andere Unterschiede zwischen Menschen zunehmend bedeutsamer werden, wird die an das Recht gestellte Aufgabe, ausgleichende Regulierungen zu schaffen, die Lebensqualität gleichermaßen für alle und auch unter Zubilligung abweichender Lebensmuster garantieren, zunehmend schwieriger, um nicht zu sagen unmöglich. Recht reduziert bekanntermaßen gesellschaftliche Komplexität, hier aber müßte sie in die Regelungen angemessen eingebaut werden. Das überfordert vermutlich schon in rechtstechnischer Weise die übliche Konditionalprogrammierung, während für die Zweckprogrammierung wiederum die Advokaturen und Fähigkeiten fehlen, die dazu nötig wären, jeweils paßgerechte Regelungen ad hoc auszuhandeln.

Die Herausforderung an die rechtlich-administrative Gleichstellungspolitik wird also vor allem darin bestehen, die vorhandenen Instrumente zu nutzen und auszubauen, gleichzeitig aber zu antizipieren, daß dies nur mäßige Erfolge bringt, sowie ergänzungsbedürftig durch Initiativen in anderen paradigmatischen sozialen und politischen Fragen ist. So bleibt es auch eine bedeutende Herausforderung im sozialpsychologischen Sinne auszuhalten, daß die Nutznießung an der Frauenförderung und Gleichstellung den Geförderten und Gleichgestellten meist nicht zur Ehre gereicht, sondern wegen der kollektiven Defizitzuschreibung auch in Zukunft subjektiv eher verdrängt werden muß.

Anmerkungen

1 Vgl. Berghahn: Auf Adlers Schwingen oder auf dem Rücken des Stiers? – Zum Vorankommen von Frauen und Gleichheitsrechten in Europa. In: Kreisky, Eva; Sauer, Birgit; Lang, Sabine (Hg.): Das Geschlecht des Staates. Transformation von Staatlichkeit in Europa. Wien (im Erscheinen).

2 Sacksofsky 1991: 95.

3 Vgl. z.B. Benda 1986, Eckertz-Höfer 1987, Pfarr 1988, Slupik 1988, Raasch 1991, Vogel 1995.

4 Rs. C-450/93, EuGH vom 17.10.1995, Kalanke, Slg. 1995. I-3051.

5 Schlußanträge des Generalanwalts G. Tesauro vom 6.4.1995, hektograph. Fass., S. 16.

6 Rs. C-409/95. EuGH vom 11.11.1997, Marschall, Slg. 1997. I-6363.

7 Rs. C-158/97. EuGH vom 28.3.2000. Badeck.

8 Information der Bundesministerin Bergmann, Nr. 223 vom 8.9.2000 (Eckpunkte für Gleichstellungsgesetz in der Wirtschaft), aus dem Internet.

9 BVerfG, 1. Senat, 2. Kammer, vom 25.8.1999. In: STREIT. Heft 1/2000. S. 14-18.

10 Vgl. Berghahn 1998b.

11 Vgl. Schiek 1995.

12 Das Gesetzespaket des Zweiten Gleichberechtigungsgesetzes enthielt allerdings noch andere Teile, so z.B. eine sehr milde Quotierung für die Bundesverwaltung (Frauenfördergesetz), aber auch einen arbeitsrechtlichen Vorstoß zur Ächtung von sexueller Belästigung am Arbeitsplatz (Beschäftigtenschutzgesetz) und zur Quotierung von Bundesgremien (Bundesgremienbesetzungsgesetz).

13 Kodré, Petra: „Marktvermittelte Gleichheit und national male traditions. Europäische Staatlichkeit als Chance und Gefahr für die Verwirklichung von Geschlechterdemokratie." Vortrag gehalten im Arbeitskreis „Das Geschlecht des Staates" der gemeinsamen Tagung von ÖGPW, DVPW, SVPW „Europa zwischen Integration und Ausschluß" vom 5.-7.6.1998 in Wien. Unveröff. Vortragsmanuskript.

14 EuGH vom 22.4.1997, Draehmpaehl, Slg. 1997. I-2195.

15 Betriebliche Altersversorgung: Rs.: C-170/84, Bilka Kaufhaus. In: STREIT 1986, 126; Bewährungsaufstieg: Rs. C184/89, Nimz, Slg. 1991. I-297; Lohnfortzahlung: Rs. C-171/88, Rinner-Kühn, Slg. 1989. 2743.

16 Z.B. Rs. C-177/88, Dekker, Slg. 1990. I-3941.

17 Rs. C-207/98, EuGH vom 3.2.2000, Mahlburg.

18 BSG vom 6.4.2000, Az. B 11/7 AL 10/99 R. In: FR vom 7.4.2000.

19 Berghahn 1999.

20 Vgl. Ostendorf 1996.

21 Vgl. Oppen 1995, Wiechmann/Kißler 1997.

22 Vgl. z.B. Rudolph 1995; Krell 1998.

23 Vgl. Berghahn 1998a.

[24] Es handelt sich um eine „positive Pflicht", weil hier nicht nur ein Unterlassen von Schadenszufügung gefordert ist, sondern ein aktives Tun. Im deutschen Strafrecht gibt es nur ganz wenige strafbewehrte Forderungen nach aktivem Tun, die Strafbarkeit von unterlassener Hilfeleistung (§ 323c StGB) ist ein Beispiel dafür. Hier wird es der unbeteiligten BürgerIn jedoch nur zugemutet, die Zeit bis zum Eintreffen professioneller Hilfe durch aktive Hilfe zu überbrücken, und auch dies nur, soweit der HelferIn keine erhebliche Gefahr und keine Verletzung anderer Pflichten drohen.

[25] Vgl. Berghahn 2000.

[26] Vgl. Berghahn 1993.

Literatur

Benda, Ernst (1986): Notwendigkeit und Möglichkeit positiver Aktionen zugunsten von Frauen im öffentlichen Dienst. Gutachten im Auftrag der Leitstelle Gleichstellung der Frau. Hamburg/ Freiburg.

Berghahn, Sabine (1993): Ehe und Familie in der Verfassungsdiskussion. Vom institutionellen zum sozialen Grundrechtsverständnis? In: Kritische Justiz. Heft 4. S. 397-418.

Dies. (1998a): Der Geist des Absoluten in Karlsruhe und die Chancen der Demokratie in der Abtreibungsfrage. In: Leviathan – Zeitschrift für Sozialwissenschaft. Heft 2. S. 253-269, Heft 3. S. 400-422.

Dies. (1998b): Zwischen marktvermittelter Geschlechtergleichheit im europäischen „Herrenclub" und den patriarchalischen Traditionalismen von Mitgliedstaaten: Gibt es einen „Mehrwert" der europäischen Gleichheitsentwicklung für Frauen? In: femina politica. Heft 2. S. 46-55.

Dies. (1999): Soll der Gesetzgeber in die familiäre Arbeitsteilung eingreifen? In: Stolz-Willig, Brigitte; Veil, Mechthild (Hg.): Es rettet uns kein höh'res Wesen ... Feministische Perspektiven der Arbeitsgesellschaft. Hamburg. S. 112-137.

Dies. (2000): Ehegattensubsidiarität und Gleichberechtigung. In: STREIT – feministische Rechtszeitschrift. Heft 4. S. 152-159.

Dies.: Auf Adlers Schwingen oder auf dem Rücken des Stiers? – Zum Vorankommen von Frauen und Gleichheitsrechten in Europa. In: Kreisky, Eva; Sauer, Birgit; Lang, Sabine (Hg.): Das Geschlecht des Staates. Transformation von Staatlichkeit in Europa. Wien (im Erscheinen).

Eckertz-Höfer, Marion (1987): Frauen kommen ... Art. 3 Abs. 2 in Verbindung mit dem Sozialstaatsgebot. In: Brandt, W.; Gollwitzer, H.; Henschel, J.F. (Hg.): Ein Richter, ein Bürger, ein Christ. FS für Helmut Simon. Baden-Baden. S. 447-481.

Krell, Gertraude (Hg.) (1998): Chancengleichheit durch Personalpolitik. Gleichstellung von Frauen und Männern in Unternehmen und Verwaltungen. Rechtliche Regelungen – Problemanalysen – Lösungen. Wiesbaden.

Oppen, Maria (1995): Schlanker Staat – magere Beschäftigungsperspektiven für Frauen? In: Bündnis 90/Die Grünen im Landtag Niedersachsen (Hg.): Einbruch in den Herrenclub. Hannover. S. 7-14.

Ostendorf, Helga (1996): Überlegungen zur Geschlechterpolitik staatlicher Institutionen – die Chancen der Implementation frauenfördernder Bildungsprogramme. In: Zeitschrift für Frauenforschung. Heft 3. S. 23-38.

Pfarr, Heide M. (1988): Quoten und Grundgesetz. Baden-Baden.

Raasch, Sibylle (1991): Frauenquote und Männerrechte. Baden-Baden.

Rudolph, Hedwig (1995): Frauenförderung als Teil innovativer Personalpolitik. In: Brumlop, Eva; Maier, Friederike (Hg.): Geschlechterpolitik in Organisationen. Gelsenkirchen. S. 5-22.

Sacksofsky, Ute (1991): Das Grundrecht auf Gleichberechtigung. Baden-Baden.

Schiek, Dagmar (1995): Die Schnecke kriecht rückwärts: das Zweite Gleichberechtigungsgesetz. In: STREIT – feministische Rechtszeitschrift. Heft 1. S. 3-13.

Slupik, Vera (1988): Die Entscheidung des Grundgesetzes für Parität im Geschlechterverhältnis. Zur Bedeutung des Art. 3 Abs. 2 und 3 GG in Recht und Wirklichkeit. Berlin.

Vogel, Hans-Jochen (1995): Verfassungsreform und Geschlechterverhältnis. Zur Ergänzung des Art. 3 Abs. 2 GG durch ein Staatsziel Frauenförderung. In: Klein, E. (Hg.): Grundrechte, soziale Ordnung und Verfassungsgerichtsbarkeit. FS für Ernst Benda. Heidelberg. S. 395-420.

Wiechmann, Elke; Kißler, Leo (1997): Frauenförderung zwischen Integration und Isolation. Gleichstellungspolitik im kommunalen Modernisierungsprozeß. Berlin.

Christina Schenk

Lebensweisenpolitik – die Alternative zur „Homo-Ehe"[1]

1. Die Vielfalt der Lebensformen und das Korsett des Eherechts

Modernisierungstrends

Im Zusammenleben von Heterosexuellen haben sich in den vergangenen Jahren gravierende Veränderungen vollzogen. Die Ehe ist heute schon längst nicht mehr die lebenslange und unkündbare Verbindung zwischen Mann und Frau; in den Großstädten ist sie seit geraumer Zeit nicht einmal mehr das dominierende Lebensmodell. Statt dessen ist eine Vielzahl neuer Familienformen entstanden. Die Bindungswirkung überkommener Konventionen und Moralvorstellungen läßt nach, und die sozio-ökonomischen Möglichkeiten selbstbestimmt und authentisch zu leben, nehmen insbesondere für Frauen zu.

Es wächst die Zahl der sogenannten Patchworkfamilien, in denen es „meine", „deine" und „unsere" Kinder gibt. Man ist viel selbstverständlicher als je zuvor ganz bewußt auch ohne Trauschein zusammen. Es wird hetero-, homo- oder bisexuell als Paar oder zu mehreren oder allein gelebt – entweder mit Kind/ern oder ohne. Ein gemeinsamer Haushalt ist heutzutage nicht mehr so selbstverständlich wie noch vor Jahren. In der Regel hat man nicht mehr nur eine Beziehung im Leben, sondern es folgen mehrere nacheinander. Die Zahl der Kinder, die von Co-Müttern und -Vätern mitbetreut werden, wächst. Immer mehr Menschen entscheiden sich, in Wohngemeinschaften zu leben statt in einer Zweierbeziehung. Oftmals sind die besten Freundinnen oder Freunde eine wichtigere Konstante im Leben als die Liebesbeziehung. Für all diese Konstellationen stehen bislang keine individuell anpaßbaren rechtlichen Regelungsmöglichkeiten zur Verfügung. Privatrechtliche Vereinbarungen finden ihre Grenze am geltenden Bundesrecht und sind daher keine Lösung.

Lesben und Schwule haben in ihrer Mehrzahl die überkommenen Rollenerwartungen und Leitbilder des Zusammenlebens für sich ohnehin nie als passend empfunden. Da sie mit ihrer sexuellen Orientierung im Widerspruch zu den geltenden Normen stehen, ist deren kritische Hinterfragung und auch eine Distanzierung von diesen Normen für homosexuell Lebende einfacher als für Heterosexuelle. Es kann daher kaum verwundern, daß insbesondere lesbische Frauen die feministische Patriarchatskritik vorangebracht haben. Ein großer Teil der lesbischen Frauen und ein Teil der schwulen Männer lehnen nicht nur aus praktischen, sondern auch aus politischen Gründen die Übernahme der vorgefundenen Normierungen und Modelle, insbesondere das der Ehe, für sich strikt ab. Für Lesben und Schwule war es immer eine offene Frage geblieben, wie ein Rechtssystem aussehen könnte, das ihrer Lebenswirklichkeit adäquat ist.

Das Recht als Korsett

Die hartnäckige Behauptung von konservativer Seite, die Ehe und die (biologische) Familie seien per se eine in besonderer Weise verläßliche, verantwortliche und für Kinder förderliche Lebensform und schützten zudem die Schwächeren, entpuppt sich mit Blick auf die Realität als Hirngespinst. Die Qualität von Beziehungen ergibt sich in keiner Weise kausal aus der Form des Zusammenlebens. Dennoch ist dieser Mythos in der politischen Diskussion präsent, selbst bis in sozialdemokratische und grüne Kreise hinein und daher nicht ohne Einfluß auf die jetzige Regierungspolitik. Das eigentliche Problem besteht darin, daß – solange dieser Mythos wirkt – eine Diskriminierung aller übrigen Lebensformen für große Teile der politischen Klasse und der Bevölkerung durchaus plausibel ist und daher ohne Empörung oder gar Protest hingenommen wird.

Bislang ist jedenfalls die Vielfalt der Lebensformen vom Gesetzgeber fast völlig ignoriert worden. Allein die Ehe wird als zwischenmenschliche Bindung anerkannt, positiv bewertet und materiell gefördert – unabhängig davon, ob Kinder betreut werden oder nicht. Per Ehegattensplitting wird die patriarchalste Form des Zusammenlebens, die Hausfrauenehe (die Hausmännerehe ist zahlenmäßig ohne Relevanz), subventioniert. Für Verheiratete gibt es u.a. Steuervergünstigungen (insbesondere im Einkommens- und Erbschaftssteuerrecht), finanzielle Vorteile für Angestellte und BeamtInnen im öffentlichen Dienst, die Möglichkeit zur Adoption eines Kindes, ein Aufenthaltsrecht für nichtdeutsche EhepartnerInnen (§ 19 AuslG), ein garantiertes Besuchs-, Auskunfts- und Vertretungsrecht im Krankheitsfall sowie das Zeugnisverweigerungsrecht. Demgegenüber werden andere Beziehungs- und Wohnformen durch diverse rechtliche Stolpersteine behindert.

Der Ausweg

In einer säkularisierten Gesellschaft steht es der Gesetzgebung nicht zu, die verschiedenen, a priori jedoch gleichwertigen Lebensformen moralisierend zu bewerten. Wie erwachsene Menschen verantwortlich ihre Beziehungen leben, geht den Staat nichts an. Alle Formen des Zusammenlebens, die das Selbstbestimmungsrecht anderer nicht verletzen, haben Anspruch auf gleiche Möglichkeiten der rechtlichen Ausgestaltung. Dabei ist selbstverständlich das Leben mit Kindern und/oder Pflegebedürftigen in besonderer Weise – sowohl materiell als auch ideell – zu unterstützen.

Die Gleichstellung aller Lebensweisen ist kein Problem sogenannter Randgruppen oder Minderheiten, sondern sie gewährleistet die Freiheit für jede und jeden, die eigenen Lebenszusammenhänge so authentisch wie subjektiv möglich zu gestalten. Sie ist der Kern einer emanzipatorischen Vorstellung von einer Gesellschaft, die im Bereich des Privaten auf jegliche von außen gesetzte Diskriminierung verzichtet und Raum läßt für Selbstbestimmung, Verantwortlichkeit und individuelle Entscheidungsfreiheit.

Verbündete auf dem Weg dahin sind nicht nur in großen Teilen der queer-community zu finden, sondern auch unter den ehekritischen Heterosexuellen. Somit sind neue Allianzen möglich, die der Forderung nach Gleichstellung aller Lebensweisen neue Impulse verleihen könnten.

2. Die Eingetragene Lebenspartnerschaft im Kontext des politischen Reformbedarfs

Deutschland ist das einzige Land in Europa, das in seiner Verfassung der Ehe eine so hervorgehobene Stellung zuspricht. Noch immer wird daraus ein Anspruch auf Privilegierung abgeleitet, der – ohne jeden Realitätsbezug – mit der angeblich exklusiven Bedeutung, die die Ehe für die Reproduktion hätte, begründet wird. Von daher hat in Deutschland die Öffnung der Ehe für Lesben und Schwule derzeit keine Chance, eine Mehrheit zu finden. In dieser Situation gibt es zwei Optionen: Entweder man schafft ein gesondertes Gesetz speziell für homosexuell lebende Menschen, das sich zwar an der Ehe orientiert, aber deutlich weniger Rechte beinhaltet als diese, oder aber man entwickelt ein neues Rechtsinstitut, das Homo- sowie Heterosexuellen gleichermaßen offensteht und nur die wenigen notwendigen Dinge regelt, dabei auf die Rechte und Pflichten verzichtet, die einem gleichberechtigten Zusammenleben entgegenstehen (z.B. Unterhaltspflicht und deren steuerliche Geltendmachung oder Ehegattensplitting). Ein solches Rechtsinstitut könnte – im Unterschied zur Ehe – so konstruiert sein, daß es flexibel an individuelle Bedürfnisse und Notwendigkeiten anpaßbar ist.

Die rot-grüne Koalition hat sich für die erstere Variante entschieden und eine „Eingetragene Lebenspartnerschaft“ im Bundestag verabschieden lassen. Es handelt sich aufgrund der derzeitigen verfassungsrechtlichen Situation zwangsläufig um ein Recht zweiter Klasse. So fehlen z.B. das gemeinsame Sorgerecht für die bereits in der Beziehung lebenden Kinder, das Recht auf Insemination und auf gemeinsame Adoption, die Gleichbehandlung im Einkommens- und Erbschaftssteuerrecht, im Beamtenrecht sowie in der Hinterbliebenenversorgung. Nach der Ablehnung der zustimmungspflichtigen Teile des Gesetzes im Bundesrat ist nur noch ein Torso übriggeblieben, der das ohnehin schon vorhandene Mißverhältnis zwischen Rechten und Pflichten drastisch verstärkt. Eintragungswilligen Lesben und Schwulen bleibt jetzt nur die Möglichkeit, fehlende Rechte im individuellen Klageweg zu erstreiten. Diejenigen, zu deren Lebensverhältnissen das Modell der Ehe nicht paßt oder die dieses aus politischen Gründen ablehnen, bleiben auch weiterhin rechtlos.

Die Eingetragene Lebenspartnerschaft ist nicht der erste Schritt zu einer umfassenden Gleichstellung von Homo- und Heterosexuellen, sondern aus historischer Perspektive einer in eine Sackgasse. In der notwendigen gesellschaftlichen Debatte in der BRD muß es um die Entprivilegierung der Ehe und die rechtliche Gleichstellung aller Lebensweisen gehen. Ein zukunftsfähiger Anfang – und somit die Alternative zur Eingetragenen Lebenspartnerschaft – wäre ein Vertragspaket nach dem Modell des französischen Zivilpakts (PACS) gewesen. Dort hat jede Zweiergemeinschaft unabhängig von der sexuellen Orientierung gleiche Möglichkeiten der rechtlichen Ausgestaltung. Auch hierzulande würden Verrechtlichungsmöglichkeiten in den wesentlichsten Aspekten, wie z.B. das gemeinsame Sorgerecht, das Nachzugsrecht für Nicht-EU-AusländerInnen, das Zeugnisverweigerungsrecht, das Mitbestimmungsrecht im Krankheitsfall, der Angehörigenstatus im Strafrecht und eine Gleichstellung mit Verheirateten im Erbrecht und bei der Erbschaftssteuer, die schwerwiegendsten Probleme sowohl für homo- als auch für heterosexuelle Paare gleichermaßen lösen. Ansätze dazu hat es immerhin auch in Deutschland bereits gegeben. Dies zeigt unter anderem die Reform des Mietrechts. Ein solches „unterhalb“ der Ehe etabliertes Rechtsinstitut wäre, da von der sexuellen Orientierung unabhängig, immerhin nicht dem Vorwurf ausgesetzt, Homosexuelle zu diskriminieren. Es wäre zudem schrittweise erweiterbar auf alle Lebensformen. Bis dahin ist nun in der BRD der Weg so lang wie zuvor, denn die Eingetragene Lebenspartnerschaft hat fatalerweise die Sonderstellung der Ehe zu einem Zeitpunkt legitimiert, an dem deren Fragwürdigkeit bereits öffentlich Thema war. Die politischen Denkprozesse weg von der Privilegierung der Ehe und hin zur Gleichstellung aller Familienformen werden durch die Einführung der Eingetragenen Lebenspartnerschaft unterbrochen oder doch zumindest deutlich gebremst.

Nach meinem Eindruck ist für die meisten Lesben und Schwulen die Eingetragene Lebenspartnerschaft völlig uninteressant – sowohl in symbolischer als auch in praktischer Hinsicht. Das geht auch aus der Bamberger Studie[2] hervor, die Rot-Grün in dem Diskussionsprozeß um die Eingetragene Lebenspartnerschaft völlig ignoriert hat. Etwa zwei Drittel der Befragten befürworten eine gesetzliche Form, die ihnen die Möglichkeit der flexiblen Ausgestaltung ihrer Beziehungen gibt. Sie fordern eine Reform des Familienrechts, die die tatsächliche Vielfalt an familiären Lebensformen und die daraus entstehenden Regelungsbedürfnisse in den Blick nimmt. Die meisten der Befragten lehnten eine Regelung mit deutlichem Abstand zur Ehe, so wie es die Eingetragene Lebenspartnerschaft vorsieht, ab.

Lesbisches, schwules, bisexuelles, transgender und sonstiges Leben war schon immer sehr viel vielfältiger, als daß es sich in das Korsett des Rechtsinstituts Ehe mitsamt seinem antiquierten Ballast an Pflichten und ungerechtfertigten Privilegien pressen ließe. Auch unter denjenigen, die heterosexuelle Beziehungen bevorzugen, sinkt die Bereitschaft, sich den Rahmenbedingungen, Folgewirkungen und nicht zuletzt auch den Eigendynamiken der Ehe zu unterwerfen.

3. Das Konzept der Gleichstellung aller Lebensweisen – ein Blick in die Zukunft

Die Zukunftsfähigkeit von Familienpolitik entscheidet sich an der Frage, inwieweit der Vielfalt der real gelebten und a priori gleichwertigen „Gesellungsformen" Erwachsener Rechnung getragen wird, und inwieweit die besonderen Aufwendungen für Versorgung und Pflege von Menschen, die der Betreuung bedürfen, kompensiert werden – unabhängig von der Lebensform, in der die Versorgenden leben. Erst wenn keines der denkbaren

Beziehungsmuster gegenüber anderen per Gesetz bevorzugt oder benachteiligt wird, kann von Wahlfreiheit zwischen diesen die Rede sein. Der Gesetzgeber muß also die Lebensformen anerkennen, indem er individuell gestaltbare Verrechtlichungsmöglichkeiten zur Verfügung stellt, die sowohl unabhängig von der sexuellen Orientierung als auch unabhängig von der Zahl der beteiligten Personen an die jeweiligen Notwendigkeiten und Bedürfnisse anpaßbar sind.

1998 ist von meinen Mitarbeiterinnen und mir das Konzept der Wahlverwandtschaft entwickelt worden, das allen denkbaren Beziehungsstrukturen jeweils frei wählbare rechtliche Gestaltungsmöglichkeiten bietet. Der Kerngedanke besteht darin, daß – völlig unabhängig von den biologischen Verwandtschaftsverhältnissen – jede/r selbst bestimmen können sollte, welche Menschen zur eigenen Wahlfamilie gehören, und welchen davon Rechte und Pflichten zukommen sollen, die in Bezug auf die eigene Person wichtig sind – wer was erbt[3], wer im Krankheits- oder Sterbefall mitbestimmen darf, mit wem das Sorgerecht geteilt wird, oder welche Personen vom Zeugnisverweigerungsrecht Gebrauch machen dürfen, wer im Todesfall das Eintrittsrecht in den Mietvertrag bekommt etc. Dies kann im übrigen innerhalb der so entstehenden Wahlverwandtschaft durchaus auch unsymmetrisch verteilt sein. Beispielsweise kann jemand als Erbe benannt werden, der aber nicht zugleich auch das Mitentscheidungsrecht im Krankheitsfall bekommt. Das heißt, daß dieses Patchwork an rechtlichen Beziehungen zu den Liebsten und Nächsten einen Aushandlungsprozeß voraussetzt – schließlich müssen sie die ihnen jeweils zugedachten Rechte und Verantwortlichkeiten auch annehmen können und wollen.

Damit gibt es kein rechtlich und finanziell hervorgehobenes Modell des Zusammenlebens mehr. Die Ehe wird zwar formal nicht abgeschafft, verliert jedoch ihren Status als Rechtsinstitut und ist in dem Wahlverwandtschaftskonzept allenfalls noch eine öffentlich gegebene Liebeserklärung, wobei für bestehende Ehen Bestandsschutz gewährt werden kann.

Voraussetzung für die Gleichstellung aller Lebensweisen ist die Aufhebung der finanziellen Abhängigkeitsverhältnisse unter Erwachsenen, denn nur dann ist eine selbstbestimmte Wahl der Beziehungszusammenhänge möglich. Dies erfordert einen Paradigmenwechsel im Sozial- und Steuerrecht. Hier ist konsequent der Übergang zum Individualprinzip zu vollziehen – so wie es in einigen Ländern Europas, vor allem in den skandinavischen, bereits geschehen ist. Jeder Mensch hat – unabhängig von den Beziehungen, in denen er lebt – Anspruch auf eine eigenständige Existenzsicherung. Ihm stehen eigenständige, vom Einkommen ihm nahestehender

Personen unabhängige Ansprüche auf Sozialhilfe (die perspektivisch durch eine soziale Grundsicherung abzulösen ist), Arbeitslosenhilfe und andere sozialrechtliche Leistungen zu. Steuerpflichtig ist jede und jeder ausschließlich für das eigene Einkommen – unabhängig vom Einkommen nahestehender Personen. Die entwürdigenden Unterhaltsverpflichtungen unter Erwachsenen sind aufzuheben. Die ungerechtfertigte Privilegierung der Ehe, z.B. in Gestalt des Ehegattensplittings, ist aufzuheben.

Ein unter den gegenwärtigen gesellschaftlichen Rahmenbedingungen wohl nur begrenzt lösbares Problem ist die Zuzugsregelung für AusländerInnen aus Ländern außerhalb der EU. In der Logik des hier vorgestellten Konzepts hat jeder Mensch mit gesichertem Aufenthaltsstatus in Deutschland das Recht, mit einer unbegrenzten Zahl von Menschen aus Nicht-EU-Staaten zusammenzuleben. Dies wiederum setzt voraus, daß ihnen ohne jede Einschränkung ein gesichertes Aufenthaltsrecht zusteht. Nach meinen Erfahrungen aus zahlreichen Diskussionen wäre dies zur Zeit weder unter den BefürworterInnen der Gleichstellung aller Lebensweisen noch in der aufgeschlossenen Öffentlichkeit vermittelbar, von der übrigen ganz zu schweigen. Ein politisches Konzept kann aber nur dann in eben dieser Öffentlichkeit an Einfluß gewinnen, wenn es kommunizierbar ist.

Vielleicht löst der Gedanke, daß man künftig die Gestaltung seiner rechtlichen Verhältnisse im personalen Nahbereich selbst in die Hand nehmen soll, auch Unbehagen aus. Es ist anzunehmen, daß ein längerer Zeitraum notwendig ist, um von der derzeitigen Situation, in der man nur die Wahl hat zwischen einem vorgegebenen Paket an Rechten und Pflichten (Ehe) und einem fast völligen Verzicht auf jegliche rechtliche Regelungen, zu einer überzugehen, in der sich für alle Konstellationen eine passende Lösung finden läßt. Damit nicht nur die rechtlich Versierten davon einen Vorteil haben, sind sicher vielschichtige Informationskampagnen nötig.

Fortschritte in Richtung Anerkennung der Vielfalt der Lebensweisen sind im übrigen nicht erst dann zu erwarten, wenn sich eine politische Mehrheit für das Gesamtkonzept der Lebensweisengleichstellung findet. Dessen Einzelbestandteile, wie z.B. das Miet-, Steuer-, Erb-, Kindschafts- und Adoptionsrecht, sind ohnehin des öfteren in der parlamentarischen Beratung. Vielfach werden dabei bereits heute Vorschläge diskutiert, die in diese Richtung weisen. So ist die Mietrechtsreform, die die Privilegierung der Ehe aufhebt, bereits beschlossene Sache. Auch das Ehegattensplitting wird in absehbarer Zeit reformiert werden.

Diverse Initiativen der PDS im Bundestag haben diese Punkte zum Thema gemacht.[4] Das nun vorliegende Konzept zur Gleichstellung aller

Lebensweisen beschreibt lediglich den allgemeinrechtlichen Rahmen für die zu verändernden Einzelgesetze und macht es als solches erkennbar.

4. Wie im politischen Raum Veränderung entsteht – der Streit um die Strategie

Der Disput ist so alt wie die community selbst: Wie bewegt man etwas in der Gesellschaft? Was bringt eher eine Verbesserung des alltäglichen Lebens für Lesben und Schwule: die Forderungen nach gleicher Teilhabe am Bestehenden oder die nach Gleichheit durch grundlegende Veränderung des Bestehenden? Homo-Ehe oder gleiche Rechte für alle, Anpassung oder Gesellschaftskritik, Integration oder Emanzipation – das ist die permanente Frage.

Der Streit zwischen beiden Sichtweisen, zwischen Bürgerrechtspolitik einerseits und emanzipatorischer Politik andererseits, ist zuweilen heftig und nicht immer fair. Das zeigt sich auch bei der Diskussion über die Verrechtlichung schwuler bzw. lesbischer Beziehungen.

Die einen wollen die Homo-Ehe, also die volle Teilhabe an allem, was auch Heteros dürfen, wobei man gegebenenfalls auch bereit wäre, an den Punkten die Fortsetzung der Diskriminierung hinzunehmen, für die sich gerade keine Mehrheit finden läßt – z.B. beim Adoptionsrecht. Man ist der Auffassung, daß sich politische Bemühungen an möglichen politischen Mehrheiten in den zuständigen Institutionen orientieren müßten. Radikale Forderungen seien abschreckend und gefährdeten selbst geringe Fortschritte. Zuerst müsse man um das Naheliegende kämpfen und erst dann um das Grundsätzliche. Die anderen hingegen kritisieren das Bestehende selbst als Quelle der Diskriminierung und fordern eine Politik, die keine der Formen des Zusammenlebens oder der Nähe gegenüber anderen privilegiert oder diskriminiert. Die Ehe müsse als Rechtsinstitut abgeschafft werden. Jede und jeder solle ihre/seine Beziehungen nach eigenem Gusto rechtlich regeln dürfen.

Beide Sichtweisen sind legitim: Selbstverständlich gibt es keinen Grund, Lesben und Schwule von Rechten auszuschließen, die andere haben. Allerdings hebt die Teilhabe am Bestehenden die Diskriminierung als solche nicht auf. Dies kann nur durch die Gleichstellung *aller* Lebensweisen geschehen.

Bürgerrechtspolitik orientiert sich unmittelbar und kritiklos am mainstream, weil politische Mehrheiten nur dort zu finden sind. Emanzipatorische Politik hingegen zielt auf die Veränderung eben dieses mainstreams – durch Denkanstöße, durch Provokationen in Gestalt grundsätzlicher Vorschläge, durch fundierte Kritik am Bestehenden und dessen Wirkungen. Sie ist grundsätzlich nicht mehrheitsfähig[5], jedoch kann nur sie längerfristig zu neuen Mehrheiten für weitergehende Reformen führen. Ohne die radikalen Forderungen, die langfristig das Denken in einer Gesellschaft verändern, bewegt sich nichts. Letztlich resultiert die jeweilige politische Entwicklung aus der entstandenen Aufgeschlossenheit und dem Interesse in der Gesellschaft an Veränderung und dem aktuell zwischen beiden Sichtweisen bestehenden Kräfteverhältnis. Insofern hängt es u.a. auch vom Einfluß beider Seiten auf die Öffentlichkeit ab, ob und in welcher Weise die erklärte Absicht der rot-grünen Bundesregierung umgesetzt wird, ein Rechtsinstitut der Eingetragenen Partnerschaft für Lesben und Schwule zu schaffen. Es kann daher nicht verwundern, daß die Auseinandersetzung zwischen den beiden Grundansätzen zuweilen verbissen geführt wird.

Beide Seiten sind also miteinander verkoppelt – erst ihr Wechselspiel führt zu konkreten und unmittelbar praktischen Veränderungen und langfristig zu neuen Sichten auf die Dinge. Nicht zuletzt belebt die Debatte um die Homo-Ehe auch die um die Gleichstellung aller Lebensweisen, während letztere – ganz ungewollt – die Schritte zu ersterer befördert. Beide Sichten stehen sich allerdings oft im Wege, was die gegenseitige Abneigung der jeweiligen ProtagonistInnen erklärt. Die Forderung nach Homo-Ehe zementiert die gesetzlich fixierte Differenzierung zwischen den verschiedenen Lebensformen durch Teilhabe daran und unterläuft damit – ob gewollt oder nicht – die grundlegende Kritik am Bestehenden, was wiederum den Kampf um die Veränderung des mainstream-Denkens erschwert. Emanzipatorische Politik ihrerseits stört den Bürgerrechtsansatz, indem sie kritisiert, was dieser sich so sehnlichst wünscht.

Der Streit zwischen beiden Sichten wird der community mit Sicherheit erhalten bleiben; Sympathiewallungen füreinander sind auch künftig nicht zu erwarten. Aber vielleicht ist es ja zu schaffen, daß diese ewige Diskussion – eben im Bewußtsein der darin versteckten Arbeitsteilung – fairer und ohne die gegenseitige Beschuldigung, den Fortschritt zu verhindern, geführt wird.

Anmerkungen

[1] Überarbeitete Fassung eines Vortrags, gehalten auf dem 1. Feministischen Politikwissenschaftlerinnentag in Marburg am 14.5.2000. Der Artikel wurde veröffentlicht in: Ilona Bubeck (Hrsg.) (2000): „Unser Stück vom Kuchen – Zehn Positionen gegen die Homo-Ehe". Berlin.

[2] Endbericht zum Projekt „Benachteiligung gleichgeschlechtlich orientierter Personen und Paare", vorgelegt von der Sozialwissenschaftlichen Forschungsstelle (SOFOS) an der Otto-Friedrich-Universität Bamberg. Januar 2000.

[3] Dabei soll die Pflichtteilsregelung im Erbrecht entfallen. Nur dann ist es möglich, das eigene Vermögen völlig selbstbestimmt zu vererben.

[4] Die PDS hat sich im Bundestag mehrfach für die Abschaffung des Ehegattensplittings eingesetzt, eine gerechtere Erbschaftsbesteuerung entworfen, ein Kindschaftsrecht konzipiert, das an die vielfältigen Eltern-Kind-Verhältnisse angepaßt ist, sich für verbesserte Rechte von nichtehelichen Lebensgemeinschaften und Wohngemeinschaften im Wohnungsmietrecht eingesetzt, für ein eigenständiges Aufenthaltsrecht nichtdeutscher Frauen im Ausländerrecht gestritten und ein Konzept zur Vereinbarkeit von Erwerbstätigkeit und Kinderbetreuung entwickelt.

[5] Die Befürchtung, daß emanzipatorische Politik die sogenannten kleinen Schritte blockieren würde, ist somit grundlos.

Literatur

Basedow, Jürgen; Hopt, Klaus J.; Kötz, Hein; Dopffel, Peter (Hrsg.) (2000): Die Rechtsstellung gleichgeschlechtlicher Lebensgemeinschaften. Beiträge zum ausländischen und internationalen Privatrecht. Tübingen. S. 70.

Hark, Sabine (Hrsg.) (1996): Grenzen lesbischer Identitäten. Berlin.

Bubeck, Ilona (Hrsg.) (2000): Unser Stück vom Kuchen – Zehn Positionen gegen die Homo-Ehe. Berlin.

Beger, Nico; Hark, Sabine; Engel, Antke; Genschel, Corinna; Schäfer, Eva (Hrsg.) (2000): Queering Demokratie. Berlin.

Frauenbewegung – quo vadis?

Eine Kursbestimmung

Ingrid Langer

Ehret die Frauen ... Die Reform des Abtreibungsrechts
Eine Jahrhundert-Reformgeschichte

Die Reform des Abtreibungsverbots nach den §§ 218-220 Strafgesetzbuch war seit der Jahrhundertwende immer wieder gefordert worden. Während der Weimarer Republik wurde im Reichstag zwar über eine Reform verhandelt, aber nur erreicht, die Androhung der Strafe von Zuchthaus in Gefängnis umzuwandeln. Die Nationalsozialisten verschärften die Strafandrohung bei Fremdabtreibung zur Todesstrafe; das Abtreibungs-*Verbot* ebenso wie ein Abtreibungs-*Zwang* in Verbindung mit Sterilisationen waren brutal eingesetzte, rassistische und bevölkerungspolitische Maßnahmen.

In der Bundesrepublik war zwar 1953 die Androhung der Todesstrafe gestrichen worden[1], doch brachte die Strafrechtsreform von 1969 nur eine Minderung des Strafmaßes: Sowohl die Eigenabtreibung als auch die Fremdabtreibung und schon die Versuche dazu blieben strafbar. Die einzige Ausnahme von der Strafandrohung bildete die medizinische Indikation (Gefahr für das Leben der Mutter). Die kriminologische Indikation (Abbruch nach einer Vergewaltigung) war heftig umstritten und nicht durchzusetzen. Die zutiefst verletzte Würde der vergewaltigten Frau änderte hier nichts. Eine eugenische (Gefahr einer geschädigten Erbanlage des Kindes) und erst recht eine soziale Indikation (soziale und psychische Notlage der Mutter) wurden als indiskutabel angesehen.

Anfang der siebziger Jahre führte ein heftiger Kampf, initiiert und getragen von der erstarkten Frauenbewegung, gipfelnd in dem Slogan „Mein Bauch gehört mir", zu einer breiten Mobilisierung der Frauen und bezog fast alle politischen und sonstigen Verbände mit ein. Die sozialliberale Koalition brachte schließlich ein Fristenmodell ein, das im April 1974 vom Bundestag verabschiedet wurde. Zwar lehnte es der unionsgeführte Bundesrat mit einer Stimme Mehrheit ab, doch wurde der Einspruch im Juni 1974 vom Bundestag zurückgewiesen. Vom Bundespräsidenten Heinemann, SPD, unterschrieben und am 21. Juni 1974 im Bundesgesetzblatt verkündet, wäre das Gesetz am darauffolgenden Tag gültig gewesen: Es behielt zwar eine grundsätzliche Strafbarkeit des Schwangerschaftsabbruchs bei, sah aber vor, daß er in den ersten drei Monaten nach der Empfängnis nicht rechtswidrig und damit straffrei bleiben sollte. Gleichzeitig wurde ein Gesetz über flankierende Maßnahmen beschlossen. Noch am gleichen Tag erwirkte das Land Baden-Württemberg eine einstweilige Verfügung durch das Bundesverfassungsgericht.

Das Bundesverfassungsgericht als politische Kampfarena

Das Urteil des Bundesverfassungsgerichts vom Februar 1975 erklärte dann in der Tat das Gesetz als mit dem Grundgesetz für unvereinbar und zwar mit Art. 2 Abs. 2 GG (Recht auf Leben und körperliche Unversehrtheit) in Verbindung mit Art. 1 Abs. 1 GG (Würde des Menschen). Die *Würde der Frau* spielte in diesem Urteil die traditionell geringere Rolle. Der dritte Leitsatz des Urteils stellt lapidar fest: »Der Lebensschutz der Leibesfrucht genießt grundsätzlich für die gesamte Dauer der Schwangerschaft Vorrang vor dem Selbstbestimmungsrecht der Schwangeren und darf nicht für eine bestimmte Frist in Frage gestellt werden.« (BVerfGE 39: 1-95).

Vor dem Bundesverfassungsgericht hatte der Bundesjustizminister Vogel, SPD, zur Verteidigung der Fristenlösung ins Feld geführt: Das Verhältnis der Leibesfrucht zur Mutter sei von besonderer Art. Sie sei mit Leib und Leben der Mutter in denkbar engster Weise verbunden ... »Man müsse deshalb die Frage von den Rechten der Mutter her begreifen und die Strafvorschrift des § 218 StGB dogmatisch richtig als ein Gesetz verstehen, das zum Schutz des objektiven Rechtsgutes des ungeborenen Lebens in Grundrechte der Mutter eingreife.« (a.a.O.: 31). Auch das westliche Ausland teile diese Rechtsauffassung. Dagegen wendeten die Antragsteller ein, daß der Gesichtspunkt des Wandels der Wertvorstellungen dort versagen müsse, wo keinerlei relevante Rechtspositionen der Mutter tangiert seien, wo der Schwangerschaftsabbruch »aus Gleichgültigkeit und Bequemlichkeit« erfolge. (a.a.O.: 21). Das Bundesverfassungsgericht nannte die Schwangerschaft eine »Normalsituation ... mit der jeder (sic!) fertig werden muß« (a.a.O.: 49) und hielt es nach wie vor für notwendig, die Strafandrohung aufrecht zu erhalten, um das Leben nicht »der völlig freien Verfügbarkeit der Frau auszuliefern« (a.a.O.: 45). Es gäbe viele Frauen, die »die Schwangerschaft ablehnen, weil sie nicht willens sind, den damit verbundenen

Verzicht und die natürlichen mütterlichen Pflichten zu übernehmen« (a.a.O.: 56).

Sind diese Pflichten wirklich natürlich? Was heißt das in unserer heutigen Gesellschaft? Ist das Wort *Emanzipation* – vor allem im Zusammenhang mit Frauen – ein negativ besetzter Begriff, wie ebenfalls im Urteil zu lesen ist? Da ist von Ärzten die Rede, die »jedem Wunsch einer Frau nach Schwangerschaftsabbruch zu entsprechen geneigt sind, weil sie darin lediglich (sic!) eine Manifestation des Selbstbestimmungsrechtes oder ein Mittel zur Emanzipation der Frau erblicken« (a.a.O.: 64).

Zwei Mitglieder des achtköpfigen Zweiten Senats, die einzige Richter*in,* Frau Rupp von Brünneck und ihr Kollege Simon hatten dem Urteil nicht zugestimmt. Doch ist bezeichnend, daß auch der das Sondervotum mittragende Richter Simon der Argumentation seiner Kollegin dann »rechtlich eine geringere Bedeutung« zumißt, wenn sie einen Sachverhalt ins Feld führt, der nur Frauen aus ihrem eigenen Erleben zugänglich ist. Die Weigerung einer Schwangeren, zuzulassen, daß in ihrem Körper ein neues Leben entsteht, sei sowohl was das natürliche Empfinden angeht, als auch rechtlich etwas wesentlich anderes »als die Vernichtung selbständig existenten Lebens«, so Frau von Brünneck. Da »erst in einem längeren Entwicklungsprozeß ein vom mütterlichen Organismus trennbares selbständig existierendes Lebewesen« entstehe, seien bei der rechtlichen Beurteilung zeitliche, dieser Entwicklung entsprechende Zäsuren zu berücksichtigen. Die während der Schwangerschaft wachsende mütterliche Bindung lasse es »für das Rechtsbewußtsein der Schwangeren, aber auch für das allgemeine Rechtsbewußtsein« nicht als das Gleiche erscheinen, ob der Abbruch in der ersten Phase der Schwangerschaft oder in einer späteren Phase stattfinde. Daher sei Abtreibung im Frühstadium der Schwangerschaft nicht mit Mord oder vorsätzlicher Tötung gleichzustellen (a.a.O.: 81).

Einerseits also berufen sich die Richter auf die „natürlichen Pflichten“ der Frau. Sie leiten daraus aber keinerlei besondere Kompetenz der Frauen her, Sachverhalte, die damit in Zusammenhang stehen, zu beurteilen. Ja, sie bemühen sich nicht, hier auch nur genauere Kenntnisse zu erhalten. Vielmehr wurde und wird vor allem dogmatisch argumentiert und mit kaum glaublicher Abgehobenheit verweigert, Lebenssachverhalte und Tatbestände zur Kenntnis zu nehmen, selbst dann, wenn sie offen vor aller Augen liegen.

Das im Februar 1976 vom Bundestag beschlossene erweiterte Indikationenmodell stellte den Schwangerschaftsabbruch generell unter Strafandrohung, auch dann, wenn die Schwangere ihn selbst begeht. Die Schwangere genoß aber insofern eine gewisse strafrechtliche Privilegierung, weil sie bei dem *Versuch*, der ebenfalls strafbedroht war, selbst straffrei blieb und auch dann nicht bestraft wurde, wenn der Abbruch nach Beratung von einem Arzt/ einer Ärztin vorgenommen wurde und seit der Empfängnis nicht mehr als 22 Wochen vergangen waren. Der Arzt bzw. die Ärztin machten sich damit allerdings strafbar.

Für den legalen Abbruch galten gemäß § 218a Strafgesetzbuch (StGB) vier Indikationen: die medizinische (Gefahr für das Leben oder die Gesundheit der Schwangeren), die eugenische (Gefahr einer Schädigung des Kindes bzw. seiner Erbanlagen), die ethische oder kriminologische (die Schwangerschaft beruht auf einer Vergewaltigung) und die Notlagenindikation (Gefahr einer schweren Notlage, die anders nicht abgewehrt werden kann). Darüber hinaus mußte die Schwangere sich mindestens drei Tage vor dem Eingriff über soziale Hilfen und medizinische Konsequenzen beraten lassen. Im Gesetz über flankierende Maßnahmen war geregelt, daß die gesetzlichen Krankenkassen die Kosten für jeden *nicht rechtswidrigen* Abbruch übernehmen mußten[2] und, daß darüber hinaus ein Anspruch auf Lohnfortzahlung bestand.[3]

Da die Ausführungsbestimmungen sowie die Regelungen zur Zulassung von Schwangerschaftskonfliktberatungsstellen Ländersache war, wurde in den Bundesländern unterschiedlich verfahren: Während in Hessen und Bremen eine recht liberale Praxis möglich war, verbot das bayrische Schwangerenberatungsgesetz, daß Abbrüche ambulant vorgenommen werden durften und verlangte, daß die Feststellung der Indikation sowie die Beratung und der Eingriff von unterschiedlichen Personen vorgenommen werden mußten. Auch gab es in Bayern und Baden-Württemberg nur wenige Krankenhäuser, die Eingriffe nach der Notlagenindikation vornahmen. (Krankenhäuser in katholischer Trägerschaft lehnten Abbrüche nach der Notlagenindikation ab.) Daher ließen viele Frauen aus Bayern und Baden-Württemberg den legalen Abbruch in Hessen oder Bremen vornehmen.

Die GegnerInnen der Reform sahen sich durch die Tatsache, daß fast 90% der gemeldeten und bei den Krankenkassen abgerechneten Abbrüche nach der Notlagenindikation erfolgten[4], darin bestätigt, daß es sich um ein „verkapptes Fristenmodell" handle und versuchten, es zivilrechtlich auszuhebeln. Klagen gegen die Finanzierung durch die Krankenkassen und gegen die Lohnfortzahlung wurden, nachdem sie durch alle Instanzen der Verwaltungs- und Arbeitsgerichtsbarkeit gegangen und dort abgelehnt worden waren, vor das Bundesverfassungsgericht getragen. Doch wurden sie dort aus formalen Gründen nicht angenommen.

Nach dem Wechsel zur unions-liberalen Regierung wurde auf Vorschlag einer interministeriellen Arbeitsgruppe 1984 das Gesetz zur Stiftung „Mutter und Kind – Schutz des ungeborenen Lebens“ gegen die Stimmen von SPD und GRÜNEN verabschiedet. Damit sollte der Tatsache begegnet werden, daß 1982 77% der gemeldeten Schwangerschaftsabbrüche nach der sozialen Indikation erfolgten. Die Stiftung stellt Mittel bereit für Schwangere, die wegen einer sozialen Notlage einen Abbruch erwägen, aber durch die von der Beratungsstelle an sie verteilten finanziellen Mittel dazu bewogen werden, das Kind doch auszutragen. Allerdings besteht auf diese Mittel kein Rechtsanspruch – weder dem Grunde noch der Höhe nach, was sofort kritisiert wurde. Darüber hinaus seien die Hilfen nicht wirksam genug, bürokratisch und juristisch (auch aus Datenschutzgründen) nicht einwandfrei sowie als Eingriff in das Beratungskonzept abzulehnen. Im Bericht der Arbeitsgruppe wurde übrigens nur den katholischen Beratungsstellen »ein integrativer Ansatz von Beratung und Hilfeleistung« und die Wertorientierung auf »absoluten Vorrang des ungeborenen Lebens« zugebilligt. Evangelische Beratungsstellen würden Frauen darin unterstützen, eine eigenverantwortliche Entscheidung zu finden, ohne ein »dogmatisches Nein zur Notlagenindikation«. Beratungsstellen freier Träger sähen in bestimmten Fällen den nicht rechtswidrigen Abbruch als die erträglichere Lösung im aktuellen Konflikt an. *Pro Familia* und *Arbeiterwohlfahrt* lehnten die Verteilung der Mittel ab, auf die sie gleichwohl aufmerksam machen wollten. Bundesfamilienminister Geißler forderte daraufhin – wenn auch ohne Erfolg – die Bundesländer auf, den Beratungsstellen der *Pro Familia* die Anerkennung zu entziehen.

Die neue Lage durch die deutsche Vereinigung

In der DDR hatte seit 1972 ein uneingeschränktes Fristenmodell ohne Beratungspflicht bestanden, das die ostdeutschen Verhandlungsführer zum Einigungsvertrag, auch Mitglieder der Ost-CDU wie Lothar de Maizère, sowie die überwiegende Mehrheit der Bevölkerung in der DDR – allen voran die Frauen – unbedingt erhalten wissen wollten. Die SPD machte sich diese Forderung zu eigen. Da sie für die Zwei-Drittel-Mehrheit im Bundestag und die Zustimmung des Bundesrats zum Einigungsvertrag gebraucht wurde, wurde in Art. 31 Abs. 4 des Einigungsvertrages festgelegt, daß in den neuen Bundesländern das Fristenmodell der DDR weiterbestehen solle, bis eine Regelung für Gesamtdeutschland spätestens bis Ende 1992 gefunden sei.

Im September 1990 zeigte sich bei einer repräsentativen Umfrage[5] in West und Ost, daß die Frage der Abtreibung hinter den Kosten der Einheit (Nennungen: 85% West, 72% Ost) das am meisten besprochene Thema zum Wahlkampf war: 79% West, 73% Ost.

Ein Formulierungsvorschlag des Justizministeriums sah vor, daß Frauen aus dem Westen, die in den neuen Bundesländern abtreiben ließen, nach bundesdeutschem Recht bestraft werden konnten („Wohnortprinzip"). Nachdem sich im Juli 1990 Beamte der Justizministerien in Bonn und Ost-Berlin darüber geeinigt hatten, daß für eine unbefristete Übergangszeit die Fristenregelung im Gebiet der DDR und die Indikationenregelung in Gebiet der alten Bundesrepublik nebeneinander gelten sollten, hatte es im Entwurf zum Einigungsvertrag vom Juli 1990 geheißen, daß der § 218 StGB weiter gelte, wenn *der* Täter (sic!) zur Zeit der Tat Deutscher sei und *seine* „Lebensgrundlage" im Gebiet der Bundesrepublik habe.

Alle F.D.P.-Abgeordnete sprachen sich aber – entgegen der Meinung des F.D.P.-Justizministers – gegen das Wohnortprinzip aus. Gegen das Tatortprinzip, als es endlich vom Justizministerium vorgeschlagen wurde, wandte sich die CSU, sowie einige Abgeordnete der CDU und die Mehrheit der Frauengruppe der Union. Das Tatortprinzip sei letztlich die »Preisgabe des bundesdeutschen Indikationenmodells«, und es wurde vor »Grundsatzschwierigkeiten« bei der Abstimmung über den Einigungsvertrag gewarnt. Die Unionsfraktion forderte geschlossen, daß ein gesamtdeutsches Parlament schon nach zwei Jahren ein neues Abtreibungsgesetz beschließen müsse, das der westdeutschen Indikationsregelung entspreche. Auf ihrem letzten Parteitag hatte die CSU sogar gegen eine Übergangslösung votiert und verlangt, die Indikationslösung solle sofort nach dem Beitritt auch in den neuen Ländern gelten. Dagegen verlangten SPD-, F.D.P.- und GRÜNEN-Politikerinnen in einer Entschließung, daß im Einigungsvertrag eine Absichtserklärung über eine zukünftige gesamtdeutsche Regelung zum Schwangerschaftsabbruch zu Protokoll gegeben werde, in der der Rechtsanspruch auf Beratung, die Rechte der Mütter über die bestehenden Leistungen hinaus sowie der »Wegfall der Strafandrohung beim Schwangerschaftsabbruch in den ersten drei Monaten« enthalten sein müsse.

Auch die Volkskammer der DDR sprach sich am 26. August 1990 gegen das Wohnortprinzip aus. Auf Antrag der F.D.P., unterstützt von SPD und

PDS, wurde beschlossen, die Regierung solle im Einigungsvertrag das Tatortprinzip durchsetzen. Der Ministerpräsident de Maizière sagte, er sehe den Schwangerschaftsabbruch »im wesentlichen als eine moralische und soziale, aber keine rechtliche Frage«. Zu den drei Kernpunkten, auf denen seine Regierung im Einigungsvertrag bestehe, gehöre auch, daß der § 218 StGB künftig nicht auf dem Gebiet der DDR angewendet werde. Schließlich wurde als Kompromiß das Tatortprinzip beschlossen. Daraufhin kündigte das Präsidium der CSU an, in einer Kampagne einen „Willensbildungsprozeß" für eine strengere Regelung einleiten zu wollen. Tatsächlich bekamen Frauen aus dem westlichen Teil der Bundesrepublik, die in den neuen Bundesländern einen Eingriff nach der dort geltenden Fristenregelung machen ließen, dies von den Krankenkassen bezahlt, denn nach dem im Einigungsvertrag festgelegten Tatortprinzip war der Abbruch auch ohne Indikation bis zum Ende des dritten Monats nicht rechtswidrig.

Positionen und Maßnahmen gegen eine Liberalisierung

Anfang März 1990 hatte die bayrische Staatsregierung beim Bundesverfassungsgericht eine Normenkontrollklage gegen die gegenwärtige Abtreibungspraxis eingereicht. Da fast 87% aller Abbrüche mit der Notlagenindikation begründet wurden, sah sie die Praxis als »versteckte« oder »verkappte« Fristenlösung an. »Der Schutz des ungeborenen Lebens durch die Androhung von Strafe (sei) ein unverzichtbares Mittel«, – Beratung, Indikationsfeststellung und Abbruch sollten »personell, institutionell und räumlich voneinander getrennt«, in Fällen, in denen die »psychische Komponente« eine Rolle spielt, sollte die »konsiliarische Beiziehung« eines weiteren »entsprechend vorgebildeten Arztes« erwogen werden. Die bisher auf drei Tage angesetzte Bedenkzeit zwischen Beratung und Abbruch solle verlängert werden, da eine »zeitlich gestreckte Karenzzeit« zu noch gründlicherem Nachdenken genützt werden könne. Der Arzt solle die Indikation schriftlich begründen, so daß sie für den abbrechenden Kollegen und für informationsbefugte Dritte »nachvollziehbar und nachprüfbar« sei. Wenn der Arzt »dieser Pflicht vorsätzlich oder leichtfertig nicht nachkommt, muß er mit strafrechtlichen Folgen« rechnen.

Im Juni 1990 war bekanntgeworden, daß im Stuttgarter CDU-Sozialministerium der Entwurf einer Handreichung für Ärzte und Beratungsstellen[6] erarbeitet worden war, nach der »sich der Arzt nicht nur auf das Vorbringen der Frau verlassen« dürfe, sondern »... eigene, umfassende Ermittlungen über die gesamten persönlichen, sozialen und wirtschaftlichen Verhältnisse der Frau« anstellen solle. Diesem Ansinnen hatte die Bundesärztekammer klar widersprochen.

In Leserbriefen meldeten sich immer wieder engagierte „Lebensschützer" mit aufschlußreichen Voten, nicht wählerisch in ihrer Wortwahl:

- »Weg mit der ‚Emanzipation', diesem Fluch Europas, wieder her mit den christlichen Tugenden – dann reduzieren sich die Kindestötungen im Mutterleib von selbst.«[7]
- Die »Fristenregelung und der Schießbefehl sind Geschwister, ihr gemeinsamer Vater ist Walter Ulbricht, ihre Mutter die SED«.[8]
- »... dieses dem Holocaust vergleichbare, entsetzliche Verbrechen, das unser Volk, noch dazu in einem freiheitlichen, nicht in einem Gewaltsystem begeht. ... Man sollte auch daran denken, daß viele Ehepaare vergeblich nach deutschen (sic!) Kindern zur Adoption suchen«. Außerdem sollten die Väter bei der Pflichtberatung geladen werden: »Der Vater hat als aktiver Teilnehmer des Geschlechtsaktes und als Spender des Samens sogar die Hauptverantwortung«. Auch als unehelicher Vater solle er bei der Freigabe der Adoption gehört werden. – Die bisherigen rechtlichen Erwägungen – „rechtswidrig, aber nicht strafbar" – seien für die Bewußtseinsbildung unwesentlich. Der F.D.P.-Vorschlag sei eine »Zumutung für einen Liberalen«, sei »Libertinismus ... (er) folgt dem Stalinisten Ulbricht, der Deutschland mit der Fristenlösung eine der häßlichsten Erbschaften des Systems hinterlassen« habe.[9]

Die Haltung der Kirchen in der DDR und in der Bundesrepublik

Die Erklärung des evangelischen Kirchenbunds der DDR vom 3. September 1990 sprach sich gegen eine strafrechtliche Regelung des Schwangerschaftsabbruchs aus. Sie werde der Tiefe des Konflikts nicht gerecht und könne zu einer Erhöhung der Dunkelziffer führen. Außerdem werde die »erhebliche Mitverantwortung der Männer für das Entstehen und die Bewältigung des Konflikts übersehen.« Der DDR-Kirchenbund lehnte beide Regelungen (Fristen- und Indikationsregelung) ab. Durch beide sei nichts »nennenswert oder gar durchschlagend« geändert worden. Er fordert eine Verbesserung der sozialen und materiellen Lebensbedingungen für verheiratete und alleinerziehende Mütter mit Kindern sowie eine vorsorgende und konfliktbezogene Beratung Betroffener.

Dagegen wählten die katholischen Bischöfe drastische Vergleiche zum Schwangerschaftsabbruch:

- Friedrich Welter, Kardinal v. München: »Hiroshima!«
- Johannes Dyba, Bischof von Fulda.: »Kinderholocaust!« Er läßt die berüchtigten Mahnglocken läuten.
- Joseph Höffner, Kardinal v. Köln: »Massenmord!«

In ihrem „Gemeinsamen Wort" vom 24. August 1990 hatten Bischof Lehmann, Vorsitzender der Katholischen Bischofskonferenz, und der EKD-Ratsvorsitzende Kruse den Schutz des ungeborenen Lebens durch das Strafrecht gefordert. Sie verurteilten die Fristenregelung der DDR und sahen in dem westdeutschen Indikationenmodell ein »unvollkommenes« Bemühen, »eine rechtliche Regelung für nicht auflösbare Konflikte zu treffen«. Pfarrerinnen der Evangelischen Kirche in Hessen und Nassau (EKHN) tadelten diese Erklärung als einen »Mißbrauch des seelsorgerischen Auftrags« der Kirchen, der das Vertrauen der Frauen in Notlagen schädige.[10]

Auf dem ersten wieder für alle Katholiken aus Ost und West erreichbaren Kirchentag im Mai 1990 waren sich auf einem Forum Politiker/innen und Vertreter/innen der christlichen Soziallehre darin einig, daß sich eine Verschärfung des Strafrechts zum Schwangerschaftsabbruch auch als bewußtseinsbildendes Element *nicht* bewährt habe. Sie verlangten massive Aufklärung auch über Methoden zur Verhütung. Die katholisch-päpstliche Lehre verbiete zwar, Sexualität losgelöst von der Fruchtbarkeit der Frauen in der Ehe zu sehen und Verhütungsmaßnahmen zu ergreifen, dies sei aber ein Punkt »harter innerkirchlicher Auseinandersetzungen«, so der Vertreter der katholischen Soziallehre Prof. Böckle. Er sehe »keine hinreichende Begründung für die Sündhaftigkeit solcher Maßnahmen«, dringend nötig sei ein »Recht auf Beratung«.

Die evangelisch-lutherische Synode in Rendsburg zum § 218 StGB sprach sich am 24. November 1991 klar für eine Fristenregelung aus. Doch stellte die Abstimmung keinen Synodenbeschluß, sondern nur ein Meinungsbild der Synodalen dar. Das Thema stand auch im Mittelpunkt der Landessynode der evangelisch-lutherischen Kirche in Bayern in Kulmbach. Dort wurde insbesondere über die auf der Frühjahrstagung verabschiedete „Rosenheimer Erklärung" diskutiert, in der es (mit knapper Mehrheit entschieden) heißt: »In Konfliktsituationen kann die letzte Entscheidung der betroffenen Frau von niemanden abgenommen werden; sie muß sie in ihrer Verantwortung vor Gott treffen.« (zitiert in: FAZ v. 23. November 1991).

Stimmungen und allgemeines Klima

Der Hamburger Ärztetag mahnte, daß sich durch Strafandrohung die Abtreibungszahlen nicht senken lassen. Die zwölf größten Frauenzeitschriften von *Emma* bis *Bild der Frau* forderten in einem offenen Brief die Bundestagsabgeordneten auf, für die Fristenlösung zu stimmen.

Nach einer Emnid-Umfrage waren 55% der Westdeutschen dafür, den Schwangerschaftsabbruch entweder überhaupt nicht zu bestrafen oder ihn in den ersten drei Monaten freizugeben. In den neuen Bundesländern waren es dreiviertel der Bevölkerung.[11]

Die Reform von 1992

Laut Einigungsvertrag sollte bis Ende 1992 ein gesamtdeutsches Abtreibungsrecht die unterschiedlichen Regelungen in Ost und West ablösen. Da es jedoch sehr unterschiedliche Vorstellungen gab, wurde befürchtet, daß keines der Modelle eine ausreichende Stimmenzahl bekommen werde. Die Führungen von CDU/CSU, SPD und F.D.P. hatten vereinbart, daß es bei der parlamentarischen Behandlung eines künftigen Abtreibungsgesetzes keinen Koalitions- und Fraktionszwang geben solle.

- Die F.D.P. hat vor der Sommerpause einen Entwurf eingebracht, der eine Fristenlösung mit obligatorischer Beratung vorsah. Er verschärfte aber die Strafandrohung für die Frauen und macht das Verfahren bürokratischer. Unter dem Aspekt der Strafbarkeit der Frau waren die Entwürfe der F.D.P. und der Fraktionsentwurf der Union gleich.
- Ein Gesetzentwurf der SPD sah ebenfalls die Fristenlösung vor, jedoch ohne Beratungspflicht und mit weitgehender Rücknahme der Strafandrohung.
- PDS und Bündnis 90/GRÜNE wollten den § 218 StGB ersatzlos streichen.
- Bayerns Innenminister Stoiber drohte mit politischen Folgen, wenn die F.D.P. mit der SPD in der Abtreibungsfrage zusammengehe: Es könnten auch sonst „wechselnde Mehrheiten“ nicht mehr ausgeschlossen werden.

Der Bundestag verabschiedete im Juni 1992 nach einer Debatte auf hohem Niveau, in der weibliche Abgeordnete aus allen Fraktionen sich für eine Liberalisierung des Abtreibungsverbots einsetzten, einen fraktionsübergreifenden Gruppenantrag, den SPD, F.D.P. und einige Mitglieder der CDU (letztere überwiegend Frauen) eingebracht hatten. Danach sollte der Schwangerschaftsabbruch zwar weiter unter Strafandrohung bleiben, (die strafrechtliche Privilegierung der Schwangeren ist sogar zum Teil zurückgenommen), er ist aber dann ausdrücklich *nicht rechtswidrig*, wenn er innerhalb von drei Monaten und nach einer Beratung von einem Arzt/ einer Ärztin vorgenommen wird. Es handelte sich also um ein Fristenmodell mit Pflicht zur Beratung. Der umfangreiche Teil zu den flankierenden Maßnahmen enthielt u.a. einen Rechtsanspruch auf einen Kindergartenplatz.

Wieder, wie 1974, wurde das Gesetz vor seinem Inkrafttreten durch eine einstweilige Verfügung des Bundesverfassungsgerichts gestoppt, das die bayrische Landesregierung und 241 Abgeordneten der CDU/CSU erwirkt hatten. Die flankierenden Maßnahmen wurden davon nicht berührt und traten in Kraft. Interessant und bezeichnend ist, daß die AntragstellerInnen das Gesetz nur für die alten Bundesländer stoppen, es in den neuen Ländern dagegen in Kraft setzen wollten, da in ihren Augen die dort bisher geltende Fristenregelung ohne Beratungspflicht noch verfassungswidriger sei als eine Fristenregelung mit Beratung. Dem hat sich das Bundesverfassungsgericht nicht angeschlossen.

Frauen haben sicher etwas Boden gewonnen, als bei der Reform von 1992 großer Wert auf die flankierenden Maßnahmen gelegt wurde. Es setzte sich also langsam ein Bewußtsein darüber durch, daß die Gesellschaft die Frauen bei diesen Problemen nicht allein lassen darf. Das ändert aber nichts daran, daß immer noch im wesentlichen Männer – über die Köpfe und Meinung der betroffenen Frauen – in dieser Frage mehrheitlich entscheiden.

In der Tat hat das Bundesverfassungsgericht das Gesetz beanstandet: Im Urteil des Zweiten Senats vom 28. Mai 1993 wird § 218 Absatz 1 StGB in der Fassung des Schwangeren- und Familienhilfegesetzes vom 27. Juli 1992 als mit dem Grundgesetz für nicht vereinbar und somit für nichtig erklärt. Nach dieser „Fristenregelung" war ein Schwangerschaftsabbruch nicht nur nicht strafbar, sondern auch nicht rechtswidrig, wenn er nach Beratung in den ersten drei Monaten von einem Arzt/ einer Ärztin vorgenommen wurde. Das Bundesverfassungsgericht entschied, daß die Schutzpflicht für das Ungeborene verlange, daß die Abbrüche *rechtswidrig* bleiben müßten, wenn sie auch nach Beratung in den ersten drei Monaten *straffrei* bleiben könnten.

Diese schwer nachvollziehbare Konstruktion behaftet die Frauen, die sich aus schwerwiegenden Gründen zu einem Abbruch entschließen, mit dem Makel des „rechtswidrigen Handelns" und hat zur Folge, daß die Kosten für den Eingriff nicht mehr – wie im Gesetz vorgesehen war – von den Krankenkassen übernommen werden dürfen. Die „bedürftigen" Frauen werden auf die Sozialhilfe verwiesen, was eine weitere Diskriminierung bedeutet.

Auch hier gibt es ein abweichendes Sondervotum des Zweiten Senats, dem acht Mitglieder – unter ihnen eine Frau – angehören. Die Verfassungsrichter Mahrenholz und Sommer gehen vom Grundrechtsstatus der Frau aus, nach dem die »faktische Letztverantwortung der Frau für den Abbruch in der Frühphase, nachdem sie sich hat beraten lassen«, anzuerkennen sei. Gerade der »wirksame Schutz für das ungeborene Leben in der Beratungsregelung« gebiete eine »normative Verdeutlichung über das Erlaubte und Unerlaubte eines Schwangerschaftsabbruchs«. Dabei lasse das Grundgesetz »eine Rechtfertigung des Schwangerschaftsabbruchs nach Beratung« zu, woraus folge, daß der § 218 StGB n.F. »verfassungsmäßig« und Leistungen der gesetzlichen Krankenkassen für Abbrüche nach Beratung zulässig seien. Doch haben sie sich mit dieser Auffassung nicht durchsetzen können.

Das Gesetzgebungsverfahren im Mai 1994

Es liegen dem Bundestag wieder vier Gesetzentwürfe vor: neben dem Entwurf der unionsliberalen Koalition ein SPD-Entwurf und zwei weitere Entwürfe einiger CDU/CSU-Abgeordneter, welche das Abtreibungsrecht strenger fassen wollen. Der Sonderausschuß des Bundestags „Schutz des ungeborenen Lebens" empfiehlt den Koalitionsentwurf zur Annahme und lehnt die anderen Gesetzentwürfe ab.

Ein parteiübergreifender Entwurf war nicht mehr zustande gekommen. Die unionsliberale Koalition und die SPD können sich in zwei wichtigen Punkten nicht einigen. Einmal in der Finanzierung von Abtreibungen bei bedürftigen Frauen: Die SPD will sie durch ein neues Bundesleistungsgesetz finanzieren und über die Krankenkassen abwickeln. Dagegen beharrt die Koalition auf der Finanzierung über die Sozialhilfe, was die Frauen zusätzlich demütigt und zu Lasten von Bund und Ländern geht. Die zweite Differenz betrifft die vom Bundesverfassungsgericht geforderte Strafbarkeit des „familiären Umfelds“, falls es die Frau zur Abtreibung veranlaßt oder notwendige Hilfeleistungen versagt. Während der Koalitionsentwurf hierfür eine strafrechtliche Regelung vorsieht, meint die SPD, der Forderung des Gerichts müsse durch Änderung des Nötigungsparagraphen nachgekommen werden.

Der Bundestag hat am 26. Mai 1994 mit der knappen Mehrheit von nur vier Stimmen den Koalitionsentwurf gebilligt und die anderen drei Gesetzentwürfe abgelehnt.[12] Drei Indikationen sind für nicht rechtswidrige Abbrüche (ohne Beratungspflicht) vorgesehen: die medizinische, die kriminologische und die embryopathische.[13] Abbrüche nach Beratung bleiben in den ersten drei Monaten der Schwangerschaft *straffrei aber rechtswidrig,* wenn sie nach einer vorgeschriebenen Beratung von einem Arzt/ einer Ärztin durchgeführt werden. Damit sei die Neuregelung keine Fristenregelung, denn der Abbruch bleibe Unrecht – so wurde von CDU/CSU-Abgeordneten in der Bundestagsdebatte betont.

Die Beratung muß »zielgerichtet« auf die Austragung der Schwangerschaft, zugleich aber »ergebnisoffen« sein. Die Schwangere muß sich ihr unterziehen, doch ist sie nicht verpflichtet, auf das Gesprächsangebot einzugehen. Mit einer Freiheitsstrafe bis zu zwei Jahren wird bestraft, »wer aus verwerflichem Eigennutz« die Schwangere zu einem Abbruch bestimmt. Die Eltern der Frau und der Vater des ungeborenen Kindes werden unter Androhung einer Freiheitsstrafe bis zu einem Jahr oder mit Geldstrafe verpflichtet, alle zumutbare Hilfe zu leisten, um den Abbruch zu verhindern. Damit wird auch die Schwangere unter einen weiteren Druck gesetzt, und peinliche Ausforschungen im Familien- und Freundeskreis werden ermöglicht.

Das Letztentscheidungsrecht der Frau ist damit zwar im Grunde erhalten geblieben, wird aber zumindest „moralisch“ eingeschränkt und vom Verfahren erschwert. Der unter verantwortlicher Abwägung aller Bedingungen gefaßte Entschluß zum Abbruch einer unerwünschten Schwangerschaft – immerhin hatten 1998 62,8% der Frauen, die eine Schwangerschaft unterbrechen ließen mindestens ein, 37,6% zwei und mehr Kinder, 51,1% waren verheiratet[14] – ist nach der vorgeschriebenen Beratung zwar *straffrei*, bleibt aber *rechtswidrig*. Die Beratung, der sie sich unterziehen müssen, deren Gesprächsangebot sie aber nicht annehmen müssen, soll auf Vermeidung des Abbruchs *zielgerichtet*, aber *ergebnisoffen* sein. Schon dieser Kompromiß stellt eine schwere Zumutung für das Rechtsbewußtsein der betroffenen Frauen dar! Sie ist allerdings so schon in dem Urteil des Bundesverfassungsgerichts angelegt.

Das päpstliche Diktat und die Zukunft der katholischen Schwangerschaftskonfliktberatung

Nachdem der Papst und die römische Kurie die deutschen Bischöfe in mehreren Briefen aufgefordert hatten, den laut § 219 StGB geforderten Beratungsschein nicht mehr auszustellen, versuchte die deutsche Bischofskonferenz durch einen absurden Zusatz, nach dem diese Bescheinigung nicht dazu verwendet werden *kann*, wozu sie laut Gesetz verwendet werden *muß*, im staatlich geförderten Beratungsnetz zu bleiben. Dies wäre fast gelungen, denn bis hin zum SPD-Bundesjustizministerium wurde der Zusatz für rechtlich unerheblich gehalten. Nur der im Juli 2000 gestorbene Bischof Dyba hatte seit 1993 den katholischen Beratungsstellen in seiner Diözese die Ausstellung des Beratungsscheins untersagt. Doch hat die blamable bischöfliche Kasuistik – statt eines offenen Widerstandes gegen Rom – nichts genützt. Selbst die im November 1999 persönlich vorgebrachten Einwände der Bischöfe bei den a limine Besuchen in Rom haben den Papst nicht umstimmen können. Wenn diese starre römische Haltung darauf abzielte, einen erneuten Prozeß zur Verschärfung des deutschen Abtreibungsrechts einzuleiten, wurde das Ziel verfehlt. Da zu erwarten stand, eine erneute Klage vor dem Bundesverfassungsgericht könne zu einer Liberalisierung führen, wurde dies nicht versucht.

Der Versuch einiger Bischöfe, sich zu widersetzen, indem sie mit einer langen Übergangsperiode auf Zeit spielen, wurde von Rom damit unterbunden, daß ab dem 1. Januar 2001 in kirchlich getragenen Beratungsstellen keine Beratungsscheine mehr ausgestellt werden dürfen. Mit diesem Datum treten auch die neuen bischöflichen Richtlinien für die Schwangerschaftskonfliktberatung in Kraft, die bis jetzt vorsehen, daß es den Beraterinnen verboten ist, ratsuchende Frauen auf andere Beratungsstellen aufmerksam zu machen.

Nur der Limburger Bischof Kamphaus, der sich vor einem Jahr schon darauf festgelegt hatte, so lange im staatlichen Beratungssystem zu bleiben, bis eine „glaubwürdige Alternative“ für Frauen gefunden sei, die eine Abtreibung erwägen, will in seinem Bistum weiter Beratungsscheine ausstellen lassen. Im Zuge der von ihm gegründeten „Aktion Konfliktberatung“

sind die Beratungszahlen im Bistum Limburg seit 1997 um etwa 50% gestiegen. Doch droht ihm wegen seines Ungehorsams der Verlust seines Amtes. Auch wird er bedrängt, dem zuvorzukommen und zurückzutreten. Viele seiner Bischofskollegen können nicht ertragen, daß einer der Ihren seine Gewissensüberzeugung über den Gehorsam zum Papst stellt.

Die kirchlichen Angriffe verlagern sich jetzt gegen den von Laienorganisationen der deutschen Katholiken neu gegründeten Verein *Donum vitae*, der auch vom Zentralkommitee der Deutschen Katholiken, ZdK, mitgetragen wird. Damit soll ein katholisches Beratungsangebot im staatlichen Beratungssystem angeboten werden. Bischof Dyba hatte ihn schon öffentlich »Donum mortis« genannt und die Beratungsbescheinigungen als Voraussetzung für einen straffreien Abbruch eine »Lizenz zum Töten«.

Anfang November 2000 hatte ein Brief des apostolischen Nuntius in Deutschland Erzbischof Lajolo im Namen der vatikanischen Glaubenslehre klargestellt, daß der Verein *Donum vitae* nicht mit der innerkirchlichen Ordnung vereinbar sei und daher von katholischen Christen nicht unterstützt werden dürfe. Die Kirche werde durch die Ausstellung von Beratungsbescheinigungen in den Vollzug eines Gesetzes eingebunden, das die Tötung unschuldiger Menschen zulasse. Diese »Kooperation« verdunkle die »Klarheit und Entschiedenheit des Zeugnisses der Kirche« ... Bei der Anweisung des Heiligen Vaters, es sei nicht erlaubt, Beratungsscheine auszustellen, »handelt es sich um eine Feststellung lehrmäßiger Natur, die der Papst in Feststellung seines obersten Hirtenamtes gegeben hat.« Schon Anfang September hatte Kardinal Ratzinger den bayrischen Ministerpräsidenten Stoiber in einem Schreiben davon abhalten wollen, daß der Freistaat Bayern *Donum vitae* unterstützt. Die Beratungsstellen der Laienvereinigung begünstigten Tendenzen in der Kirche Deutschlands »der ‚hierarchischen Kirche' eine ‚Laienkirche' gegenüberzustellen, die autonom und unabhängig von Papst und Bischöfen handelt.«

Am 17. November 2000 trat – gerichtet an die deutschen Bischöfe – unter der Überschrift „Was habt ihr für ein Amtsverständnis?" ein Freundeskreis prominenter Unionspolitiker für *Donum vitae* ein. Unter Bezug auf das II. Vatikanische Konzil, das die »vielfältigen freien Initiativen in der Kirche ... einerseits in ihrer Eigenverantwortlichkeit und Selbständigkeit gestärkt und andererseits deutlich gemacht (hat), daß sie bei Wahrung ihrer Eigenständigkeit gleichzeitig auch Kirche sind«, werfen sie den kirchlichen Amtsträgern – »leider auch den deutschen Bischöfen« – vor,

»nicht zu einer Verkirchlichung im Sinne des Konzils (beizutragen), sondern zu einer Veramtlichung von Aufgaben und Strukturen mit der Konsequenz, daß die Kirche mit ihrem Reichtum an Diensten, Charismen, Initiativen und Zeugnissen zur bloßen Amtskirche schrumpft und so der theologisch fragwürdige Begriff der Amtskirche durch diese Entwicklung Realität zu werden droht.«

Das Manifest schließt mit der Warnung: »Wenn der innerkirchliche Streit um die Schwangerschaftskonfliktberatung im bisherigen Stil fortgeführt wird, läuft die Kirche mehr und mehr Gefahr, mit der Botschaft, die ihr für alle aufgegeben ist, immer weniger Menschen zu erreichen.« Auch das ZdK beugte sich nicht: Auf seiner Vollversammlung am 24. November 2000 wurde mit 168 Stimmen gegen acht bei sechs Enthaltungen der Antrag abgelehnt, den Aufruf zugunsten von *Donum vitae* vom November 1999 zurückzunehmen. Vielmehr warnte der Präsident des ZdK, Meyer, vor der Tendenz, das Kirchenbild des II. Vatikanums durch das Konzept einer „Kommandokirche" zu ersetzen, in der Laien vorgeschrieben werde, ob sie sich in ihrem Einsatz für das ungeborene Leben bestimmter gesetzlicher Regelungen bedienen könnten oder nicht.

Tatsächlich wird es in Bayern künftig 17 staatliche anerkannte *Donum vitae* Beratungsstellen und einige weitere von katholischen Frauen getragene Konfliktberatungsstellen geben. Auch in Nordrhein-Westfalen sollen in wenigen Monaten insgesamt 37 staatlich anerkannte Beratungsstellen an die Stelle der 46 bischöflich Anerkannten treten. Diese Stellen müssen den Anforderungen an eine staatlich gebilligte Beratungsstelle genügen, ein Beratungskonzept vorlegen und qualifiziertes Personal einstellen. Das Konzept ist mit dem bisherigen bischöflichen Konzept allerdings nahezu identisch und schließt jede Mitwirkung bei der Vorbereitung einer straffreien Abtreibung aus. Das DGB-Frauenbündnis sieht die „Ergebnisoffenheit" der Beratung bedroht.

Die Bischöfe wollen ihrerseits eine katholische Schwangerenberatung fortführen (ohne einen Schein auszustellen). Mit einem Aufwand von mehreren Millionen Mark soll der Öffentlichkeit in einer Kampagne mit Plakaten, Anzeigen und Fernsehspots versichert werden: „Wir helfen und beraten weiter", Schwangerenberatung wird als „Qualitätsprodukt" unter der Marke *„esperanza"* propagiert – wohlgemerkt außerhalb des staatlichen Systems.

Ist es eine Ironie der Geschichte, daß sich an der Frage, ob es Frauen mit Unterstützung auch von katholischen Beratungsstellen ermöglicht werden soll, unter bestimmten Umständen straffrei eine ungewollte Schwangerschaft abzubrechen, die katholischen Laien gegen die Amtskirche stellen?

Aber frau überschätze diese Tatsache nicht. Es geht bei dieser Auseinandersetzung nicht um Selbstbestimmungsrechte der Frauen – auch nicht um ihren Grundrechtsstatus, wie sie die Verfassungsrichter Mahrenholz und Sommer in ihrem abweichenden Votum im Urteil des Zweiten Senats vom 28. Mai 1993 festgestellt hatten. Von Frauenrechten war in dieser Auseinandersetzung nie auch nur andeutungsweise die Rede!

Anmerkungen

[1] Durch das 3. Strafrechtsänderungsgesetz v. 4. August 1953.
[2] § 200 f Reichsversicherungsordnung (RVO).
[3] § 1 Lohnfortzahlungsgesetz (LFZG).
[4] 1987 gab es insgesamt 87.237 gemeldete Schwangerschaftsabbrüche, von denen 87% nach der Notlagenindikation erfolgten.
[5] Des Instituts für Demoskopie in Allensbach, nach: FAZ v. 26. September 1990.
[6] „Dem Leben verpflichtet – Eine Handreichung für Ärzte und Beratungsstellen zum Schutz ungeborener Kinder".
[7] Ulrich Bonse, Köln, in: FAZ v. 21. Februar 1990.
[8] Dr. Leo Peters, Vorsitzender der Christdemokraten für das Leben in Nordrhein-Westfalen, in: FAZ v. 11. Juli 1990.
[9] Siegmund Knippel, Vors. Richter am OLG Braunschweig a. D., in: FAZ v. 21. Februar 1990.
[10] Stellungnahme der „Probsteifrauen für den Pfarrerinnentag", in: FAZ v. 8. September 1990.
[11] Vgl. *Der Spiegel*, Nr. 20, v. 13. Mai 1991.
[12] In der dritten Lesung wurde nochmals namentlich über den Koalitionsentwurf abgestimmt. Es beteiligten sich 544 Abgeordnete: 262 stimmten mit Ja, 258 mit Nein, 26 enthielten sich. Die SPD-Fraktion lehnte (bei zwei Enthaltungen) den Koalitionsentwurf ab und hätte ihn zum Scheitern bringen können, wenn nicht 46 Abgeordnete gefehlt hätten. Wäre der Koalitionsentwurf abgelehnt worden, hätte das Gesetzgebungsverfahren neu beginnen müssen.
[13] Der SPD-Entwurf hatte eine erweiterte medizinische Indikation vorgesehen, die auch die frühere soziale Notlage einschließen sollte.
[14] Statistisches Bundesamt, nach: FAZ v. 6. Juli 1999.

Barbara Kavemann

Strukturelle Gewalt gegen Frauen und die politischen Rahmenbedingungen
Neue Strategien gegen Gewalt im Geschlechterverhältnis[1]

Vor dem Hintergrund meiner Forschungsarbeit der letzten Jahre möchte ich neue Strategien gegen Gewalt im Geschlechterverhältnis vorstellen, die beachtlich Bewegung in die stagnierende Situation gebracht haben.[2] Doch bevor ich zu einzelnen Projekten im Bereich der Prävention von „häuslicher Gewalt“ zu sprechen komme, werde ich ein paar Grundlagen in diesem Bereich kurz umreißen.

Strukturelle Gewalt

Strukturelle Gewalt unterscheidet sich von individuellen Gewalttaten weniger in ihrer Wirkung als in der Frage, wen man dafür zur Verantwortung ziehen kann. Strukturelle Gewalt ist die Form der Gewalt, die sich in gesellschaftlich gültigen Normen, Gesetzen, dem Vorgehen der Institutionen und den Rollenklischees äußert. Sie wird in der Regel nicht als Gewalt wahrgenommen, wenn sie auch nachhaltig Ungleichheit und Ungerechtigkeit verursacht und von den Betroffenen als Einschränkung, Benachteiligung und Bedrohung sowie von den Nutznießern als Angebot und Handlungspielraum empfunden wird. Herrschaftsverhältnisse, die unsere Gesellschaft strukturieren, wie das Geschlechterverhältnis, das Generationenverhältnis oder das Verhältnis von sog. Inländern zu sog. Ausländern erscheinen der Mehrheit der Bevölkerung nicht als sozial konstruiert, sondern als natürlich; so sehr sind diese Strukturen Teil der alltäglichen Realität, daß sie nicht erkannt und nur Zuspitzungen wie häusliche Gewalt, Kindesmißhandlung oder rassistische Gewalt als Problem sichtbar werden.

Diese strukturelle Gewalt ist nicht vom Himmel gefallen, sondern historisch gewachsen. Sie wirkt unabhängig von der Entscheidung einzelner – wir können sie nicht per Beschluß abschaffen –; sie wird täglich im konkreten Handeln von Männern und Frauen perpetuiert und verfestigt. Es gäbe die strukturelle Gewalt nicht ohne das Handeln der einzelnen und es gäbe diese empirisch meßbare Gewalt der einzelnen nicht, wenn die strukturelle Gewalt nicht wäre.

Wir haben es mit einer Wechselwirkung von Individuum und gesellschaftlichen Strukturen zu tun. Das ist nicht besonders originell, das gibt es in vielerlei Zusammenhängen, aber es ist wichtig, darauf hinzuweisen. Daraus läßt sich folgende Schlußfolgerung ziehen: Einzelne tragen keine Verantwortung für die strukturelle Gewalt, aber sie tragen Verantwortung für ihre Handlungsweise und damit auch dafür, ob sie existierende Gewaltstrukturen für sich ausnützen oder nicht, und ob sie Schritte zur Veränderung anstreben oder unterlassen.

Wenn wir gegen Gewalt im Geschlechterverhältnis arbeiten wollen, sind wir auf zwei Ebenen gefordert: auf der *individuellen* und *strukturellen* Ebene. Auf der individuellen Ebene werden Angebote benötigt, die die Opfer der Gewalt persönlich und qualifiziert unterstützen. Es bringt Veränderung voran, wenn diese Angebote die Erkenntnis gesellschaftlicher Verhältnisse fördern, auch wenn dies nicht ihr vorrangiges Ziel sein darf. Benötigt werden weiterhin Angebote, die Gewalttäter individuell und qualifiziert in die Verantwortung nehmen und daran hindern, erneut Gewalt auszuüben. Der strukturelle Hintergrund mit all seinen Gewalt fördernden Aspekten muß hier sehr deutlich gesehen werden, ohne zur Entschuldigung zu verkommen. Die Angebote müssen für die einzelnen passen. Gruppenarbeit, die eine begrenzte gesellschaftliche Öffentlichkeit herstellt, hat sich für die Arbeit mit Frauen wie mit Männern besonders bewährt. Ohne diese individuelle Unterstützung greifen alle Maßnahmen gegen Gewalt zu kurz.

Auf der strukturellen Ebene müssen die bestehenden Rahmenbedingungen verändert werden. Es geht darum, das staatliche Gewaltmonopol ernst zu nehmen, den Staat in die Pflicht zu nehmen und einzufordern, daß Gewalt sanktioniert wird und daß präventive Maßnahmen ergriffen werden. Interventionsprojekte verbinden koordinierte Intervention mit präventiven Elementen. Die Arbeit wird radikaler, im Wortsinne will sie an den Ursachen ansetzen. Es geht darum, interdisziplinäres Lernen zu institutionalisieren, um Organisationen zum Lernen zu bringen und deren Praxis im Sinne der Betroffenen zu verändern. Damit ist das gemeint, was oft „strukturelle Prävention" genannt wird.

Interventionsprojekte sind institutionalisierte Kooperationsbündnisse. Sie setzen vor allem an der Praxis der Institutionen an. Es geht ihnen neben einer Optimierung der Unterstützung um die Koordinierung institutioneller

Intervention und die Veränderung gesellschaftlich gültiger Normen, die das Geschlechterverhältnis gestalten und verursachen, daß Gewalt in der Regel keine Konsequenzen für die Täter, aber dauerhafte Folgen für die Opfer hat. Ohne diese Arbeit an den strukturellen Verhältnissen wird die Einzelfallhilfe immer eine Sisyphusarbeit mit einem hohen Burn-out-Risiko sein.

Häusliche Gewalt

Ich konzentriere mich im folgenden auf den Aspekt der häuslichen Gewalt, die einen spezifischen Ausschnitt der Gewalt im Geschlechterverhältnis darstellt. Zuerst möchte ich etwas zu dem Begriff „häusliche Gewalt" sagen, der nicht unumstritten ist. Er wird zu Recht kritisiert, denn er benennt im Unterschied zu „Männergewalt" oder „Gewalt gegen Frauen" nicht, wer in der Regel Täter und wer Opfer der Gewalt ist. Er hat aber den großen Vorteil, konsensfähig für viele Einrichtungen und Institutionen zu sein, die die bislang verwendeten Begriffe nicht übernehmen wollten und für die der Begriff „Gewalt im Geschlechterverhältnis" zu wissenschaftlich war. Er hat den Vorteil, Gewalt klar zu benennen und stellt insofern einen großen Fortschritt gegenüber herkömmlichen Bezeichnungen wie „Familienstreitigkeiten" oder „Eheprobleme" dar, die ihrerseits die Gewalt verleugnen.

Nun möchte ich einige Modelle für koordinierte und interinstitutionell kooperierende Intervention bei häuslicher Gewalt vorstellen. Verbindende Ziele der ansonsten teilweise in Größe und Struktur recht unterschiedlichen Projekte sind die Verbesserung des Unterstützungsangebots, die Effektivierung der Intervention, das konsequente Ausschöpfen geltenden Rechts und die Weisung von gewalttätigen Männern in Täterprogramme. Kritische Aspekte sind Verbindlichkeit und Dauer der Täterprogramme, die Aussagen über den Erfolg der angestrebten Gewaltprävention zulassen, die Einbindung der (feministischen) Schutz- und Beratungsangebote für Frauen, die nicht überall gelungen ist, und das Einbinden von EntscheidungsträgerInnen, das sich ebenfalls unterschiedlich gestaltet. Hier werden m.E. auch zukünftig die Diskussionsschwerpunkte liegen.

Zunächst zum HAIP, dem „Hannoverschen Interventionsprojekt. Gegen MännerGewalt in der Familie". HAIP arbeitet seit 1992 und ist damit eines der ältesten Interventionsprojekte in Deutschland. Hier – wie in den meisten Projekten dieser Art – wurde sich am US-amerikanischen Vorbild DAIP (Domestic Abuse Intervention Project, Duluth, Minnesota) orientiert.

HAIP verbindet koordinierte Intervention mit psychologischen Unterstützungsangeboten für Frauen in der „Bestärkungsstelle" und einem Täterprogramm, das durch eine Verwarnung mit Strafvorbehalt juristisch eingebunden ist. Es wurde von Seiten der kommunalen Frauenbeauftragten initiiert und wird inzwischen gemeinsam durch die Beauftragte für Kriminalprävention der Polizeidirektion Hannover durch das Frauenbüro der Stadt Hannover und das Männerbüro e.V. koordiniert. In den Treffen des Runden Tisches kommen eine große Zahl involvierter Einrichtungen und Institutionen zusammen. HAIP setzt auf Sonderzuständigkeiten bei der Polizei – hier wird vor allem mit dem „Präventionsprogramm Polizei Sozialarbeit – PPS" kooperiert. Weiterhin ist für Hannover charakteristisch, daß der Täter-Opfer-Ausgleich in die Kooperation einbezogen ist.

Das Berliner Interventionsprojekt gegen häusliche Gewalt (BIG) kenne ich am besten, da wir es vor Ort wissenschaftlich begleitet haben. BIG erarbeitet und erprobt seit 1995 als Bundesmodellprojekt Wege der Kooperation und Veränderung im Land Berlin, die dazu beitragen sollen, die Situation von Frauen in Mißhandlungssituationen nachhaltig zu verbessern. Das Besondere an BIG ist der Politische Runde Tisch, an dem diejenigen sitzen, die politische Entscheidungen treffen. In Person der Senatorinnen und Senatoren ist hier die ministerielle Ebene eingebunden. In sieben Fachgruppen, die Unterstützungskonzepte, Curricula, polizeiliche Leitlinien, Gesetzesinitiativen, Öffentlichkeitsmaterialien usw. erarbeiten und dem Runden Tisch zur Entscheidung vorlegen, arbeiten neben Frauenhäusern und Frauenberatungsstellen eine Vielzahl von VertreterInnen der Verwaltungen, der Polizei und der Gerichte und anderer Einrichtungen mit, die die Kompetenz und Befugnis haben, zu verhandeln und Vorschläge entscheidungsreif für ihr Haus vorzubereiten. Das bedeutet, daß Berlin in der glücklichen Lage ist, Innovationen abzustimmen und diese tatsächlich herbeiführen zu können. In Berlin arbeitet – anders als in Hannover – ein hauptamtliches Koordinationsteam aus vier Koordinatorinnen. Ein weiterer Unterschied zu HAIP ist, daß das Berliner Konzept für ein Täterprogramm den Zugang zu den sozialen Trainingskursen an eine Bewährungsstrafe bindet, was eine hohe Schwelle darstellt.

Das „Kieler Interventionskonzept – KIK" orientierte sich wie HAIP und BIG ebenfalls am Vorbild aus den USA. In Trägerschaft des Frauenhauses arbeitete es von 1995 bis 1998 als Modell mit einem Koordinationsteam, das mit zwei Stellen ausgestattet war. Auch in Kiel gibt es einen interdisziplinär besetzten Runden Tisch, der die Aufgabe wahrnimmt, die Umsetzung neuer Verfahrensweisen und Maßnahmen zu prüfen. Ein Schwerpunkt liegt auf der Kooperation mit der Polizei. Eine Männerberatungsstelle übernimmt die Täterarbeit, an der ein breiteres Spektrum von Männern teilnehmen kann als in Berlin: sowohl Selbstmelder als auch Männer mit Bewährungsauflagen bzw. mit einer Verwarnung mit Strafvorbehalt. KIK strebt vor allem eine konsequentere Nutzung des geltenden Rechts an. Inzwischen nahm ein zweites Modellprojekt die Arbeit auf, das das Ziel hat, das Interventionsmodell auf ländliche Bereiche in Schleswig-Holstein zu übertragen. KIK heißt jetzt Kooperations- und Interventionskonzept Schleswig-Holstein.

Auch in der Schweiz gibt es Interventionsprojekte, wobei besonders „Halt Gewalt" in Basel zu nennen ist, das seit 1996 mit einer hauptamtlichen Koordination und einem hochrangig besetzten Runden Tisch arbeitet.

Von besonderer Bedeutung für die Diskussion in Deutschland und der Schweiz sind die Erfolge der österreichischen Interventionsstellen. Sie kooperieren auf der Grundlage der neuen Gewaltschutzgesetze mit der Polizei. Das Gesetz ermöglicht das Aussprechen einer Wegweisung und eines Rückkehrverbots für sieben bis zu höchstens 14 Tage durch die Polizei und die anschließende Möglichkeit, längere Schutzanordnungen über einstweilige Verfügungen zu beantragen. Somit wurde erreicht, daß Frauen nicht ihre Wohnung verlassen müssen, sondern der Gewalttäter entfernt wird und seine Rückkehr mit Sanktionen belegt ist. Die Polizei gibt die Informationen über jeden dieser Polizeieinsätze an die Interventionsstellen weiter, die staatlich anerkannte Opferschutzeinrichtungen sind. Sie sind gehalten, sofort Kontakt mit der betroffenen Frau aufzunehmen und sie über ihre Rechte und Möglichkeiten zu beraten. Diese gesetzlichen Möglichkeiten zur Verbesserung des Schutzes von mißhandelten Frauen wurde von der Fachgruppe Zivilrecht bei BIG aufgegriffen und zu einer Gesetzesinitiative für vergleichbare zivilrechtliche Schutzanordnungen ausformuliert, die inzwischen als ReferentInnenentwurf vom Bundesministerium für Justiz überarbeitet und dem Bundestag zur Entscheidung vorgelegt wurde. Ich denke, wir können optimistisch sein, daß es vergleichbare Schutzanordnungen auch bald hierzulande geben wird.

Grundsätzlich geht es überall um Zusammenarbeit unterschiedlicher staatlicher und nicht-staatlicher Einrichtungen und Institutionen, die sich bislang in Unkenntnis, Gleichgültigkeit oder auch Feindschaft gegenüberstanden, die aber alle in der Verantwortung sind, wenn es um häusliche Gewalt geht. Veränderung muß politisch gewollt sein, wenn sie greifen soll.

Ich möchte einige Überlegungen zu der Frage vorstellen, welche Bedingungen das Entstehen von interinstitutionellen Interventionsprojekten in den letzten Jahren begünstigt haben und welche Chancen zu sehen sind, daß diese dynamische Entwicklung weitergeführt wird.

Unsere Interviews mit Frauen, die sich im Berliner Interventionsprojekt engagieren, ergaben, daß es vor allem das Gefühl von Stagnation, Ermüdung und Desillusionierung war, das seit Beginn der 90er Jahre den Wunsch nach neuen Ideen und Konzepten so stark hervorgebracht hat. Viele hatten den Eindruck, seit Jahren wie die Hamster im Rad zu laufen, zwar einiges zu bewirken, aber nicht nachhaltig Veränderung zu erreichen und mit dem begrenzten Einfluß der Frauenhäuser und Frauenberatungsstellen der realen Dimension der Gewalt gegen Frauen nicht annähernd gerecht werden zu können.

Das Gefühl der Stagnation läßt leicht den Eindruck entstehen, nichts erreicht zu haben. Das ist ein großer Irrtum. Die Frauenhausbewegung in der Bundesrepublik hat große Erfolge zu verzeichnen. Nicht nur konnte es gelingen, das Thema über 20 Jahre in der öffentlichen Diskussion zu halten, sondern es wurde auch ein breites Unterstützungsangebot realisiert, das sich mehr und mehr fachlich ausdifferenzieren konnte und nachhaltig innovativ auf den gesamten Bereich der sozialen Arbeit gewirkt hat. Auch über das Feld der Sozialarbeit hinaus haben die Frauenprojekte die Ansätze für ein Umdenken und für veränderte Praxis bewirkt.

Diese Erfolge könnten zufrieden machen, wenn da nicht die ursprünglichen Ziele und Erwartungen wären. Es gibt seit über 20 Jahren Frauenhäuser in der Bundesrepublik, inzwischen fast 400. Wir haben für viele mißhandelte Frauen die Situation real verbessern können, scheinen jedoch dem Ziel der Reduzierung, geschweige denn der Beendigung von Gewalt im Geschlechterverhältnis, nicht richtig näher gekommen zu sein. Ich glaube, daß eben diese Erkenntnis der eigenen Grenzen die Bereitschaft zu Weiterdenken und Kooperation eröffnet hat.

Unterstützungsangebote optimieren

Frauenhäuser und Frauenberatungsstellen erreichen nicht alle mißhandelten Frauen. Interinstitutionelle Kooperation kann dazu beitragen, daß die Gesamtheit der Frauen, die in Mißhandlungssituationen leben, zur Zielgruppe koordinierter Angebote werden. Es ist immer sehr schwierig, die Grenzen der eigenen Arbeit zu sehen und öffentlich zu benennen. Es hat immer den Anschein, versagt zu haben, auch wenn es eine Binsenweisheit ist, daß einzelne soziale Einrichtungen nicht in der Lage sein können, ein gesellschaftliches Problem zu lösen. Selten nur wird deshalb laut gesagt, daß Frauenhäuser und Frauenberatungsstellen nur einen Teil der mißhandelten Frauen erreichen. Niemand weiß, ob es ein großer oder ein kleiner Teil ist. Es steht aber fest, daß es auch im Jahr 2000 Frauen gibt, die nicht wissen, daß es Frauenhäuser gibt bzw. daß sie dorthin gehen könnten oder was ihnen das bringen würde, wenn sie dorthin gingen. Es gibt auch Frauen, die nie in ein Frauenhaus gehen würden – egal wie schlecht es ihnen geht. Öffentlichkeitsarbeit für Frauen sollte versuchen, Vorurteile und Ängste abzubauen und die Unterstützungsangebote in ihrer Vielfalt und Unterschiedlichkeit vorzustellen, von autonomen bis zu städtischen oder kirchlichen Einrichtungen.

Kooperation kann gegen Ausgrenzung wirken, indem sie dazu beiträgt, Angebote zu vernetzen und so die Versorgungslage zu verbessern. Das Prinzip der offenen Tür, nach dem immer noch viele Frauenhäuser arbeiten, gilt bekanntermaßen nicht für alle Frauen. Aus guten Gründen gibt es Einschränkungen; diese verursachen aber Lücken im Angebot. So fehlen mancherorts Schutzmöglichkeiten für Frauen mit Söhnen im jugendlichen Alter, für drogen- und alkoholabhängige Frauen, aber auch für Frauen, die pflegebedürftig oder in psychischen Ausnahmesituationen sind. Interinstitutionelle Kooperation kann Wege erarbeiten, wie für diese Frauen, die nicht ohne weiteres in den Alltag eines Frauenhauses integriert werden können, Schutz gewährleistet werden kann.

Die besonderen Probleme von Migrantinnen werden inzwischen vielerorts diskutiert. Sie stellen mancherorts bis zu 50% der Bewohnerinnen von Frauenhäusern. In fast allen Interventionsprojekten setzt man sich mit dem Ausländergesetz auseinander, das spezifische Probleme und Gefährdungen für Migrantinnen mit sich bringt. Hier ist Bewegung in die Rechtspraxis gekommen und zukünftig dürfen Migrantinnen hoffentlich auf etwas mehr Schutz vor Gewalt zählen.

Der Zugang für Frauen mit Beeinträchtigungen zu den Unterstützungsangeboten scheitert nicht an der Gesetzeslage, sondern in der Regel an baulichen Gegebenheiten und fehlendem Geld, z.B. ein Frauenhaus oder eine Beratungsstelle rollstuhlgerecht auszustatten. Hier ist noch viel Überzeugungsarbeit erforderlich, daß diese ohnehin besonders abhängige und damit besonders gefährdete Gruppe von Frauen gesehen und entsprechend berücksichtigt wird.

Kinder – das hat die neuere Forschung erwiesen – sind nicht Mitbetroffene der Gewalt gegen ihre Mütter, nicht „sekundäre Opfer", sondern unmittelbar betroffen, teilweise traumatisiert. Sie brauchen eigene Unterstützung im Frauenhaus, auch danach: Für Kinder ist der Aufenthalt in einer solchen Einrichtung oft eine spezielle Zumutung, trotz der aktuellen Erleichterung, die sich einstellt, wenn sie sich in Sicherheit befinden. Alex Saunders, ein Sozialpädagoge aus England, hat eine interessante Forschungsarbeit hierzu veröffentlicht (Saunders 1995). Er hat selbst im Alter von 13 Jahren ein halbes Jahr lang mit seiner Mutter in einem Frauenhaus gelebt und hat später Frauen und Männer befragt, die ebenfalls als Kinder im Frauenhaus waren. Die Gespräche zeigen eine Mischung aus Dankbarkeit, Erinnerung an große Unsicherheit, wie es weitergehen wird und an das Gefühl, selbst nicht wichtig zu sein.

Kinder brauchen eigenständige Zuwendung und professionelle Unterstützung in dieser für sie oft hochgradig ambivalent erlebten Situation. Dies ist auch in präventiver Hinsicht wichtig. Die Forschung (Peled u.a. 1992) weist darauf hin, daß das Erleben der Mißhandlung der Mutter für späteres eigenes Gewalthandeln von noch stärkerer Bedeutung ist, als die Tatsache, selbst als Kind geschlagen worden zu sein. Im Bereich des Kinderschutzes ist häusliche Gewalt bislang allerdings noch nicht Thema; die Situation der Mütter wird nicht hinterfragt. Mütter werden im Gegenteil in der Regel zu den Hauptverantwortlichen, wenn es Kindern nicht gut geht, sie vernachlässigt oder mißhandelt werden. Es wird nicht gesehen, daß häusliche Gewalt der häufigste Kontext von Kindesmißhandlung ist, als die gleichzeitige Mißhandlung von Frauen und ihren Kindern eher die Regel als die Ausnahme ist. Hier ist ein Umdenken erforderlich. Marianne Hester aus Bristol hat eine interessante Arbeit vorgelegt, die nachvollziehbar macht, wie es der britischen Frauenhausbewegung gelungen ist, das Thema Mißhandlung von Frauen als ein zentrales Thema im Kinderschutz zu etablieren (Hester/Pearson 1998). Hier sehe ich ein Beispiel für die Bundesrepublik. Bislang gehen die Frauenbewegung und die Kinderschutzbewegung recht getrennte Wege – teilweise einander fremd, teilweise verfeindet. Im Sinne der mißhandelten Frauen und vor allem ihrer Kinder besteht hier dringender Handlungsbedarf. Wenn Kinderschutzinstitutionen – vor allem die Jugendämter – die Mißhandlung der Frau wahr- und ernstnehmen und in ein Interventionskonzept eingebunden sind, dann vergrößert sich nicht nur die Chance für Kinder, sondern auch für Frauen Unterstützung zu finden immens. Gemeinsame Fortbildungen von MitarbeiterInnen von Jugendämtern und Frauenhäusern würden sich hier sicherlich bewähren.

Gleich noch ein weiterer Aspekt der Auseinandersetzung mit dem Bereich der Jugendhilfe und des Kinderschutzes: *Besuchsregelungen* können Frauen und Kinder gefährden. Marianne Hester und Lorraine Radford haben eine Vergleichsuntersuchung der Situation in England und Dänemark vorgelegt, die überdeutlich nachweist, wie sehr der Streit um Besuchs- und Kontaktregelungen für die Kinder von Mißhandlern genutzt wird, um Kontrolle über die Frau auszuüben sowie sie und die Kinder immer wieder zu bedrohen und zu mißhandeln (Hester/Radford 1996). Es ist eine Aufgabe für die interinstitutionelle Vernetzung, sichere Möglichkeiten zu schaffen, die Besuche ermöglichen, wenn Kinder ihre Väter sehen wollen und Familiengerichte entsprechend entschieden haben. Die Modelle aus anderen Ländern – z. B. Besuchszentren – sollten geprüft und, wenn möglich, übernommen werden. Das bedeutet, daß es ganz wichtig ist, Zugang zu Familien- und Vormundschaftsgerichten zu suchen und diese in die Vernetzung einzubinden, um zukünftig mehr Schutz für Frauen und Kinder zu gewährleisten. Hier ist viel Kommunikation und Fortbildung nötig. Auch wenn wir hierzulande keine Besuchszentren haben, gibt es die Möglichkeit, daß Familiengerichte nach geltendem Recht geschützten und begleiteten Umgang anordnen, was jedoch erst in letzter Zeit zunehmend der Fall ist. Dann fehlt es an qualifiziertem Personal für die Begleitung des Umgangs, auch der Kinderschutzbund klagt über zu wenig Kräfte, die dies übernehmen können.

Den Gesundheitsbereich in die Vernetzung einzubinden, wäre ein großer Fortschritt. Die Rolle der ÄrztInnen und des Pflegepersonals kann gar nicht hoch genug eingeschätzt werden. Bislang fehlt hier das Wissen über Mißhandlung und es gibt keinerlei Dokumentation, wie oft und mit welchen Problemen Frauen die ärztliche Praxis oder das Krankenhaus aufsuchen. Die Tatsache, daß dieses Thema hohen Stellenwert bei den internationalen Organisationen hat, sollten wir ausnutzen: Die UNO, die WHO und die Weltbank haben sich damit auseinandergesetzt und die Priorität der Arbeit gegen Gewalt gegen Frauen auf ihre Agenda gesetzt, alle im Kontext der Gesundheitsförderung (vgl. Kavemann 1997).

Die *Täterprogramme* sind immer noch ein sehr umstrittener Aspekt von Interventionsprojekten. Da es kaum praktische Erfahrungen gibt, läßt sich wenig Neues zu den existierenden Modellen sagen: Nach wie vor fehlt es an Evaluation und es ist fraglich, wie nachhaltig die Veränderung ist, die in Täterprogrammen erreicht werden kann. Nach wie vor hat auch Alberto Godenzis These Gültigkeit, daß bei aller positiven Veränderung Rückfälle in gewalttätiges Verhalten jederzeit und unangemeldet möglich sind. In diesem Kontext möchte ich ein Ergebnis der wissenschaftlichen Begleitung des Londoner Interventionsprojektes zitieren, daß mir sehr interessant erscheint: In den Kursen des Täterprogramms konnte festgestellt werden, daß die Männern während der Zeit der Kursteilnahme ihre Gewalt drastisch reduziert bzw. gänzlich eingestellt hatten. Über ihr späteres Verhalten sagte das wenig aus, galt aber für die Monate ihrer Teilnahme am Täterprogramm. Die Londoner Mitarbeiterinnen betonen die Bedeutung dieses Einschnitts. Sie haben die Trennungssituation als die risikoreichste Zeit im Leben einer Frau identifiziert, die mit einem gewalttätigen Mann zusammenlebt. In dieser Zeit werden Frauen am häufigsten schwer verletzt oder getötet. Es kann als ein wichtiger Beitrag angesehen werden, daß das Täterprogramm – kombiniert mit einem geeigneten Unterstützungsangebot für die (Ex-)Partnerinnen dieser Männer – eine sichere Trennungsmöglichkeit für Frauen schaffen kann. Das sollte auch für diejenigen ein Argument sein, die ansonsten keine großen Erwartungen in Täterarbeit setzen.

Allerdings verlangt die Zusammenarbeit mit Männerberatungsstellen, die Täterprogramme durchführen, einen kritischen, feministischen Blick von außen, aber auch ein gewisses Vertrauen in deren Kompetenz. Mitarbeiterinnen in Interventionsprojekten und Frauenschutzeinrichtungen sind gefordert, sich mit Inhalten und Konzeptionen von Täterprogrammen vertraut zu machen, um die Arbeit fachlich einschätzen und mit den KollegInnen in fachlichen Austausch treten zu können. Eine pauschale Ablehnung von Täterprogrammen oder eine pauschale Verdächtigung der KollegInnen in diesem Bereich, sie würden die Gewalt entschuldigen, indem sie versuchen, Zugang zu den Tätern zu finden, ist unangebracht. Einerseits ist es für jede pädagogische Arbeit unerläßlich, Zugang zu den Personen zu suchen, mit denen gearbeitet wird und den Versuch zu machen, sie zu motivieren; andererseits gibt es hier wie in jedem Bereich gute und schlechte Arbeit.

In der Auseinandersetzung über die Legitimität von Täterarbeit wird immer wieder Verstehen im Sinne von Erkennen mit Verständnis im Sinne von Entschuldigen verwechselt. Lisa Price (1999) führt in ihrem Beitrag zu Männergewalt in Kriegs- und Friedenszeiten aus, daß Gewalt und Bosheit »weder geheimnisvoll noch übernatürlich sind«, sondern in »menschlichen Begriffen zu verstehen« sind. Sie argumentiert mit einer konsequenten Präventionslogik: Jede Handlung verfolgt einen Zweck und ist somit „rational“ aus der Perspektive des Täters. Die Außenstehenden haben die Aufgabe, die Taten zu verstehen, indem sie versuchen, die Motive des Täters zu erfassen; sie sind sogar verpflichtet dazu, auch und gerade wenn Handlungen

„irrational“ in ihrer Sinnlosigkeit und Brutalität erscheinen. Verstehen ermöglicht die Auseinandersetzung mit der Tat und eröffnet Wege der Inverantwortungnahme und Prävention. »Verstehen bedeutet nicht Identifikation mit dem Täter oder Übereinstimmung mit der Subjektivität des Täters« (Price 1999: 2 ff). Das Bemühen um dieses Verstehen könnte ein Minimalkonsens sein, auf den sich Interventionsprojekte einigen können. Dies würde ermöglichen, daß Täterprogramme fachlich-kritisch diskutiert anstatt moralisch ausgegrenzt oder kritiklos begrüßt werden.

Förderung sozialer Unterstützung für Frauen in Gewaltbeziehungen

Eine breite Öffentlichkeitsarbeit, die sich an die allgemeine Öffentlichkeit und nicht nur an die Fachöffentlichkeit richtet, wird einer weiteren Erkenntnis neuerer Forschung gerecht: Wenn Frauen aus Mißhandlungssituationen fliehen wollen, wenden sie sich vorrangig an Verwandte und Freundinnen, die dann sehr oft ratlos und überfordert sind, oder aber mit Vorwürfen und Schuldzuweisungen reagieren, weil sie vorherrschende Vorurteile teilen. Für diesen Personenkreis, der den größten und wichtigsten Bereich an Unterstützung bietet, ist öffentliche Information und öffentliche Stellungnahme von großer Bedeutung. Beispiele für eine solche Öffentlichkeitsarbeit sind die „Zero Tolerance Campaign“ in Schottland oder die interessant gestaltete Kampagne „Aktiv gegen Männergewalt“ in München, die sich jedoch stärker an die Fachöffentlichkeit richtete (Heiliger/Hoffmann 1998). Die schottische Kampagne konnte interessante Evaluationergebnisse vorlegen: Es gelang tatsächlich, in der Bevölkerung ein Umdenken einzuleiten, der Thematik eine öffentliche Akzeptanz zu verleihen und damit für viele Frauen den Weg zu Unterstützung und Schutz überhaupt erst zu eröffnen. Diese Kampagnenarbeit erfordert aber die Bereitschaft, sich vieler Medien zu bedienen, mit vielen Menschen ins Gespräch zu kommen, deren Positionen möglicherweise weit entfernt von den eigenen sind, und sich vielen Fragen zu stellen, die aus erschreckender Unwissenheit und Vorurteilen kommen. Dies ist sicherlich ein mühevoller Weg. Außerdem kostet die öffentliche Sichtbarkeit Geld. Und sie kann nur gelingen, wenn entweder viel Geld zur Verfügung steht, was unwahrscheinlich ist, oder wenn Unterstützung von politischen EntscheidungsträgerInnen kommt. Hilfreich wäre z.B. eine öffentliche Rede von prominenten PolitikerInnen, in der häuslicher Gewalt eine deutliche Absage erteilt würde.

Daß die Öffentlichkeit zur Zielgruppe der Arbeit gegen häusliche Gewalt werden sollte, wird von Forschungsergebnissen unterstützt: Die Social Support Forschung (Schmerl/Nestmann 1990) hat nachgewiesen, daß Frauen über quantitativ und qualitativ bessere soziale Netzwerke verfügen, und das nicht, weil sie sie von Natur aus sozialer sind, sondern weil sie diese Unterstützung in ihrem Alltag unbedingt brauchen, vor allem, wenn sie kleine Kinder haben. Frauen müssen viel investieren, um sich diese Netzwerke aufzubauen und zu erhalten, denn sie funktionieren auf Gegenseitigkeit: Kinderbetreuung, Nachbarschaftshilfe, Zuhören, Entlastung. Wenn Frauen in Gewaltverhältnissen leben, kann dies dazu führen, daß sie keine Kraft und Möglichkeit mehr haben, ausreichend für die Stabilität ihres sozialen Netzwerks zu sorgen, bzw. können diese Unterstützungsnetze und Kontakte durch das Kontrollverhalten gewalttätiger Partner völlig zerstört werden. Die Studien zu Social Support haben auch nachgewiesen, daß die konkrete Unterstützung im Alltag, die von Freundinnen, Nachbarinnen, Familienangehörigen gegeben wird, gut geeignet ist, psychische Belastungen zu reduzieren und den schädigenden Effekten von belastenden Lebenssituationen entgegenzuwirken. Wenn das unmittelbare Lebensumfeld – Verwandtschaft, Nachbarschaft – sich solidarisch und unterstützend zu einer mißhandelten Frau verhält und dem Mißhandler mit klarer Position entgegentritt, hat dies einen unmittelbar stärkenden und schützenden und sicherlich auch einen immens präventiven Effekt.

Wenn die Planung von Öffentlichkeitskampagnen zu häuslicher Gewalt diese Erkenntnisse aufgreift und Wege sucht, der Bevölkerung die oft schwer verständlichen Verhaltensweisen mißhandelter Frauen und ihrer Kinder verständlich zu machen sowie die Einstellung gegenüber häuslicher Gewalt zu verändern, dann wäre dies von großem Nutzen für die Betroffenen.

Vernetzung ist das eine Zauberwort, das andere ist *Empowerment*!

Eines geht nicht ohne das andere. In Berlin erlebe ich es in den Fachgruppen bei BIG, wie Mitarbeiterinnen von Frauenhäusern und Frauenberatungsstellen selbstverständlich und entspannt mit RichterInnen und StaatsanwältInnen diskutieren, mit VertreterInnen der Senatsverwaltungen und der Polizei Vorschläge erarbeiten oder ihre Arbeitsweise kritisieren und am

Runden Tisch den anwesenden SenatorInnen und ihren StaatssekretärInnen öffentlich ihre Vorschläge für eine veränderte Politik unterbreiten. Und das ohne den anklagenden, abgrenzenden Ton, den wir alle so gut kennen, und der aus der Machtlosigkeit entsteht, sondern mit einer neuen Sachlichkeit, die von einer veränderten Selbstwahrnehmung kommt.

Kooperation von staatlichen und nicht-staatlichen Einrichtungen und Institutionen

Die Zusammenarbeit mit VertreterInnen der Institutionen und Verwaltungen setzt die *institutionelle Macht*, über die diese verfügen, nicht außer Kraft, sie *entmystifiziert* sie aber. In den Gremien eines Kooperationsprojekts entwickelt sich ein Austausch, der einen recht genauen Einblick in andere Arbeitsbereiche ermöglicht und eine realistische Sicht auf die Kompetenzen, Grenzen und Sachzwänge der anderen erlaubt. Eine Konsequenz kann sein, daß die Anforderungen *realistischer* und dafür sehr viel genauer formuliert werden können und neue Möglichkeiten der Einflußnahme entstehen. Das persönliche Kennenlernen ermöglicht darüber hinaus einen persönlichen Umgang, der um Positionen streitet, nicht Personen angreift. Es können sich Koalitionen bilden, um auf der nächst höheren Ebene gemeinsam weitergehende Ziele zu verfolgen – z.B. Gesetzesänderungen einzuleiten oder Richtlinien zu überarbeiten.

Kooperationsprojekte leben von ihrer Zusammensetzung: Je mehr unterschiedliche Arbeitsbereiche einbezogen werden, desto vielfältiger die spezifischen fachlichen Informationen, die eingebracht werden, desto größer der Lern- und Austauscheffekt. Zur Zeit dominiert in den bundesdeutschen Interventionsprojekten gegen häusliche Gewalt – ebenso wie in denen in Österreich und der Schweiz – die Bezugnahme auf den justiziellen und polizeilichen Bereich. Das hängt sicherlich damit zusammen, daß hier Probleme für mißhandelte Frauen bestehen, die dringend verändert werden müssen. Außerdem besteht z.B. von Seiten der Polizei eine hohe Bereitschaft zur Veränderung, da sie eine ganz eigene Unzufriedenheit mit dem status quo spürt. Andere Bereiche haben von sich aus weniger Druck, sollten aber trotzdem für die Mitarbeit geworben werden, so z.B. der ganze Bereich der Justiz, des Kinderschutzes und der Jugendhilfe sowie der Gesundheitsbereich, wobei es erfahrungsgemäß in allen Ländern ein Problem ist, VertreterInnen der Justiz einzubinden.

Vernetzung ist ein Hindernislauf!

Es ist also wichtig, daß wir fit sind. Ein Hindernis für Neuerungen ist grundsätzlich der Veränderung selbst inhärent: Sie ist das Ziel, stellt aber gleichzeitig eine Bedrohung dar. Veränderung wird nie nur positiv empfunden. Nirgendwo wird die Ambivalenz gegenüber der Veränderung deutlicher als in der Arbeit gegen Gewaltverhältnisse. Wir kennen sie genau aus den Entscheidungsschwierigkeiten der Frauen, die überlegen, sich von einem gewalttätigen Mann zu trennen. Auch wenn die bestehende Situation als nicht zufriedenstellend erlebt wird, sogar als unerträglich, stellt sich doch eine Angst vor Veränderungen ein.

Den Mitarbeiterinnen von Frauenhäusern geht es nicht viel anders, wenn die *strukturelle Veränderung* ihres Arbeitsbereichs Thema wird. Sie berührt einerseits die Frage nach Art und Qualität des Unterstützungsangebots, andererseits bringt sie das Problem der Existenzsicherung ins Spiel. In Berlin z.B. zeigte sich, wie viele strukturelle Fragen ein Interventionsprojekt aufwirft. Die Vertreterinnen der Frauenprojekte, die das Interventionsprojekt initiiert hatten und seit drei Jahren viel Arbeit hineingesteckt haben, wurden sehr vorsichtig und zögerlich, als es darum ging, die formulierten Ziele in konkrete Maßnahmen zu überführen. Jede Veränderung – auch die gewünschte, so wurde klar – würde die Gewohnheiten langjähriger Arbeitserfahrung sowie die Routine und die Sicherheit, die daraus geschöpft werden kann, in Gefahr bringen. Für Außenstehende ist es sicherlich nicht leicht zu verstehen, daß gerade Frauenhäuser nicht selbstverständlich in allen Städten in den Interventionsprojekten mitarbeiten. Das Verstehen fällt vielleicht leichter, wenn berücksichtigt wird, daß diese Einrichtungen berechtigte Befürchtungen haben, alle neuen Unterstützungsangebote könnten gerade in ihrem Bereich zu Einsparungen und Stellenkürzungen führen. Kein Polizeibeamter, der sich für die Verbesserungen der Polizeieinsätze engagiert, muß um seinen Arbeitsplatz fürchten. Die Mitarbeiterinnen von Frauenprojekten müssen jedoch befürchten, daß die von ihnen selbst geschaffenen Neuerungen unter Umständen mit Mitteln finanziert werden, die bislang für ihre Arbeit zur Verfügung standen.

Es ist verständlich, daß Veränderungen in Organisationen zu Unsicherheiten und Angstgefühlen bei den MitarbeiterInnen führen. Die Widerstände gegen die geplanten Reformen oder Strukturveränderungen wachsen häufig in dem Maße, wie der Zeitpunkt für die Umsetzung herannaht und der Druck zur Realisierung der Konzepte stärker wird (Hege/Schwarz 1992: 43). Marianne Hege hat dies einmal für ein Vernetzungsvorhaben in

München mit folgendem Bild beschrieben: Wenn die Umsetzung der Veränderungsvorschläge näher rückt, ist es so, als koppelten sich immer mehr Waggons von dem gemeinsamen Zug ab, bis schließlich nur noch die Lok fährt, oder der Zug kommt nicht mehr voran, weil die Leute in den Waggons die Notbremse ziehen.

Für die weitere Zusammenarbeit ist es wichtig, die Sorgen der Frauenprojekte zu verstehen und ernst zu nehmen, sowie hartnäckig um ihre Mitarbeit in den Interventionsprojekten zu werben. Frauenprojekte sind ein zentraler und unverzichtbarer Bestandteil der Netze. Es fehlt etwas Wichtiges, wenn sie nicht da sind: spezifische Kompetenz und Erfahrung. Die Besonderheit nach Margrit Brückner, das *spezifische Dritte* zwischen der Institution und den betroffenen Frauen. Kooperation zu organisieren und zu implementieren braucht also Zeit – für vertrauensbildende Kontakte, für das Abwägen von Risiken, für Überzeugungsarbeit.

Vernetzungskompetenzen erwerben

Um erfolgreich zu kooperieren, sind Bereitschaft, Offenheit und bestimmte Fähigkeiten erforderlich, die Susanne Eichler und Gesa Schirrmacher in ihrem Forschungsprojekt „Friedenspraxis und Alltagsgewalt" *Vernetzungskompetenzen* genannt haben. Sie umfassen

- die Bereitschaft, sich in berufsfremde Denkweisen und Handlungscodices hineinzudenken,
- produktive Umgangsformen in einem interdisziplinären Rahmen zu entwickeln,
- die Fähigkeit, Anregungen im Hinblick auf Veränderungen in der eigenen Einrichtung aufzugreifen,
- die Nutzung und Erweiterung von Handlungsspielräumen, Lust an der Veränderung, keine Angst vor Widerstand,
- die Fähigkeit, Widerstände zu benennen und Alternativen zu entwickeln,
- die Fähigkeit zur Selbstevaluation im Hinblick auf die tatsächlich erreichten Veränderungen im Sinne der Betroffenen.

Die Bereitschaft sollten alle mitbringen, die Fähigkeiten können im Kooperationsprozeß erlernt und ausgebaut werden (vgl. Eichler/Schirrmacher 1998).

Drei Ebenen sollten in einem Interventionsprojekt zusammenwirken: Zum einen sollten Schutz- und Beratungsprojekte, vor allem auch Frauenhäuser und Frauenberatungsstellen, sowie Migrantinnenberatungsstellen sich austauschen und zusammenarbeiten. Zum anderen wäre es sinnvoll, wenn Institutionen, Verwaltungen und Politik, vor allem auch Polizei, Justiz, Jugendamt, AusländerInnenbehörde, aber auch Ministerien eingebunden werden könnten und kooperieren würden. Die dritte Ebene ist eine unabhängige Kraft: Die KoordinatorInnen der Interventionsprojekte oder der Runden Tische sollten den Rahmen der Vernetzungsarbeit auf eine Weise gestalten, die es – im Idealfall – allen TeilnehmerInnen erlaubt, Vernetzungskompetenzen zu entwickeln und persönliche Entwicklungsprozesse zu durchlaufen. Also auf eine Weise, die sie ermutigt, ihre spezifischen fachlichen Kompetenzen auszubauen, Neues zu lernen und vorhandene Spielräume offensiv zu nutzen.

Der Zuwachs an Handlungskompetenz, Fachwissen, persönlichem Mut und sozialer Phantasie bei denjenigen, die das Arbeitsfeld der Intervention bei häuslicher Gewalt gestalten, wird im Gegenzug dem Empowerment der betroffenen Frauen förderlich sein. Wenn diejenigen, die unterstützen, intervenieren oder sanktionieren, mehr von der spezifischen Dynamik häuslicher Gewalt verstehen und bereit sind, sich hier zu engagieren, wird sich dies auf die Qualität von Intervention und Unterstützung auswirken. Schon jetzt z.B. hören wir in Berlin von Mitarbeiterinnen der Frauenhäuser, daß mehr und mehr Bewohnerinnen berichten, daß Polizeibeamte sich ihnen gegenüber respektvoller und kompetenter verhalten.

In Interventionsprojekten mit multiprofessioneller, interinstitutioneller Kooperation greifen also mehrere Entwicklungen ineinander:

- *Mitarbeiterinnen in Frauenprojekten* entwickeln Vernetzungskompetenzen und bauen Kooperationsverhältnisse aus. Sie erweitern den Radius ihrer Einflußnahme. Ihr besonderer Auftrag in der Vernetzung ist es, die Interessen mißhandelter Frauen und ihrer Kinder zu vertreten und dafür zu sorgen, daß deren Erfahrungen mit alten Problemen und neuen Regelungen gehört werden. Es geht darum, daß sie ihre politischen und fachlichen Gestaltungsmöglichkeiten nutzen.
- *MitarbeiterInnen von Institutionen und Verwaltungen* entwickeln ebenfalls Vernetzungskompetenzen. Ihr besonderer Auftrag ist es, existierende rechtliche Grundlagen, Vorschriften sowie Handlungsroutine zu prüfen und besser auf die Bedürfnisse mißhandelter Frauen und ihrer

Kinder abzustimmen. Sie sorgen für die Fortbildung ihrer MitarbeiterInnen und für die Einhaltung veränderter Vorschriften.

- Beide Gruppen sorgen für mehr *Transparenz* und für einen Austausch, der der Vernetzung förderlich ist, z.B. indem Mitarbeiterinnen von Frauenprojekten ihr Wissen in die Vernetzung einspeisen, ihre Arbeitsformen erläutern und KollegInnen aus den Institutionen und der Verwaltung bei ihren Anstrengungen innerhalb der schwerfälligen Institution unterstützen. Oder indem MitarbeiterInnen der Institutionen und der Verwaltung für die Interessen der Frauenprojekte eintreten, die Kolleginnen in den Projekten in ihrem Engagement unterstützen, sie deren Kompetenz anerkennen, ihnen Zugang zur inneren Logik der Institution vermitteln und auf elitären Fachjargon verzichten.
- PolitikerInnen der zuständigen Ressorts informieren sich über die Arbeit und die Ergebnisse der Interventionsprojekte, übernehmen *Verantwortung* für deren Umsetzung und Absicherung. Sie stützen Initiativen für weitergehende Vorhaben (z.B. Gesetzesänderungen) und setzen sich für die Ziele der Interventionsprojekte öffentlich ein. Gerade innerhalb der von Ressortdenken geprägten Politik ist Kooperation nicht alltäglich. Deshalb ist es interessant, daß diese Kampagne, die hier vorgestellt wird, von zwei Ministerien – dem Bundesministerium für Familie, Senioren, Frauen und Jugend sowie dem Bundesministerium für Justiz – getragen wird.

Die Begegnung innerhalb von Kooperationsbündnissen bringt oft eine babylonische Sprachverwirrung zu Tage. Jeder Berufsstand hat seinen eigenen Fachjargon und reagiert teilweise mit Unverständnis oder Amüsement, teilweise sehr allergisch auf den der anderen. Der Austausch bedeutet eine intensive gegenseitige Fortbildung und ein aktives Bemühen um Verständigung. Das Zusammenwirken dieser unterschiedlichen Ebenen im strukturierten, koordinierten Rahmen eines Interventionsprojekts setzt Synergieeffekte frei, die von jedem einzelnen Bereich alleine nicht erreicht werden kann. Wenn sich alle darüber im Klaren sind, wird die Zusammenarbeit Spaß machen und Energie vermitteln.

Der Bericht der Wissenschaftlichen Begleitung Interventionsprojekte gegen häusliche Gewalt zum Berliner Interventionsprojekt ist erschienen:
Kavemann, Barbara; Leopold, Beate; Schirrmacher, Gesa; Hagemann-White, Carol (2001): Modelle der Kooperation gegen häusliche Gewalt. „Wir sind ein Kooperationsprojekt, kein Konfrontationsprojekt". Schriftenreihe des BMFSFJ (Hg.). Bd. 193. Stuttgart. Weitere Informationen gibt es unter www.wibig.uni-osnabrueck.de.

Anmerkungen

[1] Stand: Mai 2000.
[2] Ich möchte noch anmerken, daß ich Soziologin und keine Politologin bin, infolgedessen ich die hier dargestellte Problematik eher aus einer soziologischen Perspektive betrachte.

Literatur

Arbeitskreis Frauengesundheit in Medizin, Psychotherapie und Gesellschaft e.V. (1997): Wege aus Ohnmacht und Gewalt. Frauengesundheit zwischen Menschenrechten und Grenzverletzung. Bünde.

Baker, Phyllis L. (1996): Doin' what it takes to survive. Battered women and the consequences of compliance to a cultural skript. In: Studies in Symbolic Interaction. Vol. 20. Pp 73-90.

Baker, Phyllis L. (1997): As I went back. Battered women's negotiation of choice. In: Journal of Contemporary Enthnography. Vol. 26. No.1. April 1997. Pp 55-74.

Brückner, Margrit (1996): Frauen- und Mädchenprojekte. Von feministischen Gewißheiten zu neuen Suchbewegungen. Opladen.

Brückner, Margit (1998): Wege aus der Gewalt gegen Frauen und Mädchen. Frankfurt.

Burton, Sheila; Regan, Linda; Kelly, Liz (1998): Supporting women and challenging men. Lessons from the domestic violence intervention project. London.

Edleson, Jeffrey L.; Eisikovits, Zvi C. (Eds.) (1996): Future Interventions with Battered Women and their Families. London.

Eichler, Susanne; Schirrmacher, Gesa (1998): Friedenspraxis gegen Alltagsgewalt — Voraussetzungen inter-institutioneller Zusammenarbeit zum Abbau von Gewalt im Geschlechterverhältnis. Noch unveröffentlichter Abschlußbericht des gleichnamigen Forschungsprojekts an der Universität Osnabrück.

Hagemann-White, Carol (1997): Strategien gegen Gewalt im Geschlechterverhältnis. In: Hagemann-White, Carol; Kavemann, Barbara; Ohl, Dagmar: Parteilichkeit und Solidarität – Praxiserfahrungen und Streitfragen. Bielefeld.

Hege, Marianne; Schwarz, Gotthart (1992): Gewalt gegen Kinder. Zur Vernetzung sozialer Unterstützungssysteme im Stadtteil München.

Heiliger, Anita; Hoffmann, Steffi (1998): Aktiv gegen Männergewalt. Kampagnen und Maßnahmen gegen Gewalt gegen Frauen. München.

Hester, Marianne; Radford, Lorraine (1996): Domestic violence and child contact arrangements in England and Denmark. London.

Hester, Marianne; Pearson, Chris (1998): From periphery to centre. Domestic violance in work with abused children. London.

Jaffe, Peter G.; Wilson, Susan Kaye (1990): Children of Battered Women, Developmental Clinical Psychology and Psychiatry 21. London.

Kavemann, Barbara (1997): Gesellschaftliche Folgekosten von Gewalt im Geschlechterverhältnis. In: Kavemann, Barbara; Bundesverein zur Prävention von sexuellem Mißbrauch an Mädchen und Jungen: Prävention – eine Investition in die Zukunft. Ruhnmark.

Peled, Einat; Jaffe, Peter G.; Egleson, Jeffrey L. (1995): Ending the cycle of violence. Community responses to children of battered women. London.
Price, Lisa S. (1999): Finding the Man in the Soldier Rapist – Some Reflections on Comprehension and Accountability. Leeds Metropolitan University.
Saunders, Alex (1995): It hurts me too. Children's experiences of domestic violence and refuge life.
Schmerl, Christiane; Nestmann, Frank (1990): Ist Geben seliger als Nehmen – Frauen und Social Support. Frankfurt a.M.

Heidi Wedel

Identitätsbewegungen und Geschlecht in der Türkei

In den 80er Jahren begannen unterschiedliche soziale Bewegungen, über religiöse, kulturelle, nationale oder ethnische Identität Anhänger zu mobilisieren. Diese weltweite Tendenz, die im Vorderen Orient v.a. an islamistischen Bewegungen festgemacht wird, breitete sich in den 90er Jahren nach dem Zusammenbruch der Sowjetunion und der damit zusammenhängenden Krise materialistischer Ideologien weiter aus. Parallel dazu betonte in der Wissenschaft der Poststrukturalismus, daß Identitäten nicht gegeben, sondern konstruiert sind. Identitäten können sowohl von Staaten als auch von sozialen Kräften benutzt werden, um für Loyalität zu werben.[1] Zwar stärken sie die Gruppenidentifikation nach innen, haben aber immer auch eine ausgrenzende Wirkung durch die Grenzziehung gegenüber den jeweils anderen und bergen insofern ein Konfliktpotential. Die Konstruktion von Frauenbildern spielt für beide Prozesse eine herausragende, symbolbelastete Rolle, die besonders bei der Auseinandersetzung zwischen säkularen und religiös fundamentalistischen Kräften deutlich wird, aber auch von nationalistischen Kräften zur Überhöhung der eigenen oder Erniedrigung der anderen Gruppe benutzt wird.

Auch in der Türkei stehen seit Mitte der 80er Jahre Identitäten im Zentrum der großen politisch-gesellschaftlichen Auseinandersetzungen, allen voran die um die Rolle des Türkentums in der Nation und um die Rolle des Islams in Politik und Gesellschaft. Ursachen der heutigen Konflikte liegen in dem kemalistischen Weg der Nationsbildung, der bestimmte Identitäten (türkisch, säkular, westlich) nicht nur zum gesellschaftlichen Leitbild, sondern auch zu Eintrittskarten für angesehene öffentliche Positionen machte. Geschlechtsspezifische Aspekte von Identitätspolitiken werde ich hier am Beispiel der Auseinandersetzung zwischen dem türkischen Staat und der islamistischen und der kurdischen Bewegung diskutieren.

Frauen werden oft als Opfer von Identitätskonflikten gesehen. Bezüglich des Islamismus, weil die Neudefinition der geschlechtsspezifischen Differenzierung von sozialen und familiaren Rollen (Toprak 1994: 293 und 295) das Hauptanliegen dieser Bewegung ist und dies durch eine Reaktivierung der Trennung zwischen Öffentlichkeit und Privatheit erfolgt. Bezüglich der Kurdenfrage, weil kurdische Frauen einer dreifachen Unterdrückung ausgesetzt sind, wobei sich zeigen läßt, wie die nationale und die ökonomische die geschlechtsspezifische Unterdrückung verstärken, und wie innerhalb des ethnopolitischen Konfliktes sexuelle Gewalt gegen Frauen eingesetzt wird (Wedel 2000).

In meinem Beitrag möchte ich jedoch Frauen nicht nur als Opfer dieser beiden gesellschaftlichen Konflikte darstellen, sondern auch danach fragen, inwieweit die in diesem Zusammenhang entstandenen Identitätsbewegungen, die islamistische Bewegung und die kurdische Bewegung, den Frauen neue Handlungsspielräume ermöglichen. Um schließlich der Frage nachzugehen, wie Frauen sich von den verschiedenen Aspekten von Unterdrückung befreien können, werde ich die Diskussionen zwischen den genannten Bewegungen und der feministischen Frauenbewegung vorstellen. Der gemeinsame Nenner, der zwischen diesen Bewegungen gefunden werden kann, liegt meines Erachtens in der jeweiligen Forderung nach einer selbstbestimmten Identität und in der Kritik an der kemalistischen Konzeption der Einheitsnation.

Das Konzept des Einheitsstaates in der Modernisierungsideologie des Kemalismus

Die Republik Türkei entstand 1923 als Ergebnis eines Unabhängigkeitskrieges, der unter der Führung von Mustafa Kemal, später Atatürk genannt, gegen die Siegermächte des 1. Weltkrieges, die Teile Anatoliens besetzt hatten, sowie gegen die ansässigen christlichen Minderheiten, v.a. Griechen und Armenier, geführt wurde. Daraus folgt bis heute für das Selbstverständnis der Republik und ihre Außenbeziehungen, daß ihre Unabhängigkeit und Integrität nur durch militärische Stärke nach außen und innen, d.h. gegen die Kräfte, denen das Streben nach einer Teilung des Staatsgebietes unterstellt wird, bewahrt werden kann und verteidigt werden muß. Zur Sicherung der Unabhängigkeit hielt Atatürk außerdem den Aufbau eines modernen, säkularen Nationalstaats für notwendig. Die sechs Prinzipien, die seine Modernisierungsvorstellungen beschreiben und heute als Kemalismus bezeichnet werden, nämlich Republikanismus, Laizismus, Nationalismus, Populismus, Etatismus und Reformismus, gelten insofern als Garantie für die Existenz des Staates und werden seit 1927 verfassungsrechtlich geschützt.

Indem die kemalistische Modernisierung die Betonung auf die Errichtung eines nationalen Einheitsstaates legt, innerhalb dessen verschiedene Interessen und Identitäten nicht anerkannt werden, und dieses Konzept durch Überbaureformen vor allem im kulturellen Bereich und per Gesetzeszwang durchzusetzen versuchte, wurden die Grundlagen für die heutigen Konflikte gelegt:

1) Die spezifische Interpretation des Laizismusprinzips bedeutete nicht nur die Reduzierung der Religion zu einer Privatangelegenheit, sondern implizierte auch eine Kontrolle des Staates über die Religion. In der Praxis bedeutete dies ein Verbot der Orientierung von Politik an religiösen Prinzipien, in bestimmten historischen Phasen auch die Abschaffung jeglicher religiöser Erziehungsangebote, Eingriffe in die Kleiderordnung, die Schließung bestimmter religiöser Einrichtungen und die gerichtlichen Verfolgungen bestimmter religiöser Meinungsäußerungen. Diese Maßnahmen werden von der islamistischen Bewegung als Einschränkung der Glaubensfreiheit bezeichnet und bilden eine ihrer Legitimations- und Mobilisationsgrundlagen.
2) Weil der Nationalismus den Islam als integrierende Ideologie ersetzen sollte, wurde die türkische Nation als Gesamtheit aller Staatsangehörigen definiert. Schon die Erwähnung unterschiedlicher ethnischer Gruppen innerhalb der Republik Türkei wurde als Bedrohung der Einheit von Staatsgebiet und Staatsvolk verstanden und verfolgt. Diese Definition von Nation bedeutete praktisch eine gewaltsame Politik der Assimilation und der Leugnung der Existenz des kurdischen Volkes, gegen die sich die kurdische Bewegung wendet.
3) Nach dem Populismusprinzip wurde jahrzehntelang auch die Existenz von ökonomischen Klassen mit unterschiedlichen Interessen geleugnet und die Gründung von Gewerkschaften und linken Parteien bzw. Organisationen verboten oder verfolgt.

Parallel zu diesem Verständnis der Einheitsnation wurde auch die Entstehung einer autonomen Frauenbewegung behindert. Nach Mechthild Rumpf beruhen »nationalistische Bewegungen auf einem doppelt-destruktiven Ausgrenzungsmechanismus, auf einer gewaltsamen Homogenisierung des ‚Volkskörpers‘ und einer ‚Vermännlichung‘ des nationalen Wahns. ‚So finden wir psychologisch im Kern von (...) Nationalismus mächtige Vorstellungen von Reinheit, Ganzheit, Unversehrtheit und ununterschiedenem Einssein'. Dieses ,Einssein' sowie der Wunsch nach Verschmelzung grenzen nicht nur die ,Fremden' aus, sondern implizieren auch die Nichtanerkennung der Frau als möglichem differenten, autonomen Subjekt« (Rumpf 1995: 227).

Im Unterschied zu anderen erfolgreichen Nationalismen (vgl. Toprak 1994, Wilson/Frederiksen 1995: 5) wurden Frauen in der Republik Türkei nicht aus der öffentlichen Arena verdrängt, sondern im Gegenteil demonstrativ in bestimmte Öffentlichkeiten gedrängt. Kemalistinnen der ersten Generation wie Taşkıran und Afetinan betonen die Notwendigkeit der kemalistischen Reformen für die Entwicklung einer demokratischen bürgerlichen Gesellschaft. Für sie ist der Status der Frauen ein Maßstab für die Wertschätzung der Menschenwürde und die Gleichberechtigung von Mann und Frau eine Voraussetzung für die Einheit der Nation (Taşkıran 1976: 9 und 11). Doch die staatlich kontrollierte Frauenbefreiung nahm den Frauen auch in der Türkei lange die Möglichkeit, in einer unabhängigen Frauenbewegung als Subjekt zu handeln, und machte sie zum Symbol und Objekt der Modernisierung.[2] So kommentieren Teile der in den 80er Jahren entstandenen türkischen Frauenbewegung die kemalistischen Modernisierungsmaßnahmen und die „Frauenbefreiung durch den Staat" heute sehr kritisch.

Hier sei nur ein Beispiel angeführt: Die vergleichsweise frühe Einführung des allgemeinen Wahlrechts für Frauen wurde von führenden Politikern mit nationalem Engagement bzw. im Rahmen der nationalen Mythenbildung begründet: einerseits mit dem Einsatz von Frauen im Unabhängigkeitskrieg, andererseits mit der politischen Rolle von Frauen bei den Alttürken vor der Islamisierung (Afetinan 1983 [1962]: 184 und 186). Şirin Tekeli streicht dagegen die symbolische Funktionalisierung heraus: Über das Frauenwahlrecht hätte das türkische Einparteienregime vom faschistischen Deutschland und Italien abgegrenzt und als demokratischer Staat dargestellt werden sollen (Tekeli 1985: 265 f). Diese „paternalistische Großzügigkeit" wurde jedoch 1935 zum Anlaß genommen, die einzige noch bestehende Frauenorganisation, die Türkische Frauenvereinigung, mit der Begründung aufzulösen, das Ziel der Gleichberechtigung sei erreicht. Interessanterweise erfolgte die Auflösung zehn Tage nachdem die Türkische Frauenvereinigung in Istanbul den Kongreß der Internationalen Frauenföderation ausgerichtet hatte, bei dem auch pazifistische Forderungen gestellt worden waren. Dies wurde als Instrumentalisierung durch alliierte Propaganda oder zumindest als nicht opportun betrachtet (Kandiyoti 1991: 41 f). Kandiyoti vergleicht diesen durch den Staat begrenzten Spielraum für staatlich geförderten „Feminismus" mit der korporatistischen Populismuspraxis, nach der die kemalistische Einheitspartei als Vertreterin der gesamten Nation galt und Klassenwidersprüche geleugnet wurden (Kandiyoti 1991: 42). Erst mit dem neuen Vereinsgesetz nach dem Übergang zum Mehrparteiensystem 1946 konnten wieder Frauenorganisationen gebildet werden.

Über nationale Erziehung und gezielte kulturelle Maßnahmen wurde im Einparteienregime eine neue kemalistische Frauenelite geschaffen. Frauen der oberen Mittelschicht und der Oberschicht erhielten Zugang zu höherer Bildung und öffentlichen Positionen, z.B. als Abgeordnete, Wissenschaftlerinnen oder Freiberuflerinnen, und sollten sich an europäisch ausgerichteten Veranstaltungen, wie Bällen, beteiligen. Die Beteiligung am öffentlichen Leben mußte aber mit einem weiterhin geschlechtshierarchischen Familienleben, die Berufstätigkeit mit der Mutterrolle harmonisieren. Machtbeziehungen und Rollenverteilungen innerhalb der Familie wurden nicht thematisiert, Frauen wurden zur Erzieherin der Nation stilisiert. So wurde das Frauenbild der „entsexualisierten Mitstreiterin" geschaffen, die als nationalaufgeklärte Türkin moralisch integer bleibt. Nach Küper-Başgöl sollte diese »kognitive Verschleierung« die Entschleierung durch die Kemalisten erst ermöglichen (Küper-Başgöl 1993: 145).[3] Der modernisierende Staat gab also den Rahmen vor, in dem Frauenemanzipation ablaufen sollte.

Diese vom Staat geförderte Frauenbefreiung eröffnete einem privilegierten Teil der Frauen neue Aktions- und Freiräume. Sie war jedoch nicht von einem umfassenden Kampf zur Beseitigung der sozio-ökonomischen Ungleichheiten begleitet. Die große Mehrheit der Frauen der ländlichen und städtischen Unterschichten wurde von den Reformen kaum erreicht, weil der Staat keinen Zugang zur Peripherie hatte, oder weil die Reformen bei ihren männlichen Verwandten auf Ablehnung stießen. Auf diese Weise verstärkte sich die soziokulturelle Dichotomie unter den Frauen innerhalb der Republik. Diese internen Widersprüche des Modernisierungsprozesses bilden eine der wichtigsten Ursachen für das Erstarken der islamistischen Bewegung seit den 80er Jahren und die für westliche Frauen erstaunliche Beteiligung von Frauen an dieser Bewegung.

Frauen in der islamistischen Bewegung[4]

Bei den Kommunalwahlen vom 27.3.1994 wurde die islamistische Refah-Partei (RP) mit 19,09% der Stimmen die drittstärkste Partei landesweit, überschritt damit erstmals seit 1973 wieder deutlich sichtbar die 10%-Marke und konnte in 28 von 76 Provinzhauptstädten, darunter auch die Metropolen Istanbul und Ankara, die Kommunalregierung stellen. Bei den nationalen Wahlen 1995 wurde die RP mit 21,32% stärkste Partei. Die RP konnte sich als „noch nicht ausprobierte“ Alternative zu einem korrupten Parteienklüngel darstellen, dem es nicht gelungen war, drängende Probleme wie die Verarmung und den türkisch-kurdischen Konflikt zu lösen. Dies machte sie für einen Teil des früher sozialdemokratischen oder kurdischen[5] Wählerpotentials attraktiv. Die RP wurde nicht nur als „islamische Partei“ gewählt, sondern auch als Partei, die sich in ihrer Propaganda besonders volksnah gab und am systematischsten und erfolgreichsten an der Basis organisiert war.

Islamismus als Antwort auf den Ausschluß von den Vorteilen der Modernisierung

Daß viele sunnitische Frauen gerade aus den ärmeren Schichten die Refah-Partei gewählt haben, liegt z.T. daran, daß sie die staatlich initiierte Modernisierung entweder direkt negativ erlebt haben oder zumindest nicht selbst von ihren Vorteilen profitieren konnten, weil ihnen der Zugang zu öffentlichen Bereichen wie Bildung, kulturellen Einrichtungen, Erwerbstätigkeit, Politik etc. verschlossen blieb.[6] Dies gilt einerseits für Frauen auf dem Lande, aber auch für die Frauen, die in die Großstädte migriert sind und nun in sogenannten Gecekondu-Vierteln leben.[7]

Frauenraum wird über soziale Nähe und materielle Wohnbedingungen, die den Zugang von „Fremden“ reduzieren, konstituiert. Da diese Bedingungen in der Stadt weniger gegeben sind, ist in der Stadt der räumliche und soziale Radius der Frauen gegenüber dem Dorf eingeschränkt. Die Frauen, die im Dorf meist einen entscheidenden (wenn auch unbezahlten) Beitrag zur Versorgung der Familie geleistet haben, werden in der Stadt auf die Hausfrauenrolle reduziert, was allerdings zunächst als sozialer Aufstieg erlebt wird. Wegen ihres niedrigen formalen Bildungsgrades finden sie meist in der Stadt keine Arbeit, und wenn, dann nur schlechtbezahlte, wenig abgesicherte Arbeitsplätze. Außerdem sind oft die männlichen Verwandten dagegen, daß die Frauen außer Haus arbeiten und dabei mit fremden Männern in Kontakt kommen (Wedel 1999: 65-72). Die monetaristische außenwirtschaftsorientierte Umstellung der türkischen Wirtschaftspolitik führte zu gesunkenen Reallöhnen bei gleichzeitig steigenden Konsumansprüchen, aufgrund derer heute viele Männer ihre Familien nicht mehr versorgen können und ihre Frauen Heimarbeit übernehmen oder bei reicheren Frauen als Haushaltshilfe arbeiten müssen. Die so erfahrene relative Deprivation, die noch durch den stark westlichen Einfluß über das Fernsehen verstärkt wird, kann Frauen dazu bringen, eine islamistische Ideologie zu übernehmen, die ihre reale Situation nicht als Mangel, sondern als erstrebenswert und gut darstellt.

Die Refah-Partei geht in doppelter Hinsicht auf die Situation von Frauen ein, die von den Errungenschaften der Moderne ausgeschlossen sind. Sie bietet einerseits eine ideologische Erklärung für die erfahrenen Spannungen an. Der „westlichen" Gleichberechtigung von Mann und Frau und der Aufhebung der räumlichen Geschlechtertrennung wird eine „islamische" Komplementarität entgegengesetzt, nach der die Geschlechter unterschiedliche Aufgaben in getrennten Räumen wahrnehmen. Dabei ist der Mann für die materielle Versorgung der Familie zuständig, die Frau dagegen für die Erziehung der Kinder. Daß viele Unterschichtsmänner aufgrund der ökonomischen Entwicklung diese Aufgabe nicht mehr erfüllen können, wird mit dem westlich orientierten System der Zinswirtschaft und Ausbeutung sowie mit der Korruption der bisher regierenden Parteien erklärt. Dieses soll durch ein islamisches „gerechtes System" ersetzt werden.

Während andere Parteien betonten, soziale Arbeit sei nur eingeschränkt möglich, wenn sie nicht selbst die Bezirksregierung stellen würden, versuchte die RP, auch ohne diesen institutionellen Hintergrund, mit guter Organisation und finanzieller Ausstattung einzelne Mängel des Sozialsystems auszugleichen und vor allem den Wählerinnen zu zeigen, daß sie mit ihren konkreten Nöten ernstgenommen würden. Die RP-Frauenkommissionen führten z.B. eine Sozialerhebung durch, nach deren Ergebnissen sie Lebensmittel an Bedürftige verteilten. Daneben versprachen sie einen Ort für den Verkauf der Handarbeiten von Frauen, „produktivitätssteigernde" Kurse für Frauen (die sich aber in der Praxis als Handarbeitskurse herausstellen) und die Vermittlung von Heimarbeit zu besseren Konditionen. Frauenwerkstätten in den Gecekondu-Vierteln, wie sie von alewitischen Frauen und einzelnen islamistischen Aktivistinnen gefordert wurden, waren nicht geplant. Die Erwerbstätigkeit von Frauen wurde nur gefördert, solange sie auf den privaten Raum beschränkt blieb (Wedel 1999: 243-245).

Vielen Gecekondu-Frauen fehlen Möglichkeiten des Zusammentreffens im größeren Rahmen, weil es in Gecekondu-Vierteln meist keinen öffentlichen Versammlungsraum für Frauen gibt. Deshalb sind ihre sozialen Kontakte auf einen engen Kreis von Verwandten und Bekannten aus derselben Herkunftsregion eingeschränkt, die sie in ihren nahegelegenen Häuschen besuchen. Vor diesem Hintergrund können regelmäßige religiöse Treffen von sunnitischen Frauen eine Erweiterung der Kontakte darstellen, gegen die ihre Männer aufgrund des religiösen Charakters nichts einwenden. Diese Zusammenkünfte werden von den Frauen auch genutzt, um über kommunale, familiäre und Frauenprobleme zu sprechen. Manchmal werden dabei auch Kandidatinnen oder frauenspezifische Forderungen für die Wahlen diskutiert.

Dies wurde von der RP aufgegriffen und gezielt für das Anwerben von Mitgliedern und Wählerinnen eingesetzt. Während die RP vor den Wahlen gezielt Hausbesuche von Frauen bei Frauen organisierte, wollte sie nach den Wahlen Vertreterinnen für die einzelnen Ebenen bis hinab zur Straße wählen lassen.[8] Schon ein halbes Jahr nach den Kommunalwahlen zeigte sich, daß die Vertreterinnen von der Kommunalregierung ernannt wurden, ihr also politisch entsprechen mußten. Außerdem sollten sie weniger die Forderungen der Bevölkerung weitervermitteln, als vielmehr die BewohnerInnen kontrollieren. So begannen die RP-Kommunen kurz nach den Wahlen, „ehrenamtliche KontrolleurInnen" einzusetzen. Jedoch eröffneten sich mit diesem Amt neue Aufgaben auch für Gecekondu-Bewohnerinnen.

Die Reislamisierung kann also einen politisierenden Effekt auf Frauen haben, indem sie ihnen Selbstvertrauen vermittelt und ihre Erfahrungen, Aktivitätsfelder und Kontakte erweitert. Sie bedeutet für viele sunnitische Migrantinnen keine Einschränkung von räumlicher Mobilität, Kleiderordnung oder Geschlechtersegregation, der sie nicht auch vorher unterlegen hätten, sondern eher eine ideologische Aufwertung ihrer realen Situation.

Ihre traditionelle Lebensweise und Kleidung wurden von der kemalistischen Elite als Ausdruck von Rückständigkeit geringgeschätzt. Das dadurch erzeugte niedrige Selbstwertgefühl der Frauen bildete einen weiteren Faktor, der sie davon abhielt, Kontakt zu modernen Institutionen aufzunehmen.[9] Anhängerinnen der RP betonten als wichtigsten Vorteil der neuen RP-Bezirksregierung, daß sie nun nicht mehr wegen ihrer Kopftücher diskriminiert würden, und daß der neue Bürgermeister ihnen mit großem Respekt begegne. So gewannen sie an Selbstvertrauen und hatten erleichterten Zugang zu Institutionen, die ihnen zuvor verschlossen schienen. Die europäisch orientierte Lebensweise – für KemalistInnen der Inbegriff von Fortschritt und Moderne, aber für ärmere Frauen kaum erreichbar – kann nach der islamistischen Ideologie als degenerierte und kommerzialisierte Erscheinung einer oberflächlichen Verwestlichung abgetan werden.

Angesichts der kulturellen Dichotomie, die auch zwischen der Frauenbewegung und den Unterschichtsfrauen besteht, beruht der Erfolg der Islamistinnen nicht zuletzt darin, daß weder die kemalistische noch die feministische Frauenbewegung in nennenswertem Maße auf die tatsächlichen Probleme dieser Frauen eingegangen sind und in Form eines Austausches auf der Basis gegenseitigen Respekts versucht hätten, diese gemeinsam anzugehen.

Islamismus als „nichtwestliche Moderne"?

Islamistische Bewegungen werden jedoch nicht nur von Unterschichtsfrauen, die von den Vorteilen der Modernisierung ausgeschlossen waren, unterstützt. Unter den Aktivistinnen findet man oft junge, gebildete Frauen der Mittelschicht, die sich für ein anderes, nicht westliches Verständnis von Moderne engagieren. Sie streben die Teilnahme an modernen Institutionen des öffentlichen Bereiches (wie Universitäten, Erwerbstätigkeit im öffentlichen Dienst, Parlament) bei Akzeptanz ihrer eigenen Identität, die durch islamische Kleidung symbolisiert wird, an.

Bekannt wurden sie als „Kopftuchstudentinnen", die sich 1987 gegen das Verbot, an den Universitäten Kopftücher zu tragen, und damit gegen die autoritäre kemalistische Modernisierung und die damit verbundene Kodierung von Öffentlichkeit und Privatheit auflehnten.[10] Der Ausschluß von Prüfungen war für viele der Auslöser, sich einer politischen, islamistischen Gruppierung anzuschließen. Ihre Proteste bewirkten einen Mobilisierungsschub für islamistische Organisationen, die das Regime als islamfeindlich, undemokratisch und repressiv darstellen konnten. Auch für eine kleine Gruppe der säkularen Opposition war dies der Anlaß für eine Diskussion über Laizismus und Demokratie (vgl. Küper-Başgöl 1993: 236-239) und eine Kritik an staatlichen Eingriffen ins Privatleben. Erneut wurde der Körper der Frau zum Zentrum einer allgemeinen politischen Diskussion gemacht.[11]

Zur Erklärung für die „Kopftuchstudentinnen" wird oft darauf verwiesen, daß manche Bildungsaufsteigerinnen einen moralischen Konflikt zwischen der konservativen Lebensweise ihrer Herkunftsfamilie und der fortschrittsorientierten Ideologie der Universitäten erleben. Dieser Konflikt könne durch eine islamistische Ideologie, die Bildungsaufstieg bei Beibehaltung der eigenen Kultur verspricht, entschärft werden.[12] Weil dies jedoch oft gegen den Widerstand der Familien erfolgt (İlyasoğlu 1994: 102 f), führen die „Kopftuchstudentinnen" eine Auseinandersetzung, die mit einem doppelten Ausschlußrisiko verbunden ist.

Die meisten dieser Studentinnen können nicht wie die kemalistische Elite in den Genuß einer prestigevollen beruflichen Position kommen, u.a. weil islamistischen Frauen Berufe wie Anwältin, Ärztin oder Lehrerin aufgrund des Kopftuchverbots nicht zugänglich sind.[13] So gewann eine islamistische Ideologie, die zwar Bildung von Frauen befürwortete, jedoch den Verzicht auf Berufstätigkeit idealisierte, an Attraktivität. Islamistische Frauen betonen immer wieder, daß sie nach dem Islam keinerlei materielle Verantwortung für die Familie tragen und nicht zu arbeiten brauchen. Wenn die Frau Geld verdiene, könne sie dies voll für ihren eigenen Konsum verwenden.[14] Gleichzeitig entstand mit dem Anwachsen der islamistischen Bewegung ein neuer, islamistischer Wirtschaftssektor, in dem islamisch bedeckte Frauen arbeiten können.[15]

Die weibliche islamistische Gegenelite vertritt Vorstellungen, die sich durchaus von denen islamistischer Männer unterscheiden. In Gesprächen ohne Männer wird z.B. der Wunsch nach Berufstätigkeit, Einschränkungen oder sogar Hinterfragung der Mutterrolle oder der Wunsch nach aktiver politischer Partizipation auf allen Ebenen deutlich.[16] Sie entwickeln für sich ein neues Bild der muslimischen Frau, das sie bewußt von der von Männern gemachten Tradition abgrenzen, und sprechen von ihren Rechten im Islam, die sich auch und gerade auf den privaten Bereich beziehen.[17]

Frauenpolitik der Refah-Partei und die Frauenbewegung

Dieses positive Ergebnis relativiert sich jedoch, wenn die Politik der islamistischen Parteien analysiert und der Faktor der politischen Macht einbezogen wird. Trotz des großen Beitrags von Frauen besetzte die RP nach den Kommunalwahlen 1994 keine einzige leitende Funktion mit einer Frau. Die Propagandaarbeit der Frauen wurde als Teil ihrer religiösen Pflichten interpretiert und so ihr Beitrag zum politischen Erfolg verschleiert und ihnen das Recht auf Teilhabe an der politischen Macht abgesprochen. Bei den Parlamentswahlen 1995 war unter den 550 RP-Kandidaten keine einzige Frau, obwohl sich Frauen beworben hatten. Gerechtfertigt wurde die Ausgrenzung damit, daß im türkischen Parlament das Tragen von Kopftüchern verboten sei. Tatsächlich löste nach den Wahlen 1999 das Kopftuchtragen einer islamistischen Abgeordneten im Parlament einen Sturm der Entrüstung aus; die Abgeordnete durfte den Parlamentseid nicht ablegen und konnte so ihre Funktion nicht wahrnehmen. So wirken kemalistische und islamistische Ausschlußmechanismen zusammen gegen die aktive Partizipation von Frauen mit abweichender Identität.

Der Wahlsieg der RP verstärkte die Ängste säkularer Frauen vor dem Islamismus so sehr, daß sie sich mit diesem Phänomen stärker auseinanderzusetzen begannen. Während die kemalistischen Frauen weiterhin über Bildungs- und Kulturarbeit die unterdrückten Frauen der Unterschicht auf ihre schon vorhandenen Rechte aufmerksam machen wollten, versuchte z.B. die Istanbuler Frauenplattform, ein spontaner Zusammenschluß von Frauen, Verteidigungsstrategien gegen Eingriffe in die Kleidungsfreiheit etc. durch Islamisten zu entwickeln und analysierte das Frauenbild islamistischer Zeitschriften.

Während sie sich im Herbst 1994 noch nicht kompetent genug für eine direkte Diskussion mit islamistischen Frauen fühlten, veröffentlichte die derzeit führende feministische Frauenzeitschrift *Pazartesi* ein Jahr später eine Reportage mit einer islamistischen Feministin. Betont wurde zwar, daß die Islamistinnen ähnlich wie die Kemalistinnen die Trennung zwischen Öffentlichkeit und Privatheit nicht in Frage stellen, was das Haupthindernis für sie sei, sich konsequent mit dem Sexismus zu beschäftigen.[18] Es wurden jedoch durchaus auch gemeinsame Themen und Anliegen deutlich – von der Ausgrenzung von Frauen aus der formalen Politik bis zur geschlechtsspezifischen Arbeitsteilung in der Familie.

Die Forderung der Feministinnen nach Selbstbestimmung der Identität ist geeignet, die vordringlichen Anliegen der feministischen und der islamistischen Bewegung zu verknüpfen und die Diskussion zwischen LaizistInnen und IslamistInnen in der Türkei zu entschärfen. Diese Haltung fand eine eindrucksvolle Ausformulierung in der Grundsatzerklärung der Istanbuler Frauenplattform vom 22.6.1994:

> *»Wir befürworten eine Gesellschaft, in der Menschen mit ihren unterschiedlichen Identitäten zusammenleben können, in der die Individuen je nach ihren Vorstellungen existieren und diese umsetzen können, ohne daß in ihr Recht, sich frei auszudrücken, eingegriffen wird. Wir lehnen es ab, daß den Menschen eine bestimmte politische, sexuelle, kulturelle, religiöse oder ethnische Identität auferlegt wird. ... Die bisherige Umsetzung des Laizismus durch die zentrale Autorität stellt keinen echten Laizismus dar, genausowenig, wie Laizismus nur durch die Bestimmungen in der Verfassung garantiert werden kann. Eine Garantie des Laizismus ist nur möglich, wenn ein Pluralismus verwirklicht wird, der sicherstellt, daß unterschiedliche Glaubensrichtungen und Identitäten nebeneinander existieren können.«*

Dieses Flugblatt wurde verboten. Es stellte einen fundamentalen Bruch mit kemalistischen Vorstellungen und eine pluralistische Alternative dazu dar. Insofern wäre eine solche Haltung geeignet, der Polarisierung zwischen Laizistinnen und den Anhängerinnen von islamistischen Bewegungen entgegenzuwirken und würde den IslamistInnen das Argument nehmen, die

SäkularistInnen seien undemokratisch und repressiv. Sie bietet außerdem einen wichtigen Ansatz zur Beschäftigung mit dem zweiten wichtigen Identitätskonflikt in der Türkei, der türkisch-kurdischen Frage.

Nationalismus und Identität am Beispiel der Kurdinnen[19]

Mit ihrer eigenen, separaten Identität an Gesellschaft und Politik partizipieren zu wollen, ist auch ein Anspruch, der seit den 80er Jahren zunehmend von KurdInnen artikuliert wird. Dem Assimilationsdruck auf die KurdInnen seit der Gründung der Republik Türkei waren und sind aufgrund der Trennung zwischen „männlicher Öffentlichkeit" und „weiblicher Privatheit" Männer stärker ausgesetzt als Frauen: Spätestens beim Militärdienst kommen Männer in Kontakt mit dem türkischen Staat und lernen Türkisch. Außerdem ermöglichen die Familien den Jungen eher einen Schulbesuch als den Mädchen.[20] So haben viele kurdische Dorffrauen kaum eine Möglichkeit, die Staatssprache Türkisch zu lernen, was wiederum ihren Ausschluß aus dem öffentlichen Leben verstärkt und verstetigt: beim Zugang zu Erwerbstätigkeit, öffentlichen Einrichtungen, aber auch bei der Informationsaufnahme über politische Entwicklungen und der Teilnahme an politischen Diskussionen. Sie bleiben im ökonomischen, administrativen und politischen Bereich von ihren Männern abhängig und werden noch stärker auf den privaten Bereich und die damit verbundenen traditionellen Frauenrollen im Bereich der sozialen Reproduktion festgelegt.

Angesichts des kemalistischen Modernisierungsverständnisses und des dadurch vermittelten Frauenideals wird in der Türkei die Situation der kurdischen Frauen mit extremer Rückständigkeit assoziiert, was Geringschätzung ihrer Person impliziert. Zahlreiche Türkinnen hatten nach Mönch-Bucak aufgrund der kemalistischen Reformen das Gefühl, »als Sendboten einer höheren Kultur im Osten des Landes im Sinne Atatürks wirken zu müssen« und beteiligten sich als Lehrerinnen und Erzieherinnen aktiv an der Assimilationspolitik.[21]

Die reproduktive Rolle der Frauen wurde zum Zankapfel nationalistischer Bewegungen: Der türkische Nationalismus versuchte, insbesondere in den ethnisch gemischten alewitischen Gebieten türkisierte Kurdindinnen als Katalysator der Assimilation zu nutzen. 1998 diskutierten Feministinnen, ob nicht auch die Alphabetisierungskurse der staatlich geförderten Multi-Purpose-Zentren (ÇATOM) in der GAP-Region v.a. der Assimilation dienen, nämlich dazu »eine Muttersprache in Vergessenheit zu bringen, indem die Sprache der Mütter verändert wird«.[22] Andererseits wurden die Frauen von der kurdischen Bewegung zu Trägerinnen der kurdischen Identität stilisiert, weil sie weniger assimiliert seien. Dies bedeutete zwar eine Würdigung bislang eher vernachlässigter Leistungen, jedoch vor allem wegen der Rolle, die Frauen für die ideologische Reproduktion von Kollektivität spielen. Zudem barg diese Sicht die Gefahr in sich, daß der Grund für die geringere Assimilation der Frauen, nämlich ihre Ausgrenzung aus der Öffentlichkeit, festgeschrieben wurde.[23]

Auch die im islamischen Raum tradierte Vorstellung, daß die Ehre der Männer von der Kontrolle über die Sexualität der Frauen abhängt, wurde gegen Kurdinnen eingesetzt: Einerseits verbreitete die Propaganda des türkischen Staates, daß kurdische Guerillafrauen keine Jungfrauen seien, um sie symbolisch zu entehren und als Gruppe herabzustufen. Die kurdische Guerilla schien dadurch verleitet, Wert auf die Jungfräulichkeit der Kämpferinnen zu legen. Andererseits wurde durch sexuelle Mißhandlung und Vergewaltigung von kurdischen Aktivistinnen, weiblichen Angehörigen und Dorfbewohnerinnen durch türkische Sicherheitskräfte nicht nur die physische und psychische Integrität der betroffenen Frauen angegriffen, sondern auch darauf abgezielt, sie als „entehrte“ Frauen aus ihrer Gemeinschaft auszugrenzen, oft mit tödlichen Folgen. Die Scham der vergewaltigten Kurdinnen, ihr Schuldbewußtsein und die Angst vor sozialer Isolation verstärken die psychologischen Folgen und behindern eine Dokumentation dieser schwerwiegenden Menschenrechtsverletzung. Die Bemühungen der kurdischen Bewegung, das Bewußtsein der Männer und Frauen zu verändern, greifen nur sehr langsam.[24] Dieses Tabu wurde vor allem durch die Gründung eines Rechtshilfeprojektes gebrochen, das 1997 von Anwältinnen aus der Menschenrechtsbewegung für in Haft vergewaltigte und sexuell mißbrauchte Frauen gegründet wurde und an das sich bis Ende 2000 mehr als 130 Frauen gewandt haben, um Gerechtigkeit einzuklagen und gegen die Straflosigkeit der Täter zu kämpfen.

Dissenz und Kooperation zwischen türkischen und kurdischen Frauenorganisationen

Frederiksen verdeutlicht am Beispiel Kenya, daß ethnische Ungleichheiten, die auch eine soziale Basis haben, die Unterordnung der Frauen in der unterdrückten Gruppe verstärken, sie aber in der bevorzugten Gruppe verringern können. Durch diese Unterschiede wird eine Politisierung der Frauen als Gruppe erschwert (Frederiksen 1995: 58). Im Fall der Türkei führten die ethnisch-sozialen Ungleichheiten dazu, daß die verschiedenen Ebenen der Unterdrückung, mit denen Frauen konfrontiert sind, von Frauen in den verschiedenen sozialen Bewegungen, die in den 80er Jahren entstanden sind, unterschiedlich gewichtet werden. Eine Zusammenarbeit zwischen der – überwiegend türkischen – feministischen Bewegung und Frauen in der kurdischen Bewegung wurde jedoch dadurch möglich, daß Teile der feministischen Bewegung sich sehr kritisch mit dem türkischen Nationalismus auseinandersetzten und kurdische Frauen eigene Organisationen und Organe aufbauten. Die jeweiligen Positionen sollen hier kurz umrissen werden.

In den 90er Jahren wurden erstmalig nach dem Militärputsch von 1980 wieder kurdische Frauenorganisationen gegründet, jedoch nach kurzer Zeit wieder verboten. Der UDKD (Ulusal Demokratik Kadın Derneği/National-Demokratischer Frauenverein), der nur von August bis Dezember 1993 offiziell zugelassen war, und K.KaDaV (Kürt Kadınlarıyla Dayanışma ve Kadın Sorunlarını Araştırma Vakfi/Stiftung für Solidarität mit kurdischen Frauen und Frauenstudien, gegründet 1997) wollten zeitgleich gegen die nationale, ökonomische und geschlechtsspezifische Unterdrückung der Kurdinnen kämpfen. Für die – von ihrem Einfluß her bedeutenderen – PKK-nahen Frauenorganisationen steht dagegen der Kampf gegen die nationale Unterdrückung stärker im Vordergrund. Für sie ist die Befreiung der Frau eng mit der Befreiung des Landes verbunden, sie ist zwar ihr Gradmesser, kann aber erst mit der Befreiung des Landes vollständig verwirklicht werden. Sie entwickelten das Bild einer „neuen Frau", die über den Krieg politisiert wird, organisiert, bewußt und offen für neue Entwicklungen ist, sich für die Lösung gesellschaftlicher Probleme engagiert, die Gesellschaft organisiert und eine Vorreiterrolle einnimmt. Über die zunehmende Präsenz von Frauen in der Guerilla und ihre aktive Beteiligung am Kampf, einem zuvor rein männlich besetzten öffentlichen Bereich, wurden bestehende Geschlechterverhältnisse in Frage gestellt und allmählich verändert. So wurde in den PKK-nahen Frauenorganisationen der Slogan geprägt: „Die Befreiung der Frau erfolgt über ihre Armeeisierung". Innerhalb der Guerilla sind die Geschlechter jedoch strikt getrennt, sexuelle Beziehungen werden als Schwäche und Verfolgen eigener Interessen abgelehnt.[25] So wurde auch in dieser Bewegung das kemalistische Bild der „entsexualisierten Mitstreiterin" fortgeführt. Der Verzicht auf sexuelle Selbstbestimmung wurde von der PKK mit militärischen Notwendigkeiten begründet, aber auch durch eine Kritik an den geschlechtshierarchischen Strukturen innerhalb von Ehe und Familie gerechtfertigt.

Trotz letzterem distanzierten sich die kurdischen Frauenorganisationen der frühen 90er Jahre explizit vom Feminismus, der die individuellen Freiheiten der Frau der Freiheit der Gesellschaft vorziehe und die Frauen von der Gesellschaft absondere.[26] Widersprüchlich, wenn auch nicht untypisch für nationalistische Bewegungen erscheint, daß PKK-nahe Frauengruppen unkritisch frauenfeindliche Begriffe für die Gegenseite verwendeten.

Kurdinnen, die im UDKD organisiert waren, grenzten sich weniger prinzipiell vom Feminismus ab. Sie warfen den türkischen Feministinnen vor, sie würden sich ausschließlich mit der geschlechtsspezifischen Gewalt beschäftigen und nicht gegen die Vergewaltigungen von Kurdinnen durch türkische Sicherheitskräfte protestieren.[27] Im Gegenzug verwiesen türkische Feministinnen darauf, daß kurdische Männer aufgrund ihres patriarchalen Denkens die Vergewaltigungen verschleiern würden[28] und die Kurdinnen noch keine feministische Bewegung entwickelt hätten, die die Gewalt ihrer eigenen Männer in Frage stelle.

Jedoch war es dieser deutlichste Schnittpunkt von nationalistischer und sexueller Gewalt, der erstmalig die Anliegen von türkischen und kurdischen Frauen zusammenführte. Den Anfangspunkt bildeten gemeinsame Diskussionen und eine Kampagne gegen Vergewaltigungen in der Ehe und im Krieg Anfang 1993, die überwiegend die Massenvergewaltigungen in Bosnien thematisierte, ein Thema, für das die türkische Öffentlichkeit sehr empfänglich ist. Aber auch der Krieg vor der Haustür und die Vergewaltigungen kurdischer Frauen wurden erwähnt.[29] Wie sehr die türkische Staatssicherheit eine öffentliche Diskussion über dieses Thema behinderte, zeigte sich z.B. an dem Verbot des Flugblattes der Istanbuler Frauenplattform zum Weltfriedenstag 1.9.1994, in dem die Vergewaltigungen im Krieg wieder aufgegriffen, aber auch die Beteiligung von Frauen an der Reproduktion des Krieges, Verarmung durch Ressourcentransfer in die Waffenproduktion, Heldenideologien zur Legitimierung von Kriegen und das Sterben „für das Vaterland" kritisiert wurden. Nur aus dem letzten Satz »Wir wollen auch in der Türkei Frieden« ging hervor, daß auch der türkisch-kurdische Kontext gemeint war.

Im Herbst 1993 begannen Gespräche von türkischen und kurdischen Frauen über den eigenen Rassismus; der internationale Rahmen und Schutz, den die Jahreshauptversammlung von Helsinki Citizens Assembly in Ankara im Dezember 1993 bieten konnte, wirkte wahrscheinlich förderlich. Daraus resultierten Anzeigenkampagnen, die das kemalistische Nationalismusverständnis in Frage stellten.[30] Die Kritik an einer vom kemalistischen Staat auferlegten Identität, wie sie z.B. in der oben zitierten Grundsatzerklärung der Istanbuler Frauenplattform vom 22.6.1994 zum Ausdruck gebracht wurde, war ein weiterer Schnittpunkt der Anliegen von kurdischen und türkischen Frauenorganisationen. Die seit 1995 erscheinende feministische Zeitschrift *Pazartesi* kann meines Erachtens wichtige Beiträge zu einer Bewußtseinsbildung und zur Stärkung von Zivilcourage leisten, was einen Schritt zu einer friedlichen Lösung des türkisch-kurdischen Konfliktes darstellt. An einzelnen Beispielen macht sie die Verbindung zwischen Sexismus, Militarismus, Etatismus und Nationalismus deutlich und berichtet über Frauen, die sich dagegen wehren.[31] Während früher die Kurdenfrage nur am Rande angedeutet wurde, wird heute direkt von Kurdinnen gesprochen. In einem politischen Kontext, in dem einzelne Wörter verboten sind, hat dies eine erhebliche Bedeutung.

1996 wurde die erste Frauenfriedensinitiative (Barış için Kadın İnisyatifi), ein heterogenes Spektrum von türkischen und kurdischen Frauen, die sich bewußt nicht formell und hierarchisch organisierten, gebildet. Während der UN-Wohnungskonferenz Habitat II in Istanbul fanden verschiedene Treffen statt, auch mit ausländischen Organisationen. Diese Initiative konnte jedoch nicht die angestrebte Kontinuität entwickeln. 1997 bildete sich eine Fraueninitiative gegen Vergewaltigung im Krieg (Savaşta Tecavüze Karşı Kadın Girişimi). Türkische, aber überwiegend kurdische Frauenorganisationen beobachten Prozesse, die auf Druck der sich entwickelnden Gegenöffentlichkeit gegen uniformierte Vergewaltiger eröffnet werden.[32] Zum gleichen Thema wurde das oben erwähnte Rechtshilfeprojekt für in Haft sexuell mißbrauchte und vergewaltigte Frauen (Gözaltında cinsel taciz ve tecavüze karşı hukuki yardım projesi) aufgebaut. So gelang es den Frauenorganisationen, eine neue Öffentlichkeit und Bewußtsein gegen den Mißbrauch der sexuellen Identität von Frauen durch einen militanten Nationalismus aufzubauen.

Außerdem organisieren sich seit 1996 kurdische Feministinnen in Zeitschriften (*Roza* und *Jujin*) und Vereinen, um sich gegen »sexistische, rassistische, Klassen- und konfessionelle Diskriminierung« zu wehren. Sie wollen sich endlich selbst ausdrücken und kritisieren einerseits Männer in der kurdischen Bewegung, die von den Kurdinnen erwarten, ihre Frauenidentität zurückzustellen. Andererseits werfen sie der türkischen Frauenbewegung vor, kurdische Frauen „im Namen des universellen Frauseins in sich aufgehen zu lassen", sie nicht sehen zu wollen und nicht entschlossen gegen die spezifischen Repressionen vorzugehen.[33]

Kurdische Feministinnen sind sich bewußt, daß es unter Kurdinnen Unterschiede z.B. bezüglich Klasse und Konfession gibt, und daß jede Frau mehrere Identitäten hat. In ihren Zeitschriften entwerfen sie eine eigene Geschichte – die Geschichte von kurdischen Frauenorganisationen und Frauenpersönlichkeiten sowie geschichtliche Ereignisse aus Frauensicht. Kritisch kommentieren sie die Präsentation von Ereignissen, die kurdische Frauen betreffen, durch türkische Medien oder männliche kurdische Politiker und stellen dagegen ihre eigene Sicht. Aktiv wollen sie nun ihr Schicksal in die Hand nehmen und für eine selbstbestimmte Befreiung von nationaler und geschlechtsspezifischer Unterdrückung kämpfen.

Frauenbefreiung und Identitätspolitik

Viele historische Beispiele zeigen, daß die Beteiligung von Frauen an nationalen oder religiösen Identitätsbewegungen höchstens symbolisch belohnt wird. Folgende Diskussionspunkte ergeben sich aus der hier einführend dargestellten komplexen Beziehung von Frauenbefreiung und Identitätsbewegung: Frauen können durch die Teilnahme an einer politischen Bewegung Selbstvertrauen sowie Erfahrungen mit sozialen und politischen Diskussionen, Aufgaben und Ämtern gewinnen. Welche Möglichkeiten eröffnet ihnen jedoch diese Politisierung nach Erreichen des von Männern und Frauen gemeinsam angestrebten Zieles? Wie kann verhindert werden, daß Frauen dann wieder auf ihre häuslichen Funktionen reduziert werden oder daß ihr politisches Engagement als Verlängerung ihrer häuslichen Aufgaben, als soziale Wohltätigkeit interpretiert wird? Ein entscheidender Punkt ist m.E., daß Frauen vor Erreichen dieses Zieles in der Bewegung nicht nur die gleichen Aufgaben übernehmen wie Männer, sondern auch an den Entscheidungen über Ziele, Strategien und Aktionsformen gleichberechtigt beteiligt werden. Letzteres scheint jedoch in der islamistischen und kurdischen Bewegung nicht der Fall zu sein.

Das kemalistische Beispiel und andere Beispiele zeigen, daß die Frauen, die symbolisch in öffentliche Funktionen übernommen werden, oft einer bestimmten ökonomischen Schicht – in der Türkei aus der städtischen, gebildeten Oberschicht – oder bestimmten Stämmen bzw. Familien entstammen, wie z.B. in Palästina oder mit bekannten männlichen Führungspersönlichkeiten verwandt sind, wie z.B. in Südasien. Katz betont, daß Nationalistinnen oft eine »zivilisatorische« Funktion erfüllen und so zur Verstärkung von Klassen- oder Rasseunterschieden zwischen den Frauen beitragen (Katz 1996: 98).[34] Durch die kulturelle Kluft entsprechen die Reformen, die zudem oft von oben nach unten auferlegt werden, nicht der

Lebensrealität der Masse der Frauen, können sie entweder nicht erreichen oder werden von ihnen nicht akzeptiert.

Auch die türkische feministische Bewegung wird von einer Bildungselite dominiert. Die führenden Frauen in der islamistischen Bewegung gehören zwar auch zu einer Elite, aber über den islamischen Diskurs und soziales Engagement gelingt ihnen eher ein direkter Kontakt zur ärmeren Bevölkerung. Die in der kurdischen Bewegung engagierten jungen Frauen stammen meist selbst aus Dörfern oder den Gecekondu-Vierteln der MigrantInnen. Die kulturelle Nähe erleichtert es, politische und soziale Netzwerke zu Frauen auf der Basis gleichberechtigter Kooperation aufzubauen.

In neugegründeten Nationalstaaten werden bestehende Frauenorganisationen oft entweder verboten oder in die Struktur von Einparteienregimen inkorporiert. Die Existenz von unabhängigen Frauenorganisationen wird nicht toleriert. Die verbleibenden Organisationen werden zur Mobilisierung für „allgemeine", nationale Ziele genutzt. In einer demokratischen Gesellschaft, in der die aktive Partizipation aller Mitglieder angestrebt ist, sollte es jedoch möglich sein, spezifische Interessen und Bedürfnisse zu artikulieren und sich für deren Umsetzung zu engagieren und zu organisieren. Geschlechtsspezifische Bedürfnisse dürfen dabei ebensowenig vernachlässigt werden wie die von sozioökonomischen, religiösen oder ethnischen Gruppen. Identitätspolitiken betonen dagegen meist die „Einheit der eigenen Gruppe", die Existenz von Differenzen innerhalb dieser Gruppe wird geleugnet. Zu fragen ist, ob die leidvolle Erfahrung mit dem türkischen Konzept des nationalen Einheitsstaats die kurdische und islamistische Bewegung zu einer offeneren Politik motiviert.

Nationalstaaten binden oft den Zutritt von Frauen in die von Männern dominierte Öffentlichkeit an bestimmte Frauenbilder, so daß nur die Frauen, die diesem Bild entsprechen, in die Öffentlichkeit zugelassen werden. Durch die kurdische Bewegung und teilweise auch durch die islamistische Bewegung wurde das Bild der Frau als unterdrücktem Opfer durch das Bild der aktiven Kämpferin bzw. verschleierten Demonstrantin ersetzt, was langfristig die Rolle der Frau in der Gesellschaft stärken kann. Jedoch erfolgt auch hier – ähnlich wie beim Kemalismus – eine Festlegung von Frauen auf bestimmte entsexualisierte Rollen.

Identitätsbewegungen wehren sich vordringlich gegen die Unterdrückung einer bestimmten, meist ethnischen oder religiösen Identität und vernachlässigen dabei geschlechtsspezifische Auswirkungen. Ich habe versucht zu zeigen, daß die verschiedenen Formen von Unterdrückung in der Praxis – wie ich meine: bewußt – eng miteinander verwoben werden, um ihre Wirkung zu verstärken. Wenn Identitätsbewegungen geschlechtsblind bleiben, machen sie sich angreifbar: Solange die Sexualität der Frauen als „Ehre" der Männer definiert wird, kann sexuelle Gewalt als Waffe in Identitätskonflikten eingesetzt werden, um nicht nur die betroffene Frau, sondern auch ihre Gruppe zu erniedrigen. Aber auch in Friedenszeiten ist die Überwindung der geschlechtshierarchischen Strukturen in der Familie nötig, wenn die volle Partizipation von Frauen in Gesellschaft und Politik gewünscht ist. Werden die Machtstrukturen im „privaten" Bereich ausgeblendet, behindern sie die Möglichkeiten von Frauen, sich im „öffentlichen" Bereich zu engagieren.

Die hier vorgestellten sozialen Bewegungen wehren sich mit unterschiedlichen Prioritäten gegen die vom Kemalismus starr festgelegten Identitäten: die Feministinnen gegen die Ausblendung der sexuellen Selbstbestimmung und der Gewalt im privaten Bereich, die Islamistinnen gegen eine europäisch orientierte Laizismuskonzeption, die ihrer religiösen Praxis entgegensteht und gegen eine hierarchische kulturelle Dichotomie, die mit der ungleichen Verteilung von ökonomischer und politischer Macht einhergeht, und die Kurdinnen gegen die Unterdrückung ihrer nationalen Identität mittels physischer, ökonomischer und kultureller Gewalt. »Eine weniger scharf abgegrenzte ‚nationale Identität' und multiple Loyalitäten wären notwendige Bedingungen für durchlässigere Grenzen zwischen nationalen Gruppen, Völkern und Staaten« (Rumpf 1995: 226). Gegen eine kulturell (islamistisch, türkisch, kurdisch) begründete Konstruktion von Geschlecht, die meist zur Kontrolle oder Eingrenzung von Frauen auf bestimmte Rollen benutzt wird, könnten Frauen in den verschiedenen Bewegungen gemeinsam ein eigenes Frauenbild setzen, das die multiplen Identitäten von Frauen zuläßt und ihre unterschiedliche sozio-ökonomische Situation berücksichtigt.

Anmerkungen

1 Moghadam 1994. In diesem Sammelband finden sich zahlreiche interessante Artikel zu Identitätspolitik und Frauen z.B. in fundamentalistischen Bewegungen.

2 Vgl. Çağatay/Nuhoğlu-Soysal 1991: 203 f sowie Kandiyoti 1989: 139, die den Begriff von Frauen als »symbolischem Pfand« prägte.

3 Insofern ist die kemalistische Frauenemanzipation durch den Staat durchaus vergleichbar mit der von Hansen beschriebenen kontrollierten Emanzipation durch den Hindu-Nationalismus, der sich auf die Strategien Betonung der Dominanz der Mutterrolle im nationalen Diskurs und institutionelles Patriarchat stützt, Hansen 1995: 87 und 90.

4 Die folgenden Ausführungen wurden Wedel 1997 entnommen und aktualisiert.

5 Die RP hat im Gegensatz zu kemalistischen Parteien kein Problem damit, die Existenz der Kurden und ihrer Sprache anzuerkennen und macht auch auf Kurdisch Wahlpropaganda. So erhielt die RP bei den Parlamentswahlen 1995 in vielen kurdischen Provinzen überragende Ergebnisse: Bingöl 51,63%, Elazığ 41,91%, Malatya 37,19%, Kahramanmaraş 36,80%, Adıyaman 32,74%, Erzincan 32,37%, Ağrı 30,60%.

6 Saktanber 1994: 104 f warnt, daß die Erklärung muslimischer Identität in Abgrenzung zur Moderne die Gefahr in sich berge, Frauen zu »Objekten der Geschichte« zu machen. Sie untersucht »oppositionelle Praktiken im Alltagsleben« in Auseinandersetzung mit dominanten Diskursen und Ideologien, nicht politische Orientierungen. Ich argumentiere dagegen ähnlich wie Göle und İlyasoğlu, daß die Auseinandersetzung mit der Modernisierung zentral ist, wenn Frauen als eine mögliche Strategie der subjektiven und objektiven Verbesserung ihrer Situation eine islamistische Partei unterstützen.

7 Gecekondus sind Spontansiedlungen von StadtmigrantInnen, denen zunächst jegliche physische und soziale Infrastruktur sowie aufgrund des halblegalen Status' die Wohnsicherheit fehlt. Die folgenden Ausführungen beruhen überwiegend auf den Ergebnissen einer siebenmonatigen Feldforschung in einem solchen Viertel 1993/94 im Rahmen meiner Doktorarbeit (Wedel 1999). Die meisten meiner Einzelgesprächspartnerinnen waren Alewitinnen, es gelang mir jedoch schließlich auch, Gruppeninterviews mit Aktivistinnen und Wählerinnen der RP zu führen. Bei allen Frauen bedanke ich mich herzlich für das in mich gesetzte Vertrauen!

8 In der Istanbuler RP-Frauenkommission sowie in den Kommissionen der 33 Bezirke waren je 27 Frauen vertreten. Pro Viertel sollte es 17, pro Straße 5 Vertreterinnen geben. Es gab auch unorganisierte Straßen. Diese wurden durch eine Frau vertreten, die in der Nähe wohnte. In Istanbul hatte die RP vor den Kommunalwahlen 18.000 aktive weibliche Mitglieder, die im Monat 200.000 Frauen erreichten. *Pazartesi* Nr. 6, September 1995: 5.

9 Bei meiner Untersuchung wurde mir immer wieder von Gecekondu-Frauen berichtet, daß man sie wegen ihrer Kleidung nicht in staatliche Einrichtungen hineingelassen oder nicht zu den zuständigen Beamten vorgelassen habe.

10 Die 1985 ausgelöste Debatte kristallisierte sich um ein Symbol, das Kopftuch, das plötzlich vermehrt von Studentinnen in den Metropolen getragen wurde. Kemalistische Professorinnen sahen darin ein Propagandamittel der „islamischen Reaktion". Als das Kopftuch Anfang 1987 vom militärisch dominierten Hochschulrat YÖK verboten wurde, kam es zu Massenprotesten wie Demonstrationen, Sitz- und Hungerstreiks und Telegrammaktionen von kopftuchtragenden Studentinnen, die das Recht forderten, sich ihrem Glauben entsprechend zu kleiden und Zugang zur universitären Ausbildung zu haben. Der Konflikt hält bis heute an.

11 Ähnliche Einschätzung bei Göle 1991: 79. Die Warnung von Kadıoğlu 1994: 645 ff, daß der Diskurs über Frauenbekleidung die Herausbildung einer feministischen Bewegung behindere, weil die Frauenanliegen von allgemeinen politischen Debatten (Kemalismus vs. Islamismus) absorbiert würden und die Kontrolle über die Sexualität der Frauen verstärkt werde, ist nicht von der Hand zu weisen. Jedoch zeigen die Entwicklungen nach dem Wahlsieg der RP bei den Kommunalwahlen im März 1994, daß gerade diese Gefahr einen Mobilisierungsschub auch bei den säkular orientierten Frauen bewirkte.

12 Acar 1991: 89 sowie Kreile 1992: 23. Kreile 1994: 9 betont, daß der Rollenkonflikt nicht gelöst, sondern nur vorübergehend stillgelegt wird, weil das Spannungsverhältnis zwischen »individueller Entscheidung und Autonomie einerseits und sozialer Kontrolle und Repression durch die soziale Gemeinschaft andererseits« nur durch Akzeptanz und Solidarität und nicht durch Anpassung überwunden werden kann.

13 Die rechtliche Grundlage ist unscharf. Bekleidungsvorschriften wurden von einzelnen Berufsverbänden sowie den Behörden, denen die Bildungseinrichtungen unterstehen, erlassen. Nach PÜMER o.J. [1995] wurde das Kopftuchtragen im öffentlichen Dienst erstmalig 1978 verboten.

14 Acar 1991: 90, Saktanber 1994, *Pazartesi* Nr. 6, September 1995: 4, sowie eigenes Interview mit der RP-Frauenkommission von Beykoz. Dies wäre ein Gewinn gegenüber der gängigen Praxis, nach der das Einkommen von Frauen oft von ihren Männern kontrolliert wird, um die Ideologie vom Mann als Ernährer der Familie aufrechtzuerhalten und einen Statusgewinn der Frau zu verhindern.

15 Die RP-Frauenkommission in Ankara versuchte z.B. den Frauen, die wegen ihrer islamischen Bedeckung nicht im öffentlichen Sektor arbeiten dürfen, über Predigerinnenseminare bei der Arbeitsaufnahme in ihnen nahestehenden privaten Unternehmen zu helfen. Bei diesen Seminaren wurden Politik, Wirtschaft, Außenpolitik und Umweltfragen unterrichtet. Indem sie das Sprechen vor den anderen Teilnehmerinnen übten, sollen die Frauen außerdem Zivilcourage lernen; vgl. *Nokta* 15.-21.10.1995: 23.

16 Interview mit der RP-Frauenkommission in Beykoz und mit RP-Anhängerinnen im Untersuchungsgebiet.

17 Oft wird z.B. herausgestellt, daß Frauen nach dem Islam ein Recht auf sexuelle Befriedigung haben und ihre Kinder nicht selbst zu stillen brauchen. Wenn sie die Hausarbeit nicht machen wollten, müsse der Ehemann eine Haushaltshilfe einstellen, wenn er das bezahlen kann. Sibel Eraslan, die sich selbst als „gläubige Feministin" bezeichnet, geht so weit zu sagen, ein Mann dürfe eben nicht heiraten, wenn er keine Haushaltshilfe bezahlen könne. *Pazartesi* Nr. 6, September 1995: 4 f. Diese elitäre Äußerung steht im Widerspruch zu ihrer Kritik, daß die RP allmählich zu einer bürgerlichen Partei werde.

18 *Pazartesi* Nr. 6, September 1995: 3. Die Zeitschrift hat 6.000 Leserinnen.

19 Angesichts der langjährigen Vernachlässigung von Geschlechterperspektiven in den Wissenschaften und von Kurdischen Studien in der Orientwissenschaft beinhaltet dieser Abschnitt die Präsentation erster Ergebnisse auf wissenschaftlich kaum erschlossenem Gebiet. Um die Einführung einer Geschlechterperspektive in die sich gerade entwickelnden Kurdischen Studien und die Erschließung entsprechender Quellen bemüht sich das International Kurdish Women's Studies Network: www.oise.utoronto.ca/projects/kwnet. Erste wissenschaftliche Sammelbände zu kurdischen Frauen sind Savelsberg et al. (Hg.) 2000 und Mojab (Hg.) 2001.

20 Noch 1990 lag die Analphabetenquote in kurdischen Provinzen wie Ağrı, Bitlis, Diyarbakır, Hakkarı, Mardin, Siirt und Van bei Männern bei 25-29%, bei Frauen dagegen zwischen 56 von 70%, in Şırnak sogar bei 42% der Männer und 79% der Frauen. Im Landesdurchschnitt beträgt sie nur 11% der Männer und 28% der Frauen. Berechnet nach Devlet İstatistik Enstitüsü (DIE) 1993: 88.

21 Außerdem zeigt Mönch-Bucak anhand von Romanen aus der frühen Republik, wie die ethnische Hierarchie mit Geschlechterhierarchie parallel gesetzt wurde: In der Liebe einer kurdischen Rebellin zu einem türkischen Offizier steht das Männlich-Sieghafte

symbolisch für die Republik Türkei, das Weiblich-Aufgebende für die kurdische Identität. Mönch-Bucak 1994: 119-135.

22 Ayşe Düzkan vs. Ayşe Gül Karayazgan, in: *Pazartesi* Nr. 37, April 1998: 2-5 und Nr. 38, Mai 1998: 8-10.

23 Yalçın-Heckmann weist darauf hin, daß umgekehrt moderne Kleidung, Berufsausbildung und Erwerbstätigkeit von Frauen in der Stadt als Anzeichen von Assimilation bezeichnet wurden. Yalçın-Heckmann 1989: 120-124.

24 Vgl. das Interview mit der Chefredakteurin der prokurdischen Zeitung *Yeni Politika*, Leyla Teköz, in: *Pazartesi* Nr. 6, September 1995: 11.

25 Siehe z.B. *Jinê rabe!* 1993: 56 und 59, oder Abdullah Öcalan, in: *Jina Serbilind* Nr. 15, Dezember 1995: 20.

26 Z.B. die damalige Vorsitzende des YKD Sara Akan 1991: »Wir als patriotische Frauen sind gegen jede Form des Feminismus. Wir abstrahieren uns als Geschlecht nicht von der Gesellschaft, in der wir leben. (...) Es ist notwendig, daß Frauen sich organisieren, um die gesellschaftliche Befreiung voranzutreiben. Die Befreiung auf nationaler und gesellschaftlicher Ebene kann eine gute Basis für die Befreiung der Frauen sein, aber nicht die endgültige Lösung des Problems«, in: *Jinê rabe!* 1993: 44. Medya, eine Vertreterin des YJWK (Yeketiya Jinen Welatparezen Kurdistan/Verband der Patriotischen Frauen Kurdistans, 1987 gegründet): »Was die feministischen Gruppen wollen, ist die individuelle Freiheit der Frauen. (...) Aber das wäre keine Freiheit der Gesellschaft«, in: ebda.: 61.

27 Interview am 30.9.1993 in Istanbul. Dieselben Frauen bezeichneten sich dagegen 1997, nun bei K.KaDaV engagiert, selbst als Feministinnen und arbeiteten mit türkischen und kurdischen Fraueninitiativen auch gegen Gewalt in der Familie zusammen.

28 Interview mit einer Vertreterin der Istanbuler Frauenplattform am 4.10.1994. Eine kurdische Menschenrechtlerin sagte mir außerdem, daß auch den kurdischen Organisationen nicht an der Öffentlichmachung von Vergewaltigungen gelegen sei, weil sie fürchteten, daß sich dies abschreckend auf die Teilnahme von Frauen auswirken könnte.

29 Flugblatt „50.000 Kadına ‚Sıradan' Tecavüz" von einer Gruppe feministischer Frauen in Istanbul, Januar 1993.

30 Die Anzeige „Ich schäme mich meines Türkinnentums", die sich gegen die staatliche Festlegung von nationaler Identität wandte, und die Übertragung der SOS-Rassismuskampage „Rühr meinen Kumpel nicht an". Im selben anti-nationalistischen Kontext steht die Kritik in der feministischen Zeitschrift *Pazartesi* Nr.7, Oktober 1995: 1 an einem Flugblatt türkischer NGOs für die Weltfrauenkonferenz in Peking, auf dem die türkische Fahne abgebildet ist.

31 Ergebnisse einer systematischen Analyse aller Artikel in *Pazartesi*, die sich direkt oder auf Kurdinnen beziehen, habe ich bei der Konferenz „Between Imagination and Denial" im Mai 1998 in Berlin vorgestellt. Sie werden in einem entsprechenden Sammelband, herausgegeben von Borck et al., veröffentlicht werden. In diesem Beitrag zur Konstruktion kurdischer Frauenidentität arbeitete ich durch einen Vergleich mit kurdischen feministischen Zeitschriften heraus, inwieweit auch für *Pazartesi* Kurdinnen „die anderen" blieben, die v.a. als Opfer von Unterdrückung und weniger als Subjekte der eigenen Befreiung präsentiert werden. Die Redaktion von *Pazartesi* wechselte im März 2000.

[32] Heute besteht noch eine Friedensmütter Initiative (Barış Anneleri), überwiegend kurdische Mütter, deren Kinder in dem bewaffneten Konflikt gefallen sind. Eine Delegation dieser Initiative wurde im Oktober 2000 nach Friedensbemühungen in Irakisch-Kurdistan an der Grenze festgenommen und sexuell gefoltert. Die Initiative gegen Vergewaltigungen in Haft wurde im Jahr 2000 mit anderem Namen und anderer Zusammensetzung von Frauen aus der türkischen Linken wiederbelebt.

[33] Editorial der ersten Nummer von *Roza*, März-April 1996: 3-5.

[34] Die Gültigkeit dieser Aussage für den türkisch-kurdischen Kontext wurde oben dargestellt.

Literatur

Acar, Feride (1991): Was die islamistische Bewegung für Frauen so anziehend macht – Eine Untersuchung über Frauenzeitschriften und eine Gruppe von Studentinnen. In: Neusel et al. S. 73-92.

Afetinan, Afet (1983) [1962]: Atatürk ve Türk Kadın Haklarının Kazanılması. Ankara.

Çağatay, Nilüfer; Nuhoğlu-Soysal, Yasemin (1991): Frauenbewegungen im nationalen Einigungsprozeß – Die Türkei und andere Länder im Nahen Osten im Vergleich. In: Neusel, Ayla et al. (Hg.): Aufstand im Haus der Frauen, Frauenforschung aus der Türkei. Berlin. S. 202-213.

Devlet İstatistik Enstitüsü (DIE) (1993): 1990 Census of Population – Social and Economic Characteristics of Population. Ankara.

Frederiksen, Bodil Folke (1995): Gender, Ethnicity and Popular Culture in Kenya. In: Wilson, Fiona/Frederiksen, Bodil Folke (Hg.): Ethnicity, Gender and the Subversion of Nationalism. London. S. 52-62.

Göle, Nilüfer (1991): Modern Mahrem – Medeniyet ve Örtünme. Istanbul.

Hansen, Thomas Blom (1995): Controlled Emancipation – Women and Hindu Nationalism. In: Wilson, Fiona; Frederiksen, Bodil Folke (Hg.): Ethnicity, Gender and the Subversion of Nationalism. London. S. 82-94.

İlyasoğlu, Aynur (1994): Örtülü Kimlik - İslamcı Kadın Kimliğinin Oluşum Öğeleri (Verhüllte Identität - Elemente der Entstehung einer islamistischen Frauenidentität). Istanbul.

Jinê rabe! Frau steh auf! Literatur- und Fotosammlung zum Widerstand kurdischer Frauen (1993). Hgg. vom Arbeitskreis Kurdistan „Botan". Berlin.

Kadıoğlu, Ayşe (1994): Women's Subordination in Turkey – Is Islam Really the Villain? In: The Middle East Journal. Bd. 48 (Herbst 1994). S. 645-660.

Kandiyoti, Deniz (1989): Women and the Turkish State – Political Actors or Symbolical Pawns? In: Yuval-Davis, Nira; Anthias, Floya (Hg.): Women – Nation – State. London. S. 126-149.

Dies. (1991): End of Empire – Islam, Nationalism and Women in Turkey. In: dies. (Hg.): Women, Islam and the State. Hampshire/London. S. 22-47.

Katz, Sheila Hannah (1996): Adam and Adama – 'Ird and Ard – Engendering Political Conflict and Identity in Early Jewish and Palestinian Nationalisms. In: Kandiyoti,

Deniz (Hg.): Gendering the Middle East – Emerging Perspectives, London. S. 85-105.

Kreile, Renate (1992): Islamische Fundamentalistinnen – Macht durch Unterwerfung? In: beiträge zur feministischen theorie und praxis. Bd. 15. Heft 32 (Fundamentalismen – Patriarchale Mogelpackungen). S. 19-28.

Dies. (1994): Unterwerfung oder verschleierte Rebellion? Frauen in islamistischen Bewegungen. In: Frauensolidarität. Nr. 50. S. 8-10.

Küper-Başgöl, Sabine (1993): Frauen in der Türkei zwischen Feminismus und Reislamisierung. Münster/Hamburg.

Moghadam, Valentine M. (1994): Introduction – Women and Identity Politics in Theoretical and Comparative Perspective. In: dies. (Hg.): Identity Politics and Women – Cultural Reassertions and Feminism in International Perspective. Boulder/Oxford. S. 3-25.

Mojab, Shahrzad (Hg.) (2001): Women of a Non-State Nation – The Kurds. Costa Mesa (Mazda), forthcoming.

Mönch-Bucak, Yayla (1994): Geschlechtsspezifische Auswirkungen der türkischen Kolonialpolitik. In: Kurdistan-AG. AStA-FU Berlin/Kurdologie-AG der Uni Hamburg (Hg.): Kurdologie. Studien zu Sprache, Geschichte, Gesellschaft und Politik Kurdistans und der Kurdinnen und Kurden. Berlin.

PÜMER o.J. [1995]: The History of Muslim Struggle for Human Rights. Istanbul.

Rumpf, Mechthild (1995): Staatsgewalt, Nationalismus und Krieg – Ihre Bedeutung für das Geschlechterverhältnis. In: Kreisky, Eva; Sauer, Birgit (Hg.): Feministische Standpunkte in der Politikwissenschaft. Eine Einführung. Frankfurt a.M./New York. S. 223-254.

Saktanber, Ayşe (1994): Becoming the „Other" as a Muslim in Turkey – Turkish Women vs. Islamist Women. In: New Perspectives on Turkey. Nr. 11 (Herbst). S. 99-134.

Savelsberg, Eva et al. (Hg.) (2000): Kurdische Frauen und das Bild der kurdischen Frau. Münster.

Taşkıran, Tezer (1976): Women in Turkey. Istanbul.

Tekeli, Şirin (1985): Frauen in der türkischen Politik. In: Abadan-Unat, Nermin (Hg.): Die Frau in der türkischen Gesellschaft. Frankfurt a.M. S. 259-282.

Dies. (1990): Frauen und Politik in der Türkei. In: Jahrbuch für vergleichende Sozialforschung 1987-1988. Hgg. v. Berliner Institut für vergleichende Sozialforschung. Berlin. S. 71-87.

Toprak, Binnaz (1994): Women and Fundemantalism – The Case of Turkey. In: Moghadam, Valentine M. (Hg.): Identity Politics and Women. Boulder/Oxford. S. 293-306.

Wedel, Heidi (1997): Politisch inszenierte Privatheit gegen Staatsfeminismus. Frauen in islamistischen Bewegungen der Republik Türkei. In: Kerchner, Brigitte; Wilde, Gabriele (Hg.): Staat und Privatheit – Aktuelle Studien zu einem schwierigen Verhältnis. Opladen. S. 285-308.

Dies. (1999): Lokale Politik und Geschlechterrollen – Stadtmigrantinnen in türkischen Metropolen. Hamburg.

Dies. (2000): Frauenbewegung und Nationalbewegung – Ein Widerspruch? Gefahren und Chancen am Beispiel der Türkei und Kurdistans. In: Savelsberg et al. (Hg.): Kurdische Frauen und das Bild der kurdischen Frau. Münster. S. 105-127.

Wilson, Fiona/Frederiksen, Bodil Folke (1995): Introduction – Ethnicity, Gender and the Subversion of Nationalism. In: dies. (Hg.): Ethnicity, Gender and the Subversion of Nationalism. London. S. 1-6.

Yalçın-Heckmann, Lale (1989): Kurdische Frauen und ethnische Identität. In: Menschenrechte in Kurdistan – Dokumentation zur internationalen Konferenz Menschenrechte in Kurdistan 14.-16. April 1989. Hgg. v. Initiative für Menschenrechte in Kurdistan. Bremen. S. 120-124.

Zu den Autorinnen und Herausgeberinnen

Sabine Berghahn, Dr. jur.; Privatdozentin am Otto-Suhr-Institut für Politikwissenschaft der Freien Universität Berlin. Juristische Ausbildung in München, anschließend Mitarbeit in diversen Projekten in München und Berlin sowie in Forschung und Lehre an Universitäten und Fachhochschulen in Berlin, zuletzt Wahrnehmung von Vertretungsprofessuren in Bremen und Cottbus. Arbeitsgebiete: Politik und Recht der Geschlechterverhältnisse, allgemeine Rechts- und Verfassungspolitik, Verwaltungsforschung, Sozial- und Familienpolitik.

Telse Jacobs, geb. 1975; Studium der Erziehungswissenschaft und Politikwissenschaft in Flensburg und Marburg, derzeit Diplomarbeit zum Thema: „Eine Analyse der weiblichen Sozialisation unter Berücksichtigung des Faktors der individuellen und strukturellen Gewalt“. Arbeitsschwerpunkte: geschlechtsspezifische Sozialisation, feministische Theorie. Mitarbeiterin im Feministischen Archiv Marburg.

Barbara Kavemann, Dipl. Soziologin; seit 1976 Arbeit zum Thema Gewalt im Geschlechterverhältnis; Veröffentlichungen zur Problematik der Gewalt gegen Frauen, der sexualisierten Gewalt gegen Mädchen und Jungen sowie Frauen als Täterinnen sexualisierter Gewalt. Praxisevaluation z.B. in der wissenschaftlichen Begleitung des ersten Berliner Frauenhauses, von Wildwasser Berlin oder auch von der PETZE – parteiliche Prävention von sexualisierter Gewalt gegen Mädchen und Jungen in Kiel. Seit 1998 Arbeit im Projekt WiBIG – wissenschaftliche Begleitung der Interventionsprojekte gegen häusliche Gewalt der Universität Osnabrück; Gastprofessur an der Katholischen Fachhochschule Berlin.

Ingrid Kurz-Scherf, geb. 1949, Prof. Dr.; wirtschaftswissenschaftliches Studium in Saarbrücken und Köln (1968 bis 1972), Promotion über volkswirtschaftliche Lohn- und Gehaltsstrukturen an der RWTH Aachen (1984), Habilitation am Fachbereich für Politische Wissenschaft der Freien Universität Berlin (1994); wissenschaftliche Referententätigkeit im Statistischen Bundesamt in Wiesbaden (1978 bis 1980) und im Wirtschafts- und Sozialwissenschaftlichen Institut (WSI) des DGB in Düsseldorf (1980 bis 1988); Abteilungsleiterin für Tarifpolitik beim DGB-Bundesvorstand in Düsseldorf (1988 bis 1990); Staatssekretärin für Arbeits- und Frauenpolitik im

Saarland und in Brandenburg (1990/91); seit 1991: Leitung des Sozialwissenschaftlichen Forschungszentrums Berlin-Brandenburg in Berlin; 1993 bis 1998: Hochschullehrerin für Politische Wissenschaft an der Universität Marburg (Vertretung eines Lehrstuhls); seit 1.4.1998 Fachhochschule Bielefeld, Professorin für Politische Wissenschaft; Mitglied der Enquête-Kommission „Zukunft der Erwerbsarbeit" des nordrhein-westfälischen Landtags; zahlreiche Veröffentlichungen zu den Themenfeldern Arbeit, Tarifpolitik, Geschlechterbeziehungen, Gewerkschaften und Transformationsprozesse.

Ingrid Langer, vorher Langer-El Sayed, Dr. phil., Professorin für Politikwissenschaft am Fachbereich für Gesellschaftswissenschaften und Philosophie der Philipps-Universität Marburg; nach dem Studium der Chemie, Biologie und Politikwissenschaft, Promotion zur Dr. phil. in Politikwissenschaft, Berufung an die Philipps-Universität Marburg. Von 1993 bis 1997 als Vizepräsidentin die erste Frau in der Hochschulleitung der Philipps-Universität seit ihrer Gründung 1527. 1991 bis 1993 Mitglied des Hessischen Verfassungsbeirats. Von 1984 Mitglied und von 1991 bis 1996 stellvertretende Vorsitzende des Fachausschusses „Jugend, Familien und Frauen" des Bundesverbandes der Arbeiterwohlfahrt. Von 1994 bis 1997 Vorsitzende des Ständigen Ausschusses zur Frauenförderung der Deutschen Gesellschaft für Politikwissenschaft. Im Herbst 1997 Forschungsaufenthalt an der Pennsylvania State University, USA. Z. Zt. Landesvorsitzende der Pro Familia Hessen. Zahlreiche Veröffentlichungen aus den Arbeitsschwerpunkten: Medien, Parlamentarismusforschung, Sozial- und Familienpolitik, Frauenforschung, Ausländerfragen.

Ayla Satilmis, geb. 1973, Diplom-Politikwissenschaftlerin; Studium der Politik- und Rechtswissenschaft in Marburg und Bremen, seit Anfang 1999 Mitarbeiterin am Institut für Politikwissenschaft in Marburg. Z. Zt. Promotion zum Thema: „Frauenförderung in der Privatwirtschaft durch gleichstellungsorientierte Strukturpolitik und öffentliche Auftragsvergabe". Arbeitsschwerpunkte: Gleichstellungspolitik/-recht, Struktur- und Beschäftigungspolitik, Arbeitsrecht. Mitarbeiterin im Feministischen Archiv Marburg.

Birgit Sauer, geb. 1957, Dr. phil., Politikwissenschaftlerin, Ao. Professorin am Institut für Politikwissenschaft der Universität Wien; nach Lehramtsstudium und Referendariat von 1987 bis 1992 wissenschaftliche Mitarbeiterin am Fachbereich Politikwissenschaft der Freien Universität Berlin, 1993/94 Gastprofessorin an der Kon-Kuk-Universität in Seoul/Korea, 1994

Gastprofessorin an der Universität Klagenfurt, 1995 bis 1996 wissenschaftliche Assistentin am Institut für Soziologie der Universität Freiburg. Forschungsschwerpunkte: Politik der Geschlechterverhältnisse, Staats- und Institutionentheorien, Politik und Kultur. Jüngste Publikation: „Die Asche des Souveräns. Staat und Demokratie in der Geschlechterdebatte" (Habilitationsschrift), Frankfurt a.M./New York: Campus.

Christina Schenk, geb. 1952, Diplom-Physikerin; offen lesbisch lebend, parteilos; in Wendezeiten Mitbegründerin des Unabhängigen Frauenverbandes (UFV), seit 1990 Mitglied des Deutschen Bundestages: bis 1994 für den UFV (in der Gruppe Bündnis 90/ Die Grünen), seit 1994 für die PDS; Familien- sowie lesben- und schwulenpolitische Sprecherin der PDS-Bundestagsfraktion.

Gabriele Sturm, geb. 1951, Dr. rer. soc., Dr. habil.; nach dem Studium mehrjährige Forschungserfahrung in sozialpsychologischen Feldforschungsprojekten; Lehrerfahrung seit 1987 an der Fakultät für Soziologie der Universität Bielefeld im Bereich „Methoden der empirischen Sozialforschung" sowie an der Fakultät Raumplanung der Universität Dortmund im Bereich „Soziologische Grundlagen der Raumplanung"; seit 1996 Hochschuldozentin für „Methoden der empirischen Sozialforschung" am Institut für Soziologie der Philipps-Universität Marburg. Arbeitsschwerpunkte: Methodologie, quantitative und qualitative Forschungsmethoden, feministische Soziologie sowie räumliche Soziologie/Stadtforschung.

Heidi Wedel, geb. 1961, Dr.; 1989 Magister in Turkologie, Islamwissenschaft und Volkswirtschaftslehre an der Universität Hamburg, 1990 bis 1991 Wissenschaftliche Mitarbeiterin am Zentrum für Türkeistudien in Bonn, 1991 bis 1996 Wissenschaftliche Mitarbeiterin an der Freien Universität Berlin, FB Politische Wissenschaften, Arbeitsstelle Politik des Vorderen Orients, 1998 Promotion in Politikwissenschaft, Dissertation veröffentlicht 1999: „Lokale Politik und Geschlecht — Stadtmigrantinnen in türkischen Metropolen", 1998 bis 1999 Wissenschaftliches Projekt für das Institut für Auslandsbeziehungen (ifa), seit 1999 Researcher in einer großen Menschenrechtsorganisation; zahlreiche Artikel aus Gender-Perspektive zu Zivilgesellschaft, Demokratisierung und Menschenrechten, Ethnizität, Nationalismus und Islamismus; regionaler Schwerpunkt: Vorderer Orient, speziell Türkei; Mitglied des AK Politik und Geschlecht, der DAVO, und Mitgründerin des International Kurdish Women's Studies Network.